愛知大学国際問題研究所所蔵

LT·MT貿易関係資料 補巻 2

日中記者交換関係資料 2

［監修・解題］ 井上正也

ゆまに書房

刊行にあたって

ゆまに書房編集部

一九六二年一一月に締結されたＬＴ貿易協定は、日中両国で「準政府間貿易」を確立した画期的な合意であった。このＬＴ貿易の枠組みの中で、一九六四年四月に松村謙三と廖承志との間で交わされた「日中双方の新聞記者交換に関するメモ」（以下、日中記者交換協定）は、戦後初めて日中両国の記者が相手国の首都に相互に常駐することを可能にした。

ＬＴ貿易とその後身のＭＴ貿易（覚書貿易）については、愛知大学国際問題研究所が所蔵する原文書の一部を収録した『ＬＴ・ＭＴ貿易関係資料』が二〇一八年に刊行されている。同資料には、日中記者交換協定の原本や、北京駐在特派員の申請書、訪日した中国人記者の手続きに関する文書が収められている。しかし、これらは一九六六年以降のものが中心であり、記者交換協定の成立過程の分かる文書は含まれていなかった。

今回、『ＬＴ・ＭＴ貿易関係資料』を補完するものとして、日中記者交換協定の成立前後の状況を記録した一九五五年から六四年までの資料を刊行することになった。新たに見つかった資料は、一般社団法人日本新聞協会の国際課長であった笠置正明氏の遺品を譲り受けて、大切に保管されていたものである。その中身は、笠置氏自身が記者交換問題の経過をまとめたメモ、新聞協会と中国側との間で交わされた書簡や電報、新聞協会と関係官庁との懇談記録、

ＬＴ貿易関係者との協議の記録、新聞協会の理事会・委員会記録など多岐に及ぶ。いずれも原文書としては初めて公開されるものであり、これまで詳細が不明であった記者交換メモの成立に至る歴史の解明に寄与することは間違いない。

ややもすれば、廃棄される運命にある資料を保管されてきた篤志に深い謝意を表すとともに、これらの資料を用いた新たな研究や日中交流の発展に期待したい。

凡例

一、本資料集は、社団法人日本新聞協会が「日中双方の新聞記者交換に関するメモ」（一九六四年四月、以後「日中記者交換協定」）を締結する過程で作成した文書を収録したものである。日中記者交換協定は「日中長期総合貿易に関する覚書」（一九六二年一一月、通称ＬＴ貿易協定）の一環をなすものであるため、二〇一八年に小社より刊行した『愛知大学国際問題研究所所蔵　ＬＴ・ＭＴ貿易関係資料』の補巻として、全二巻を刊行する。

二、資料原本は、日本新聞協会国際課長であった笠置正明氏の遺品を、同協会元米国駐在代表の安良城竜太氏が譲り受け、保存してきたものである（譲り受けの経緯は第二巻収録の「日中記者交換関係資料について」を参照されたい）。また、資料原本は二〇二四年に国立国会図書館憲政資料室に寄贈された。

三、資料の整理、分類は安良城氏が行った。その際、日中記者交換協定に直接関係する文書には〝Ｋ〟、関連する新聞記事の切抜きには〝Ｎ〟、同協会理事会の資料には〝Ｒ〟の記号及び、番号を附して、目録を作成した。本資料集の目次は、この目録に依拠している。なお、検索の便を図るために、各頁の上部に文書番号を表示した。

四、目次には安良城氏作成の目録に基づき、文書番号、日付、件名、及び備考を記してある。資料の配列は原本が保存されている順序の通りとした。そのため、目次では文書番号通りの順序になっていない箇所がある。また、整理の都合上、文書番号が飛んでいる箇所や重複がある。ご諒解をいただきたい。

五、資料の一部には経年の劣化による判読しにくい箇所や、カスレ、汚れ、裏写り、破損を含むものがある。この点もご諒解をいただきたい。

六、第二巻巻末に安良城竜太氏による「日中記者交換関係資料について」及び、井上正也氏による「日中記者交換関係資料　解題」を附す。

〔附記〕これまで貴重な資料を保存されてきた安良城竜太様より、出版のために資料をご提供いただきました。ここに記して謝意を表明します。

第二巻　目　次

刊行にあたって

凡　例

文書番号	年月日	件名	備考	頁
K0084	一九六一年八月一〇日	『ジャーナリスト』号外	日本ジャーナリスト会議機関紙	16
K0084-2	一九六一年九月一〇日	『新聞労連』		20
K0085	一九六四年二月二四日	日中記者交換に関する日本ジャーナリスト会議声明	日本ジャーナリスト会議	28
K0086	一九六四年二月二七日	本年にはいってからの日中記者交換問題についての動き	笠置メモ	31
K0087	一九六四年二月二七日	趙安博氏との会談メモ	笠置メモ	38
K0088	一九六四年二月二八日	西村会長代行から呉冷西中華全国新聞工作者協会宛書簡写	新聞協会文書	44
K0089	一九六四年二月二七日	江尻と曽野情文局長との懇談メモ	笠置メモ	47

文書番号	年月日	件名	備考	頁
K0090	一九六四年二月二九日	日中記者交換交渉再開への動き	笠置メモ	55
K0091	一九六四年三月三日	日中記者交換関係ダイアリー（三月）	笠置メモ	65
K0092	一九六四年三月六日	日中議連に多数の自民党議員＝超党派的活動期待さる	日刊P―Eレターズ　第一〇六八号	67
K0093	一九六四年三月一一日	朝日新聞伊藤記者からの連絡メモ	笠置メモ	68
K0094	一九六四年三月一八―一九日	小川入管局長との懇談メモ	笠置メモ	72
K0095	一九六四年三月二三日	アジア通信社陳からの連絡メモ	横田メモ	77
K0096	一九六四年三月二五日	曽野情文局長との懇談メモ	笠置メモ	78
K0097	一九六四年三月二五―二六日	日中貿易促進会関係メモ	横田メモ	87
K0098	一九六四年三月三〇日	呉学文の入国拒否と松村訪中に関する動き（三月二五日―二八日）	笠置メモ	88
K0099	一九六四年三月二八日	編集員会幹事との懇談メモ	笠置メモ	99
K0100-1	一九六四年三月三〇日	中国国際貿易促進会から日中貿易促進協会宿谷栄一宛書簡	実物	107

K0100-2	一九六四年三月三〇日	右記内容を書き留めた横田メモ	横田メモ	108
K0101	一九六四年三月三一日	松村謙三と上田協会長懇談メモ　中国貿易促進協議会メモ	横田メモ	109
K0102	一九六四年三月三一日	上田新聞協会長の北京打電までの経緯メモ	笠置メモ	112
K0103	一九六四年三月三一日	上田会長より呉中華全国新聞工作者協会会長宛電報	電報原文	130
K0104	一九六四年四月一日	丁拓との連絡接触働きかけメモ	笠置メモ	131
K0105	一九六四年四月一日	中国経済友好代表団の入国実現要望書	友好企業懇談会緊急集会庄司	138
K0106	一九六四年四月二日	江尻・笠置と曽野情文局長との懇談メモ	笠置メモ	141
K0107	一九六四年四月二日	中国経済貿易展覧会後援会拡大会議決議（案）	中国経済貿易展覧会後援会	148
K0108	一九六四年四月二日	日本ジャーナリスト会議など一〇団体の声明	JCJ小林議長が協会を訪れ手渡し	152
K0109	一九六四年四月一五日	毎日高田北京特派員から記者交換の交渉状況の電話メモ	横田メモ	155

文書番号	年月日	件名	備考	頁
K0110	一九六四年四月一九日	覚え書き貿易に関する会談メモ		156
K0111	一九六四年四月一九日	記者交換に関する高碕事務所と廖事務所の会談メモ		158
K0112	一九六四年四月二四日	中共における外国人出入国条例の公布について	外務省資料	159
K0113	一九六四年四月一三日	外国人入境出境過境居留旅行管理条例（中国文）	国務院命令	168
K0114	一九六四年四月二八日	曽野情文局長からの電話メモ	笠置メモ	169
K0115	一九六四年四月二八日	古井喜実と編集委員会在京幹事との懇談メモ	編集担当伊藤メモ？	172
K0116	一九六四年五月一九日	前田・伊藤・笠置と曽野情文局長との懇談メモ	笠置メモ	188
K0117	〔不明〕	北京在住の外国人記者の実態	外務省に提供した新聞協会作成資料？	199
K0118	一九六四年五月二一日	記者交換問題の動き	笠置メモ	202
K0119	一九六四年五月二一日	小川入管局長との懇談メモ	笠置メモ	205
K0120	一九六四年五月二八日	横田事務局長から松村謙三、竹山祐太郎宛文書	新協八二一号	209

資料番号	年月日	標題	備考	頁
K0121-1	一九六四年五月二一日	上田会長から呉冷西宛起案文書	笠置による起案	210
K0121-2	一九六四年五月二二日	上田会長名、廖承志宛文書	書簡案二通	212
K0122	一九六四年五月二八日	竹山祐太郎との懇談メモ	笠置メモ	223
K0123	一九六四年六月一日	古井喜実からの電話メモ	笠置メモ	230
K0124	一九六四年六月五日	上田会長、笠置とエマーソン米国代理大使との懇談メモ	笠置メモ	232
K0125	一九六四年六月	「中共の新しい『外国人入国居留旅行条例』の特色」	『大陸旬報』六月下旬号	238
K0126	一九六四年七月二四日	福島国際委員長、江尻、笠置と曽野情文局長との懇談メモ	笠置メモ	242
K0127	一九六四年九月一五日	廖承志から竹山祐太郎宛書簡	翻訳文	251
K0128	一九六四年九月二〇日	廖承志から松村健三宛書簡	翻訳文つき	253
N0001	一九五七年一一月一一日	「日中記者交流の問題点」 共同・山田充彦〔他〕	『新聞協会報』	257
N0002	一九五七年一一月二七日	「日本との記者交換を支持」 北京大公報	『東京新聞』朝刊 ANS特約記事	259
N0003	一九五七年一一月二八日	「日中相互の常駐記者派遣を北京紙主張」〔他〕	『朝日新聞』朝刊 RP＝東京	260
N0005	一九五七年一一月二九日	「日本ジャーナリスト会議が記者交換求める声明」（英文）	The Japan Times	261

文書番号	年月日	件名	備考	頁
N0006	一九五七年一二月二日	「日本政府の態度を攻撃　大公報　日中記者交換問題で」	『新聞協会報』	262
N0007	一九五七年一二月七日	「李徳全女史ら、昨夕来日　各地で中国人慰霊祭」	掲載紙不明	264
N0010	一九五七年一二月一六日	「〝記者交換の実現を〟　来日の中国両記者語る」	『新聞協会報』	266
N0008	一九五八年五月五日	「日中記者交換　日本側の態度が障害に」	『新聞協会報』	267
N0010	一九六四年九月二九日	「日中記者交換いよいよ実現　九月末に相互入国」	『新聞協会報』	266
R0018	一九六四年六月一九日	日中記者交換問題に関する報告〔他〕	第二一九回理事会議事録〔他〕	272
R0020	一九六四年一〇月九日	日中記者交換の経緯	第二二二回理事会議事録	278
R0019	一九六四年九月一七日	日中記者交換に関する報告	第二二一回理事会議事録	283
R0017	一九六四年五月二三日	日中記者交換に関する報告	第二一八回新聞協会議事録	285
R0016	一九六四年五月一五日	在京編集委員会議事録	編集担当作成	291
R0013	一九六〇年五月二〇日	第二議題　日中記者交換計画に関する件	第一七一回理事会メモ	303
R00	〔不明〕	日中記者交換に関する報告	理事会報告	309

日中記者交換関係資料　第二巻

（1）　1961年8月10日　ジャーナリスト　（第三種郵便物認可）　号外

◇日本ジャーナリスト会議目的◇

この日本ジャーナリストの組織は次の目的を掲げ活動する。イ、真実の報道を通じて世界の平和を守る。ロ、言論、出版の自由を守る。ハ、ジャーナリスト相互の親睦をはかり、結束を固める。ニ、ジャーナリストとしての識見を高め生活向上を図る。ホ、世界のジャーナリストとの連絡、協力、交流をはかる。ヘ、不当に圧迫されたジャーナリストを支持、援助する。

ジャーナリスト THE JOURNALIST

1961年8月10日
号外
JAPAN CONGRESS OF JOURNALISTS
日本ジャーナリスト会議
小林雄一
東京都中央区京橋2の13　田口ビル4階
電話561－7243
（昭和三十三年七月十七日第三種郵便物認可）

羽田着は14日夜

鄧岡団長以下中国記者代表団一行は、十四日夜羽田着のBOAC機で来日する。一行の滞日中の日程は、後半の東京での計画を除いて次の通り決定した。前半の東京滞在中には十五日午後六時から般若苑で催す恒例の八・一五記念の夕を中国記者団歓迎の大集会にする。また十八日夜には、JCJの活動家との懇談会を開く。

九州地方では、ジャーナリスト、マスコミ関係者とひざをつき合せた懇談会を開くとともに日炭高松その他の炭鉱の見学をおこなう。

岡山では活発な闘争をしている山陽新聞を訪問するほか、民主団体、市民もまじえての集会をもつことになっている。

大阪では土地取上げ問題で闘っている千里山の農村見学し、ジャーナリスト、マスコミ労働者に読者をふくめた討論集会を催す計画である。

新潟では、新潟日報の職場を訪問し、職場懇談会を開き、同社の労働者の住宅も訪れる。また全日農の協力によって農村を見学し、農民と懇談することになっている。

なお東京での職場、職域ごとの懇談会は地方旅行が終ってから三十日以後におこなうことになっており、具体的日程は近く正式に決める予定である。

▽十四日　入国　午後十時五十分　羽田着（BOAC機）

東京前半と地方の日程

▽十五日　午前、日程打ち合せ、午後、新聞事情説明、中国記者団歓迎・八・一五記念の夕（般若苑、午後六時－九時）

▽十六日　午前、放送事情説明、午後、共催団体、本部実行委員会と懇談、夜、友好団体とのパーティ

▽十七日　午前、共同印刷見学、午後、農業問題説明、夜「火山灰地」観劇（東横ホール）

▽十八日　午前、出版事情説明、午後、東京都内見物、夜、実行委員、活動家との会談（午後七時－九時）

▽十九日　午前七時十分羽田発、同十一時十五分板付着、午後一時三十分－三時三十分講演会（教育会館）午後五時－七時マスコミ関係労組活動家と懇談（母子会館）

▽二十日　日炭高松、筑豊炭鉱見学。

▽二十一日　午前朝日、毎日

歓迎！中国記者団！

意義を再確認しよう

平和と友情と共

日中国交の足が

中国記者代表団が八月十四日午後十時五十分羽田着のBOAC機でいよいよ来日する。新華社副社長
でに北京を出発して日本に向かった。招待、歓迎の準備体制も全国的にほぼ完了しようとしている。
られる日がくるのだ。しかしここで気をゆるめることはできない。八月十　日の歓迎パーティを皮切
ジャーナリスト、報道関係労働者との交流や、炭鉱、農村地帯の訪問活動などのなかで、われわれは
義と精神を確認し、これを運動の中で広げる努力を傾けよう。また運動が遅れているところでは、募
込みをかけよう。

最終日、大衆集会で共同声明

中国記者代表団は十四日に来日したあと、八月十五日に東京芝白金の般若苑で開かれる八・一五記念歓迎パーティをはじめ、十八日まで東京での各種の会合に出席したのち、地方訪問の旅につく。三十日から九月四日までは東京の各新聞、通信、放送、出版などの各地域別の集会に出席、最終日には全体を集約し、日中記者共同声明を確認する大衆集会を開く計画も進んでいる。

この歓迎、交流の諸活動を進めてゆくなかで今回の中国記者招待運動の意義を一層深め、徹底することが非常に重要である。日中共同声明の精神をもう一度みんなのなかで確認しよう。戦争に反対し、帝国主義、植民地主義、国内反動に反対する国民の闘争にジャーナリストが参加することの意義、政府の中国に対する敵視政策や「二つの中国」をつくる陰謀を打ち破って、正常な日中交国回復を闘いとることの重要性、日中ジャーナリストの団結の意義などを深く討議しよう。この運動は、言論の自由を抑圧し、日米安保体制に都合のよいジャーナリズムを育成しようとしている反動勢力に対する闘いそのものである。

このような観点から八月七日夜支部の活動家を含めた拡大活動者会議が開かれ、中国代表の来日を直前にひかえて、日本のジャーナリストが置かれている状態をどう打開していくか、歓迎活動をどういう観点で展開していけばよいかということを討論した。

日本の良心的なジャーナリストの活動が非常に苦しい状態に追い込まれているいろいろな実状も語されたが、討論の中で「JCJ会員がいるから新聞がよくなるというのは間違いだとは思うが、戦前はいくら良心的な記事を書こうとしてもできなかった。現在のマスコミの中にJCJ会員が存在していることの意義は大きい。国民の闘いに参加していく中でこそいい記事も書ける。ペンの闘いと国民の闘いに参加するという二本足がどうしても必要だ」（JP）「安保や政暴法の時のように、一方でデモに参加し、ペンでも闘うことと同時に、積極的に読者の人民にわれわれの闘いに参加してもらい

〜闘

かりに

…氏を団長とする一行は、す
われわれの努力がついにむくい
り、全国でくりひろげられる
もう一段、この運動を強めたい
宿泊に新規準備に最後の追い

新聞にもこれを反映して、経営者や反動権力に対抗する力を盛り上げていくことが必要だ」（小林議長）ということで意見が一致した。

また歓迎運動の進め方についても、「職場的に話をし合うだけでは意味がない。招待運動は日中国交回復の足がかりになるという眼目をはっきりさせ、この立場で日比谷ブロックの各労組にも地域の労働者にも訴えていくことになった」（協会）「西阪、神戸くんなどで小集会を持ち、現場の労働者との話し合いも考えている」（毎日）「職場を案内するのもあくまでＪＣＪ支部と労組の主導権で実行すべきだ。社の方は招待して記者交流の足がかりをつかみたいと考えているようだが、招待運動の精神を貫くことが基本だ。職場訪問を闘いとることは労協決議などを生みだしている社の経営者に対する闘いと同質のものだと思う」（共同）――などの積極的な意見が出された。

また、ＪＰ支部からの提案で東京での日曜の最後日に、全体の活動をしめくくり、日中共同声明を確認する大衆集会を開く必要があることが確認され、直ちにこの準備を進めることになった。

労組活動家と懇談（小倉ステーションホテル）後、毎日労組、ＪＣＪ会員と懇談（門司めかり荘）

▽二十二日　午前十一時十九分小倉発、午後五時三十分岡山着、同六時三十分～八時三十分歓迎集会（禁川会館）

▽二十三日　午前、山陽新聞訪問、労組、ＪＣＪとの職場懇談会、午後一時三十分～四時ジャーナリスト、民主団体と懇談会（県教育会館）午後五時三十六分岡山発、同七時五十七分大阪着

▽二十四日　午前、午後千里山農村、工場見学、午後六時～九時　ジャーナリスト、新聞労働者、読者との懇談（中央公会堂）

▽二十五日　午前、民主団体と懇談　午後二時大阪発　午後四時岐阜着、鵜飼見学

▽二十六日　午前十時五十一分岐阜発・箱根へ

▽二十七日　箱根遊覧　夕方帰京

▽二十八日　午前九時三十分上野発　午後三時十分新潟着、新潟日報職場訪問、職場懇談会

▽二十九日　午前、午後　農村見学、新聞労働者住宅訪問、午後七時～九時ジャーナリスト、民主団体の歓迎会、午後十時三十分新潟発。

▽三十日　午前六時上野着

▽三十一、九月一日、二日、三日、四日東京滞在

▽五日離日

中国からの手紙

ＪＣＪからの中国記者招待の呼びかけにこたえて、中国の新聞工作者協会主席呉冷西氏と同国際連絡部長胡済邦女史から次のような便りが寄せられた。両氏は今回の訪日記者団派遣の過程で中心的な役割を果たされた。

呉冷西主席から小林議長へ

ＪＣＪ議長
尊敬する小林雄一先生……

あなたならびにＪＣＪの同僚諸氏が中国新聞工作者代表団の訪問招請のためにつくしておられる努力に感謝いたします。このような努力は中国人民にたいする日本人民の厚い友好を十分に現わしています。

私は、中華全国新聞工作者協会が感謝の気持ちであなた方のお招きをお受けします、と通知できることを幸福に考えます。八月中旬に代表団を日本に送ることに決定致しました。多くのニュース関係の組織が、げんざい国内の仕事で非常に忙がしい状態にありますので、またあなた方の招待の負担を軽減すること、および小さな代表団の方が比較的活動に便利であることも考慮して、代表団の人数は四人に減らすことになるでしょう。代表団は鄧崗、陳寧、王維、呉学文の諸先生で構成されることとなるでしょう。

私は、中国ジャーナリスト代表団の日本訪問によって、中日両国人民の相互理解が一段と促進され、共同の敵であるアメリカ帝国主義との闘争のなかで、またアジアと世界の平和を守る闘いのなかで、両国のジャーナリストの間に発展してきた友誼と団結を強化することになる、と確信しています。私たちは、あなた方が「政暴法」反対の闘争で新らたな勝利をかちとられたことを、心からお祝い致します。

あなた、ならびにＪＣＪの友人諸君および中国ジャーナリスト代表団招待実行委員会の友人の皆さんの御健康を、つつしんでお祝い致します。

中華全国新聞工作者協会主席
呉　冷西

一九六一年七月十六日

胡済邦女史から小林議長へ

ＪＣＪ議長小林雄一先生

中国記者の日本訪問を招待したあなたからの手紙と電報は、みな前後して受けとりました。

記者協会の指導的な幹部がみな北京を留守にしていて、呉冷西先生はジュネーブのラオス国際会議に出席し、李炳泉先生はプラハの国際記者協会（ＩＯＪ）の総書記局で仕事をし、その他の指導的メンバーも国内での活動の必要上、各地に分散して末端組織の活動に深く入っているために、日本を訪問する代表団を派遣する問題について、すぐにお返事することができませんでした。

ＩＯＪについてのニュースは、あなたにもきっと興味あることと思います。九月に開かれる予定になっている執行委員会は、すでに北京では開かないことに決定しました。会議が社会主義国でだけ開かれるという慣例を打破するために、執行委員会はキューバで開くように決められる可能性があり、協力委員会の会議もメキシコで開くように決められる可能性があるとのことです。しかし、日時については未だ決定していません。

ＪＣＪの刊行物「ジャーナリスト」は次々と受けとっています。これらの材料は、われわれが日本の新聞界の友人たちの情況を知るうえでたいへん役に立ちます。ＪＣＪの友人たちに、どうか私の感謝の気持ちをお伝え下さい。またこれらの人びとがわれわれとの間にふだんの連絡をつよめ、中日両国の友誼を促進するために払っている努力にたいするわれわれの感謝をお伝え下さい。

中国新聞工作者協会国際連絡部長
胡　済邦

一九六一年七月一五日

胡済邦女史から事務局あてに

親愛なる鎌田思子様

あなた方がご帰国後お送り下さったお手紙と資料は、全部落手致しました。お手紙のなかで、あなた方代表団が帰国後各方面でなさった活動と、その活動のなかでえられた豊かな成果について、くわしくのべられていますが、このお話を遠方の友人たちに聞かせたらどんなに喜ぶことでしょう。

毎号お送り下さっている「ジャーナリスト」については、私たちはひじょうな興味を感じながら、のせられているいろいろなニュースを調べています。とくにＪＣＪが中国記者代表団の招待を実現するためにくりひろげている広はんな大衆運動についてのニュースや、ＪＣＪの提唱が日本の新聞界に働く人々のあいだにこれほどに熱烈な反響を呼び起こしたとのニュースには、感動させられました。

今年、私たちは国内の仕事がひじょうに多忙です。いくつかのニュース関係の組織の指導的な幹部はすべて深く第一線に入り、末端組織にいって調査研究の活動をやっています。それで、代表団派遣のことも、やっと最近になって決まった次第でしたし、準備もどうしてもあわただしくなってしまいました。こんどの代表団員には婦人が入っていません。しかし、これからは相互訪問や相互に経験を交流し合う機会はひじょうに多くなる、と思いますので、この欠点はこんご補っていける、と考えます。

「新聞代表団の活動日程はすべてあなた方の必要と可能性にもとづいて按配して下さって結構です。招待は簡単で結構、儀礼的なことは考慮なさらないでよろしい。代表団は日本の新聞界と会見するほか、比較的深く立入っての探訪活動をいくらかやって、日本人民の闘争と生活とを理解し、帰ってから中国の読者に紹介できるようにしたい、と希望しています」

ではまた。私たちは広州のステーションでお別れのとき、互いにはげまし合って「友よ、努力し、奮闘しましょう」といったことをいつまでも忘れません。

胡　済邦

一九六一年七月二二日

8・15歓迎大集会　ふるって参加を

中国記者代表団を迎えて、八月十五日歓迎大集会が東京芝白金の般若苑で開かれます。ふるって参加しましょう。会場では中国代表団との懇談のほか、恒例のＪＣＪ賞受賞式も行なわれます。ビールその他のみもの、食べものも多数用意しています。

◇日時　八月十五日午後六―九時◇場所般若苑（港区芝白金猿町、国電五反田駅下車）◇会費350円

号外　1961年8月10日　ジャーナリスト　（第三種郵便物認可・毎月二十五日発行）（定価一部二十円）　（2）

代表団四氏の横顔

バーデン会議に出席した鄧崗氏

団長 鄧崗氏 DEN GANG（一九一七・六・一五生）中華全国記者協会書記、新華社副社長

バーデンの世界ジャーナリスト集会に参加した日本の代表団諸氏の印象談によると、「小さいがガッシリした体で、口から煙草をはなさない。一見温和で寡默のようだが、イザというときには闘志満々、見事な論理で相手を納得させるエネルギッシュな人」である。

氏は昨年一月キューバでひらかれた国際通信社会議にも、中国を代表して出席している。古い革命の戦士、中国ジャーナリズム界の重鎮、ジャーナリスト国際連帯運動の活動家である。だが、長い中国革命の闘いにきたえぬかれたこの人が、闘志とエネルギーの固まりであるばかりでなく、なかなかユーモラスな側面ももっていること、そして何よりも、音楽にひじょうな趣味と造詣をもった人であることは、あまり知られていない。

陳 濬氏

団員 陳濬氏 CHEN CHUEN（一九一七・三・二九生）人民日報、副編集長

中国共産党の中央機関紙「人民日報」の副編集長として、氏が中国のジャーナリズムのなかで占める地位は重い。昨年中国を訪問した日本ジャーナリスト代表は「温和そうな学者的な風貌の底に強烈なマルクス主義の背骨が通っている」といっている。昨年、中国の先進的な活動家の集会がひらかれたとき、ジャーナリズムでの先進的活動家にえらばれた一人が氏であったといわれる。

王 維氏

団員 王維氏 WANGWEI（一九一九・八・一五生）上海記者協会副会長兼秘書長、解放日報副編集長

「解放日報」は上海の党機関紙。上海のジャーナリストにしては、氏の素朴な、落着いた中肉中背の風貌は似つかわしくない、と思う人があるかもしれない。事実氏は解放前、安徽省の農村で人民解放軍の戦士として教育、文化、ジャーナリズムの活動をやった。

「赤い一粒の種子」という中国映画があるが、唯一人で農村の組織工作をまかされた婦人が貧農に依拠してついに農民を革命に起ち上らせたストーリーは、そのまま氏の体験でもあったといわれる。氏は農民の生活を深く知っているばかりでなく、蔣介石と米英諸国の支配する上海で自主映画の作成と上映、それに関連したジャーナリズム活動を展開した経験もゆたかになっている。

呉学文氏

団員 呉学文氏 WU HSUEH WEN（一九二三・一〇・九生）新華社記者

新華社の日本問題専門の記者で日本語はペラペラ、日本をよく知っている。日本の新聞界や文化界その他各界でも、氏を知る人はきわめて多い。今年に入ってからも、総工会代表団、AA作家会議代表団、および宗教者平和会議・原水爆世界大会・中国記者代表団の随員や団員となって、すでに三回にわたって来日する勘定である。バーデンの世界ジャーナリスト集会にも中国代表団の一員として参加した。

×　×　×

ちなみに、こんど来日する中国ジャーナリスト代表諸氏の職場を紹介しよう。

新華社 は、中国の代表的国営通信社。ソ連のタス通信社に相当する。中国の国内、国際ニュース、論評、解説、写真サービスを一手に扱っている。中国の各地方では新華社記者が「人民日報」の特派員を兼ねていることが多い。

人民日報 人民日報は中国共産党の機関紙。中国のいわゆる全国紙にはこの人民日報のほかに民主諸党派、商工業界の「大公報」教育学術方面の「光明日報」総工会の機関紙「工人日報」等々あるが、なかでも「人民日報」は中国の中央、地方各紙にたいして指導的役割りを果している。「人民日報」の重要な社説、論説は地方の党機関紙や前記中央各紙に転載されることが多い。

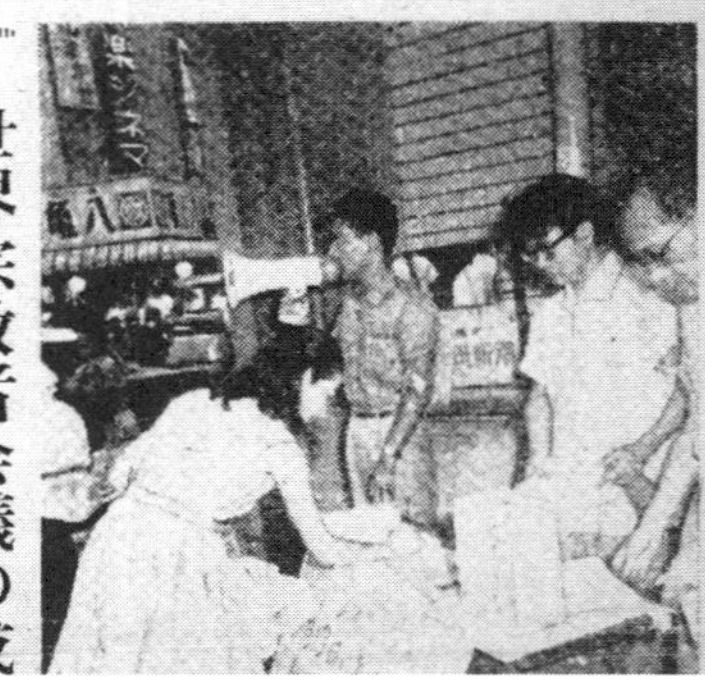

世界宗教者会議の成

日中仏教交流懇談会事務局長　中

去る七月二十五日から二十八日までの四日間、京都において開かれた世界宗教者平和会議は、アメリカ、中国、インド、ビルマ、カンボジア、ラオス、オーストラリア、チェコスロバキア、東独、ユーゴなど一四カ国三十五名ほどの外国代表と二五〇名の日本代表が参加し、活発な討議が行われた。

討論の内容は、①軍備全廃②原水爆禁止③核非武装の三本の柱を中心に進められ、宗教者として世界の平和実現のために、この三つの目標に向ってどのように取り組むかが論議された。

第一日は、清水寺の大西良慶氏による基調報告その他があり、二日目と三日目の午前中まで四分散会に分れて、三つの柱について熱心な討論がつづけられ、四日目には以上の討論を集約した「京都宣言」の発表大会が行われた。

ここで、約三日間にわたる討論のあらましを紹介し、宗教者の内部における平和への熱意と国際連帯、とくに平和運動、原水爆禁止運動に対する分裂活動についての批判などがどのようになされたかを記して見たいと思う。

四つの分散会場を通じて討論がもっとも集中し、最終的に意見の一致を見たのは「宗教と政治は別である」という考え方を、いまこそ宗教者は打破しなければならないという点である。宗教者は政治問題にふれるべきでないという考えは、そのまま政治権力に利用され、帝国主義、植民地主義的な侵略体制に味方することになるというのが圧倒的な意見であった。ここから、日本帝国主義が、かつて中国をはじめ、アジアの諸国を侵略したことへの反省が、平和運動にとって非常に重要であるという意見が数多く出された。

また日米安保条約は、軍事同盟であり、これに反対することなしには原水爆の禁止も平和実現もありえないということ、日本、韓国、西ドイツなどにあらわれている外

招待募金 一万九千人に参加

中国記者招待の募金活動は全国的に大きく進んでいるが、八月八日現在、総額二百十六万七千円に達した。この募金に応じてくれた人はJCJ会員六、九六六人、関係各労組など非会員一一、九一八人、合計一八、八八四人にのぼっている。

支部の中では、朝日支部が三十三万一千四百円と目標を二一〇%上回ったのをはじめ、ジャパンプレス、写真支部、西日本、マスコミ研、事務局なども目標額を突破した。なお目標に達しない支部では最後の追い込みをかけて、ぜひ目標額に達するよう努力して下さい。

有楽町駅で募金運動をするＪＰ支部と同労組員

果

濃　教　篤

国軍事基地、しかも核武装化されつつある軍事基地の撤廃がなされなければ、軍備全廃、全面軍縮は実現しないという点についても意見は完全に一致した。

また、アメリカを含む太平洋沿岸地域諸国の不可侵条約、核非武装地帯の設置と、中部ヨーロッパ地域におけるそれとを急速に実現するために宗教者は努力すべきであるということも確認された。その他被爆者救援、宗教者の平和運動における国際連帯強化のために常設機関を設置することなど、十七項目の決議が宣言のなかにもられた。これらの項目で、二、三ヵ所について、ラオス代表、アメリカのレイノルズ氏、カンボジア代表が意見の保留を行なった。

ここにその点を明らかにしておきたいと思う。アメリカのレイノルズ氏は、南朝鮮などのようにファシストが台頭したことに反対するという決議のなかで「ファシスト」という五文字、帝国主義、植民地主義に反対するという文章のうち「帝国主義」という四文字については、自分は態度を保留するとした。ラオスとカンボジアは「日米安保条約」にふれることに反対の意を表し、これは国際会議にふさわしくないと主張していた。しかし、参加者の圧倒的多数がこれに賛成したため、少数意見として総会で確認するという条件で宣言に盛られることとなった。

以上のように、二、三の外国代表には、宣言文の一、二ヵ所で反対もあったが、会議は「宗教者の団結と統一、平和運動の分裂をさけよう」という強いふんいきで支配され、最後まで退場者を出すことなく進められた。このことは、現在行われている[illegible]原水協内的な動きに、真面目な宗教者はどのような態度をしめすかを明らかにしたといえる。

いずれにせよ、今回の会議は、非常な準備不足にもかかわらず、日本山妙法寺、日蓮宗、人類愛善会、日本キリスト教団、龍源会などの熱心な参加により、大きな成功をおさめたといえよう。これはそのまま八・六大会の成功につながるものでもある。（東京・[illegible]寺住職）

警察の茶番劇

新島に取材して

七月八日、ミサイル道路工事中の山中に小屋をたてるために材木を持って出発した反対派が、本尻検問所で警官隊に阻止された。昼めしをはさんで、四時間あまり、警察側が、自然公園法、道路交通法などを持ち出すと、反対派が、それは何条であるかとただし、教師のように六法をひろげて、読みあげる。どうやら、理論的に新島警察側は負けているようで、署長は、とにかく阻止さえすれば御役目が果たせるらしく、そのやりとりは、茶番以上に吹き出させるものがあった。

一時ごろになって、オルグ団が材木をかついで強行突破のかまえをみせると機動隊はたちまち十列三百人位の鎖になって、「あの材木をやられたら大へんだぞ」などとむしろはしゃいでいるようにみえた。「鉄帽をかぶれ」「警棒用意」などという号令が、むしろ楽しげである。

——ことわっておくが、僕はどんな政治的な党派にも属していないし、これらの観察は、人間的な興味からなされたものである。警官の中には、真面目に余計の用意をする者や、苦笑して手をふれないものがあった。「新島は東京とはちがうんだぞ」という声がきかれる。ひとことでいえば警察の無警察状態が、新島の姿である。

僕と、詩人の広野広はある週刊誌の取材に来ていた。ちゃんと腕章をして、対立点の舗道脇のトラックの近くの木のカブの上に、広野はトラックの幌根の上にいた。何のきっかけなのか、僕は、警官の一部が広野の方を指して、ガヤガヤしているのに気づいた。それは、水をまくような早さでひろがり「あれはオルグだ」という一つの声になった。僕のうしろにいた私服が、僕をつついて「お前は誰だ」といい、全警官が、僕と広野の方に眼を向ける。

僕は、広野の方を指して、大声で、「彼も僕もオルグなんかじゃない。○○週刊だ」とどなったのである。これは、結果として何にもならなかった。たちまち幾本かの手がのびて来て僕をつかまえるやいなや、オルグ団の方にたたき出された。気がつくと、トラックの上にいた広野も僕の横でわめいていた。

僕は、警備の責任者に合わせろと叫んだ。すると「隊長はオレだ」というちょう笑するような声が数ヵ所でおこったのだった。僕は、トラックの上にいる警備関係者に向い話し合いの仲介をとってくれるように叫んだ。いくつかの無表情がこちらに向けられ、その表情は機動隊員のそれと似ていたことを覚えている。ようやく入新聞の記者が隊列を割って現われた。我々は、今後の取材と安全を保障するよう、機動隊長に頼んだ。隊長は、不謹の表情をあらわにしながら、我々の名前を控えて去って行った。

三日、写真協会の関係をして取材に行った時も、我々はすでに警察筋と警官からうるしげに会っている。

翌日、我々はビラ切りのために新島を出た。その日の夕刊は、我々の立ち去ったあとの乱闘を報じ、道路関係者一名が負傷したことを付け加えていた。

（写真支部・石黒健治）

職場訪問の準備を急ごう！

中国記者代表団は地方訪問のあと、八月三十日から東京での歓迎集会と職場訪問にのぞむ予定である。すでに有楽町（朝日、毎日、読売）日比谷（共同、協会、東京中日）京橋（西日本、日経、ＲＫＢ）などの各ブロック毎に職場訪問や歓迎集会の計画が進められている。本部では九月四日までの日程の中で各支部の希望をできるだけとり入れる方針だが、在京各支部では計画の具体化と調整に最後の拍車をかけて下さい。

国民の闘いの勝利

▽▽……松川事件判決に関する声明

日本ジャーナリスト会議は、松川裁判の全被告諸君が完全無罪の判決をかちとったことを心から喜び、十二年にわたって不屈の闘いを続けてきた被告諸君と、平和と民主主義を守る闘いの一環としてこれを支援し協力してきた人々に深い敬意を表します。

また、反動勢力と一体化とする傾向が強くなっている司法機関のなかで、真実として明らかにされた門田裁判長ら裁判官の勇気に敬意を表します。

この裁判の勝利は、ただたんに被告諸君の無実を明らかにしただけではなく、平和と独立、民主主義を守る国民の闘いのファッショ的弾圧に対する勝利です。

松川事件は、一九四九年米日反動勢力が平和と民主主義を守る労働者階級の闘いを弾圧するためにでっちあげた陰謀であり、これらの事件によって民主勢力の力をそぎ、日本を朝鮮戦争の基地にしたてあげたことは、あらためていうまでもありません。

この闘いに勝利したのは、あらゆる苦難をのりこえてきた被告とその家族のたたかい、弁護団の不断の努力によることはもちろんですが、これらを支えてきたのは国民の中に組織された広大な世論です。職場と地域に広く組織された松川を守る会などの民主運動的な力です。

ファッショ的弾圧と不正裁判に抗して闘い、真実を守ろうとする国民の世論と、大衆の行動です。広津和郎氏ら真実を擁護しようとする多くの文筆活動家、ジャーナリストもこれに協力してきました。

松川裁判の勝利はこのようにしてかちとりましたが、さらにこの事件の真の犯人を追及するという仕事があります。また現在反動勢力は政治暴力防止法案の成立を企み、いっさいの民主運動にたいするファッショ的弾圧をはじめています。第二、第三の松川事件が今後絶無とはいえません。

われわれ日本ジャーナリスト会議は、今回の松川裁判の勝利の貴重な経験にもとづいて、平和と独立、民主主義を守る国民の闘いと結んで真実の報道を守る闘いをさらに進める決意を改めて表明します。

日本ジャーナリスト会議

一九六一年八月八日

（1） 1961年9月10日（日曜日） 新 聞 労 連 第175号

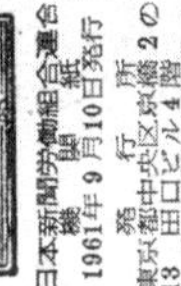

日本新聞労働組合連合 機関紙
1961年9月10日発行
発行所 東京都中央区京橋2の13 田口ビル4階 日本新聞労働組合連合本部 (561) 2270 2919
編集人 発行人 新藤 小川映一

西日本30日に大会

激励を集中しよう

中日の渡辺解雇と並んで、大量の不当処分反対闘争に入っている西日本労組は、処分反対決起大会の意味も含めて来る三十日定期大会をひらく。大会では過去一年間の活動を全面的に討議するとともに、統一闘争ても検討する。西日本労組するこれまでの各単組、らの激励文、寄せがき新組合員を励ましており、大会に向けて、同一職場か激励を集中しよう。

共同、不退転のストに入る

勝利への確信に満つ

長期体制のもと共闘へ

労協を中心に一律一、〇〇〇円の賃上げ、臨時・傭外社員の身分保障、事前協議を要求する共同労組は九月九日から要求の完全獲得をめざして長期にわたる重点職場の波状ストに入っている。もちろん初日に打ったように全面ストもおりこんだものである。道新、河北も会社側の要求を無視した回答をけって賃闘をすすめており、読売、大誠、毎日、東日、信毎、報知が大幅賃上げでこれに続いている。増ページに対する日経、朝、毎、読、信毎などの闘いもすすみ、毎日は七〇〇余人を、日経も一五〇余人を、信毎も一三一人の大増員要求を土台に会社の攻撃にたち向っている。

秋闘はこうしてすべての要求が結び合いながら資本のあくなき合理化＝搾取強化・権利抑圧に反対して大きく盛りあがってきている。日本の民主主義を根底から奪い去ろうとする政暴法に反対する闘いは、この力を広く結集して粉砕していこう。政治反動、合理化に反対して団結すること、その団結した力で攻撃を一つ一つつぶして生活を守っていくこと、その中で労働者を中心にした広い国民戦線に結集して常に闘っていけるように組織体制を前進させていくこと——ここに秋闘勝利の保障がある。団結して前進しよう。

共同労組の闘かいの波は日一日と高まり、新聞労働者の仲間に支えられた共闘のなかで断固たる体制が出来あがった。

九月九日正午、第一波全国一斉時限ストを皮切りに、九日政治経済部、社会、十日整理、運動、福岡外信十一日外信、社会報道、写真、技術、十二日政治経済部、出版、フォトサービスの各職場が、次々に抜き打ち波状ストを盛り上げている。このストの中で、組合員は自信を高め、団結を固めしでいる。かつてない画期大闘争となっているのだ。

共同の仲間は、みずからのいが全新聞労働者の闘いかることを闘いの中で一段く認識し、積極的に職場共闘を進めている。全国の労働者はまた、共同の仲間えられている攻撃を、みずに加えられた攻撃としてめ、共同の仲間を包むめている。

この共闘は山陽闘争のさい験を、より広い新聞労働者のとする形で進められてい共闘は単組役員の交流から場の交流へ、と具体化し、職場交流では増ページ反対かいが語られ、共同の労組が語られ、労働者の書かなが、労働者自身の手でている。

「共同の労協闘争が組合北に終ったら、それはまわれわれの敗北である」

9月8日5時、翌日からのストに備え団結を誓いあう共同編集各班の職場集会（あいさつするのは新福副委員長）

政暴法粉砕のためスト権を立てよう

—軍国主義・ファシズムの復活許すな

労連中央執行委員会は、全員一致重大な決意をもって、池田内閣が次期国会で強引に通過させようとしている政暴法案を粉砕するために全力をあげてたたかうよう、すべての新聞労働者に呼びかける。

いうまでもなく政暴法案は物価の倍増、全産業にわたる合理化、防衛二法、農基法、南朝鮮の軍事ファッショ政権との日韓会談再開、アメリカを中心とした東北アジア軍事同盟、などを遂行するために国民の抵抗力を奪うことをねらったものであり、それは日本の民主主義を根底からおびやかし、戦争への道をきり開くためのものである。日々われわれの職場におしかぶせられてきている増ページ・機械化などの合理化、労働強化、不当弾圧、諸権利への圧迫と労協法悪など一連の新聞労働者に対する攻撃は、このような反動的諸勢力の攻撃を直接反映したものである。

この法案は、日本における反動、右翼、政財界主流って強くその成立が望まれているばかりでなく、池田ネディ会談でアメリカがに法案成立を要請した場合国民の世論を押えることく要求したといわれる事とを考え合わせれば、こよって彼らが何をねらっるかは明りょうである。の国家神道復活の企てや

うことは多く述べられているが、これは共同の労働闘争の本質を端的に語っている。共同の労働闘争の本質は政府独占のマスコミ反動攻勢の一環として新聞資本がいま労働者に押しつけている組合抑圧政策、合理化政策に対し、労働者の利益を守るために闘っている点にある。

共同の労働闘争は三十三年春、労協改定交渉が煮つまり、ようやく日米の独占がわが国の政治を全体として反動へと押しやる中で、新聞資本が松方三郎前専務理事を"組合対策の失敗"を理由にその座から引きずり降した時に端を発している。新聞資本の手で専務理事の座についた岩本現専務理事は、九日、組合のスト突入にさいして社内職制に与えた通牒の中で、いみじくも、「われわれの使命は、現労協を改定した時をもって一段落する」との趣旨を述べている。闘争はいま、社の出した三項目にわたる労協改定案をめぐって闘いが進められている。

この改定案は①第二の職組を意図した人事条項の改悪②争議権団交権の制約③組合活動の制限の三本柱から成っており、いずれも恐るべき反動性をバクロしている。

社はこの改定案押しつけに驚ろくべき執念を示し、七月の共同理事会（共同加盟各新聞経営者で構成）で岩本氏は「スジを通して解決する」と、この闘いへの"決意"をひれきして、ストもありうるが協力されたいと報告している。これに対し、理事会は「あくまで共同経営者を支持する」ことを確認した。この決議は共同労組がその労働闘争方針を大会で決定する一カ月近く以前の段階でなされたことは重要だ。過当競争というみずからの矛盾を抱えながら、労組対策では団結して組合抑圧政策を共謀しようとしている。

共同のストは、波打ち重点ストを効妙にくり返し社に打撃を与え、そのなかで組合民主主義の原則に立つ全員発言、全員討議の班会がおこなわれている。連日のストで、組合員の意思はひとつにされ、長期闘争への構えが固まっている。九月十四日で、共同労組が守ろうとしている現行労協は期限切れだが、無協約となっても共同の仲間はひきつづき自信をもってストを続けている。共闘が組合員の気持ちに次第に浸透し、社外に出て他社労組や文化人や一般国民への訴えを活発に始めている。全国至るところで共闘を組もう

時間外廃止出す

福井 大幅賃上げで抵抗へ

福井で"二七の完全八時間"とこれにともなう時間外打切り手当の廃止という攻撃がかけられ、福井労組はいまこの合理化攻撃と闘うための徹底的な大衆討議を行っている。

会社は八月二十六日、三年間交約してきた打切り手当（平均一六〇〇円）を一方的に廃止、九月一日以降、八時間勤務制とすると通告、職制に対し完全八時間の勤務ダイヤの編成を指令したが、その裏、日常多少の過勤はサービスでやれ、それが新聞人だといわんばかりの態度に出てきた。できもしない増員なしの八時間勤務を組合の怠慢ではないかということで押しつけ、一挙に賃下げを強行しようとする会社のやり方に福井の仲間の怒りは爆発している。

こんなあくどい攻撃が出てきたのには、同社が、ことしから来年にかけての新テレ導入、新社屋の建設、大幅増資を前にさきに県内四版制を廃止、通信部も一部引上げるという縮少政策をとり、この時間外切りすてのあとには機械化による首切りの噂もチラついているという背景があることを見逃すわけにはいかない。従がって組合ではこれを"きびしい合理化政策強行の地ならし"であり、ここで闘わなければ新社屋建設の甘いムードにごまかされ、はげしい労働条件の切下げをくり返していけない"とし、一方的打切り反対、時間外協定なしの過勤は違法だ、一律賃上げを行えという要求で闘う体制を固めている。労連との分断も抜目なく策し、合理化に対する抵抗力をもぎとろうとしている会社に対しみんなの力で福井の反合理化闘争を勝利させよう。

秋季賃上げ闘争一覧表

組合	要求	回答（18日）
毎日	5,000	
読売・大阪	5,500	
共同	1,000	1,008
道新	5,602	1,814
河北	5,200	1,010
東日印刷	5,000	
千葉	5,000（1律）	
信毎	5,000（執行部案）	
（秋田）	4,000	2,300

全国に支援の波

共同労組をはじめ共闘体制は、スト突入後闘争戦術が強まり長期の体制が固まるにつれて、全国各地での共闘、合理化反対と結びついて急速に発展している。どこでも"共同の闘争はオレたちの闘争だ"という合い言葉で交流がすすみ、激励行動が起っている。

労連統一行動の第1次第1行動日の十三日には、全国的に決起大会、共同の闘争と各地元単組の共闘を訴えるビラを玄関前でまくなど、労連の呼びかけに応えた行動が組織された。北海道では道新五階ホールに全民、北タイ、朝日分会、読売分会、北海道放送、日放労支部、札テレ、道新各マスコミ関係の労働者100余人が集まって共同の支援大会を開いた。

仙台では十六時スト突入後河北の全員集会に共同組合員全員が出席交流、共闘を誓い合った。名古屋でも十八時から在名各社の青年部を中心に決起大会、岡山では朝日労組と同社玄関前でビラをまき、午後には共同支援集会、その後は街頭職場に入って交流した。近畿地連は共同、日経を中心に地連決起大会をひらき、福岡でも農民会館で在福新聞労働者と決起大会をやり、栃木では全員集会に共同組合員が参加して渋木事務理事への抗議を声明した。東京では、朝八時半に毎日に在京組合員五〇余人が集まり、朝経、時通をはじめ各社の玄関前で共同支援と統一への結集、中日職場支援を呼びかけるビラ一万枚をまいた。

調査会の動きなどは、すでに現実に日本の軍国主義化への方向が極度に強まっていることを示し、憲法改悪を直接日程にのぼしていることを物語っている。日本の民主主義がくずされれば、言論報道の自由もまた根底から奪われることは、戦前戦中の言論人に対して加えられていた無残な弾圧がこれを雄弁に教えている。

われわれが共闘で当面している大幅賃上げと合理化反対、根本的な労働条件の改善をかちとること、それらをたたかいとるための一切の組合活動の自由のためのたたかいは、この政暴法案粉砕のたたかいと完全に結びついたものである。

当面この政暴法案が、政治反動の中心的プログラムになっているとき、これを粉砕することがどうしても必要であり、生活の向上と民主主義、平和と独立のためにさけえないたたかいである。

すべての新聞労働者の皆さん！共闘を徹底的に強化しよう。その力を政暴法粉砕に意識的に結集しよう。広範な戦線に結集し団結して闘えば政暴法は粉砕することができる。国民会議は大きく動きはじめ、紙パ労連はスト権を確立、全印総連、全国金属、全日労なども準備に入っている。

一、九月十五〜二十五日の安保共闘会議の第一行動に執行部を先頭にすべての組合員が参加しよう。

一、全組合員が署名運動に参加し、たたかう意思を結集しよう（三面に署名用紙あり）

一、十月の労連大会をめざし、政暴法反対のスト権確立に全力あげて取組もう。あらゆる職場で直ちに政暴法と共闘の学習、討論を組織し、交流を強めて確信をもって起ちあがろう。

一九六一年八月三十一日

新聞労連中央執行委員会

拘束8時間へ復元

島根スト権立てて獲得

島根労組は四年前社再建を理由に拘束九時間を押しつけられたが、労使双方の再建後は復元という約束にもとづいて八月十九日、正式に八時間制を要求した。社側はこれに対して社屋建設の緊急性をもち出し、一、〇〇〇円の賃上げと引きかえに要求の撤回を求め、組合の拒否にあうや、来年十月と実施という鬼も笑う空手形を出してきた。圧倒的多数でスト体制を確立、一〇〇〇円賃上げのほか、四月実施をかちとり妥結。四年間の一時間延長で総計一五万時間、一人が六〇年間ただ働らきした。

第7回青婦協全代会
青年婦人の闘う方針決める

第七回新聞労連青婦協全国代表者会議は八月十三日から十五日までの三日間にわたって山中湖畔携帯荘で全国10地連、地協の加盟、未加盟三〇代表約100名が参加して開かれた。本部報告、地連地協、単組報告に続いて1年間の青婦部活動の総括、内外の情勢、活動方針の平和と民主主義を守る闘い、合理化に反対し生活と権利を守る闘い、増ページ、地方進出・独占化との闘い、共闘を強めるための交流について討論を深めた。

第七回全代会は集中豪雨という悪天候にもかかわらず、非常に討議の深まった立派な会議だった。一年間の政治的な反動攻勢と職場における合理化、労働強化、組織攻撃とのはげしい闘いの中から、仲間たちがその自覚を深めてきたことの反映であり、ここからこんごのわれわれの生活と権利を守る闘いの展望を見いだせた。

安保体制の打破
諸要求土台に戦線拡大へ

全代会議の主な討議は次のとおり。

▽内外情勢、安保体制との闘い

社会主義国の政治経済、軍事的優勢、植民地国の独立闘争の高揚、帝国主義、資本主義国内の経済的矛盾による労働者を中心とする闘いの前進によって経済の矛盾を戦争政策によって切り抜けようとする帝国主義グループは、世界的に孤立している。このことから日本では独占の強化、そして海外市場での競争力強化のために合理化政策、つまり搾取と抑圧を強めている。政暴法などはこれらの情勢を反映し、新聞産業の合理化、組合弱体化、紙面の反動化がすすめられている。われわれのすべての闘いは安保体制打破の[illegible]通じている。

▽生活と権利、[illegible]主義を守る闘[illegible]

春闘は合理化攻勢に対[illegible]決の闘いであった。新聞[illegible]各職場では、合理化が[illegible]なわれ、人員不足によ[illegible]の労働強化や機械化に[illegible]密度が高まり、賃上げ[illegible]ただ月給を上げるだけ[illegible]ダメだという考えが広ま[illegible]た。より階級的になって[illegible]

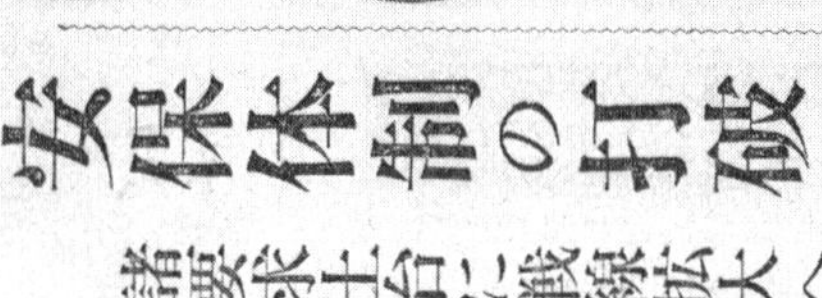

花田謙太郎議長

吉田勝彦副議長

奥村邦彦副議長

"先頭に立って闘い抜きます"

労連青婦協新役員次の通り。
議長　花田謙太郎（共[illegible]
副議長　吉田　勝彦（日[illegible]
同　奥村　邦彦（大[illegible]
事務局長　守島元喜（朝[illegible]

反動攻勢粉砕の中心勢力になろう

青婦協新議長　花田謙太郎

警職法、安保闘争で日本の労働者、国民の力は大きく前進し「日本の平和と民主主義」を守ろうとの力は潮のように高まり拡がっています。

われわれ新聞産業の青年婦人の力ももちろんその力の一部となっています。

反動勢力はこの力におそれおののき、労働者や国民の政治的自覚がさらに発展するのを阻止するため、反動の牙をむき出しました。それが政暴法です。この法律により反動勢力は、民主主義を守るとりでとなっている労働組合や民主団体を弱体化させ、自らの地位を確保しようと考えています。

さる六月、日本の反動勢力は、ケネディと会談したのち"第二次実力者内閣"を通じて、日本を極東における反共拠点、つまりアメリカの出先機関とし、極東での盟主たらんと意図しています。この秋の臨時国会で政暴法を強行成立させ、第二次防衛力増強にともなう予算案を成立させ、民主主義と平和を破壊し、戦前にまさる軍隊を復活させようと画策しています。

こういう情勢の中で新聞経営者は、われわれに対し、激しい攻撃を加えています。言論の自由と民主主義への抑圧、労働組合の弱体化をねらった政治的な攻撃、そして資本間の競争を理由にして加えてきた合理化という名の搾取です。

アカ攻撃、労務政策の攻撃、増ページ・減ページ変更の攻撃、不当解雇や配転の攻撃、われわれが直面している攻撃は数かぎりなくあります。そしてこの攻撃は、資本と権力が一体となって、自らの地位を確保しようとして、われわれに加えているものです。

われわれ新聞産業に働く青年婦人労働者はこれらの攻撃にひるまず、平和と民主々義生活と権利向上のため闘わなければなりません。

闘っているのは、われわれだけではありません。世界のいたるところで、この帝国主義、植民地主義に反対して闘っています。日本の全労働者全国民が平和と民主主義のために闘っています。

労連青婦協の仲間たち、いますぐにみんなで立ち上りましょう。

政暴法を粉砕し、総合政策に反対し、平和と民主主義を守り生活と権利を向上させる闘いの中心になりましょう。

明るい職場明るい日本をきづき、日本とアジアの平和を守るために前進しましょう。」

闘いを通じて社会の本質を知ろう

青婦協前議長　香取　治男

日経に入社するとすぐストライキを経験した。その時はみんなで決めた要求をみんなで闘って獲得するという民主主義の精神から闘争に参加した。この闘いを通じて社会の不合理に気がついた。この不合理に対する青年としての正義感は一種の社会に対する闘いになっていった。このころだと思う。私は松川事件に関心を持った。それは、あいまいな裁判で人間の生命が左右されて良いものかという疑問と、まさに「松川」の被告が殺されようとしていることに対する怒り——こんなことからも私は社会の不合理の本質を知っていったのである。そして、われわれは何をなすべきか、ということにも関心が向いていった。——搾取のない社会を作ること、一方の階級が自分たちの立場を維持するためにいろいろなことをやり、社会の本質を知らせまいとする思想攻撃、あるいは権力を利用しての弾圧などと闘っていくことの必要が痛感されもした。

香取治男君

日本は資本主義の国であり、それは、人を使って利益を得ようとする資本家と、使われて賃金を得て生活する労働者とが存在している。そして労働者は使用される弱味を利用され悪い労働条件のもとで生

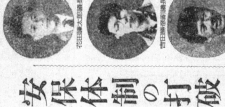

日ごろの労働強化も吹き飛ばして熱心な討論（8月13〜15日、山中湖畔で[illegible]）

る。

この賃上げ闘争の中で労働時間の問題、最低賃金制の問題、臨時労働者との関係、さらに生活向上への闘いの障害となっている非民主的な労協を改正するということなどについての理解も深まっている。また合理化政策と関連して組合への攻撃が激しくなっていることも指摘された。主な発言を拾うと——。

毎日　賃上げの要求に対して会社が出してきた安定計画が、合理化政策であることを見抜くのには長い時間がかかった。そして賃上げも合理化との闘いであることがわかった。

神戸　大幅賃上げには賃上げの本質をはっきりつかむことが大切だ。賃金と時間短縮は切りはなせない。生活と権利を守る闘いは合理化との闘いであり、同時に安保体制、貿易の自由化からくる全産業の合理化攻勢の一環であることをはっきりつかもう。」

▽地方進出、増ページの闘争

地方進出は、大手、中小を問わず労働条件の悪化を必然的に起こす。これまで労連内部ではいまの力関係からしてどうしようもないという空気が一部にあったが、このままほおって置くわけにはいかないということがわかってきた。それは地方に進出した大手紙の労働者も賃上げがしにくくなっていることからもわかる。会社が大きくなればわれわれの生活が少しは良くなるだろうと考えていたことは事実をもってやぶれてきた。増員に対する闘いを労働条件低下に反対する闘いとしてその本質を明らかにしつつ増ページ、地方進出反対の闘いを徹底した抵抗闘争として闘っていくことが闘いの発展に必要になっている。

いままで絶対反対か、条件闘争かという問題の立て方をしていたために「阻止できない」だから条件闘争でという闘いになりがちだった。そのため増ページ、地方進出のもっているいろいろな面に対してねばり強く闘っていく姿勢を作ることをさぼった結果になった」

“統一要求”を重視

このような過程を経て労働条件向上の要求を全国的に統一して要求を出して闘うという方針が生まれてきた。この統一要求を獲得するには当然、合理化、独占化への政策と闘いの中でのみかちとられていくということが明らかになりつつある。これが地方進出、増ページを阻止する力となって行く。次のような発言があった。

朝日　増ページ反対の中で、職場によっては、他社がやるならしかたがないという意見もある。しかし労働条件が悪くなることは明らかであり、われわれは職場要求を組織した。この中で、他社がやるからしかたがないと考えていた人たちも、自分たちの要求と増ページが矛盾することを知り、本質を知りはじめている。増ページをめぐる闘いは一職場だけの闘いでなく全社的な合理化反対の闘いとして発展させる必要がある。

神戸　増ページに労働条件改善を出して闘った。結果的には阻止したようになったが、これでよいのかという疑問が持たれた。やはり一単組だけの闘争ではない。

日経　青婦部では絶対反対の確認をした。しかしそれを各職場でどう闘いを進めるかである。広告などでは収入が増えて賃上げがしやすくなるといっている。職場では機械化することに疑問を持っている。工務では労働強化の面から反対している。だから色々な面からほり下げて討議し、増ページはわれわれには利益にならないで資本家にのみ有利であるということを見きわめる必要がある。考えや意見のちがう人でも闘える方向を打ち出すべきだ。そしてその闘いの中から増ページの本質を知り闘いを独占化に対する闘いに発展させることが正しいのではないか。増ページの本質を知らなくとも、職場の人でも、労働条件の低下は反対なのだから闘いはおこせる。

山形　四月から増ページになった。ページが少ないからだという。そこで人員だけは増やさせたが、増ページ闘争に不安をもっている。

河北　増ページ反対で闘った人員を少しふやさせて結局増ページはやらされた。しかし時間外が多いことと仕事がふえたことで職場では増ページをきっかけに集会が活発になった。

▽共闘強化、交流学習で戦線強化

合理化攻勢、労働強化、そして低賃金はわれわれ新聞労働者だけではない。したがって生活の向上権利を守る闘いは他の産業の労働者と一つになって闘うという。学習を交流、その中から統一戦線を強めていく。

活を送っている。

このようなもとでわれわれ働くものの生活を良くするためには、資本家に要求を出して闘っていくしかない。いまわれわれが行っている日日の闘争の中で、われわれ青年婦人はいや応なしに社会の不合理に気付かされてきている。そしてこの不合理はどうしてなのか、もう一歩深く考えるようになっている。われわれを苦しめているのが何かわかりはじめている。このように社会の本質を知った人たちを階級意識、労働者意識に目覚めたというのだろう。労働者は資本家より人数が多い。そして不満や要求をたくさん持っている。それを解決するために闘う。この闘いの中でこそ、われわれの目ざす社会を作るエネルギーが出てくるのだ。

決定された方針と諸決議

新聞の反動化に対し、一番身近かにいる新聞労働者には重い責任がある。平和と民主々義を守る闘いに対して十分に認識し、新聞労働者の任務を自覚しよう。その闘いの中で青年婦人労働者は先頭に立って、安保体制を打破し、反動立法の闘いを強め、真の平和と民主々義を守りぬこう。増ページ、機械化、地方進出など合理化に対しては職場の具体的な要求をかちとるたたかいを基底にしつつ職場的な抵抗闘争を組み、全労働者の統一行動のなかで闘う態勢を組織して労連提携を強め各紙の統一闘争を組む。

新聞の独占化に反対し独占資本に対決する労働者階級の闘いを広く組織し、現実をふまえた日常闘争を組む。青年婦人労働者は地方進出阻止、増ページ反対の闘いの意義を広く職場の労働者に知らせよう。地方紙労働者も「企業防衛」で反対していく態度を克服し、地域共闘を強化し、地方進出そのものに対する反対闘争を明確にしていかねばならない。

機械化に対しては、事前協議制を確立することは当然であるがさらに進んで事前同意をかちとり、場合によっては拒否して闘うまでに発展させる。合理化に対して徹底的な統一要求で闘い一緒に闘うのだという連帯感を強めるためにも同一職場青年の横の交流を広めよう。職場交流を積極的に進める中で、労連共闘の足がかりが生まれて来る。同時に地域産業の仲間や、他産業の仲間と交流が重要になって来ている。そうすることによって労働者の階級的団結を強めていかねばならない。青年婦人労働者はこうした活動や、闘いの中から学び、労働者の階級的立場に立って言論活動を強化させよう。

なお全国代表者会議は次の決議を行った。①政暴法粉砕②松川上告反対③日朝青年の交流強化④中日新聞東京支部書記長への弾圧に対する抗議⑤同組合への激励⑥西日本不当処分反対の抗議と激励⑦日経の増ページに対する抗議⑧全体会議宣言。八つの決議、抗議、激励はこんご職場の中で運動として具体化していくことが確認された。

増ページに広範な闘いを

大幅な諸要求へ
各社職場で激しい怒り

増ページをめぐる各単組の職場は、中日、日経などの減ページ変更とそれにならう各社の動きが表面化する中で、これまでにない大きな関心が組合員をとらえてきている。職場の怒りは激しく、闘いも非常な拡がりをみせ、着実に発展してきている。度重なる増ページ攻勢の中でえた貴重な経験は、労働条件の根本的な改善、年公休完全消化、労働強化なくせ、職場の意見に耳を傾けよ、組合活動の自由を守れなど具体的な要求を印刷、発送など労連の統一要求を土台につきつけ、これと増ページの反労働者的独占化、紙面の反動化との闘いを結合させて闘う方向を明らかにするうえで、大きな助けとなってきている。これからの増ページ闘争は、これに対する可能な限りの強い抵抗闘争を組みつつ、具体的な要求の獲得、政暴法など日本の軍国主義化・反動化との闘いとを結びつけて闘うことが極めて重要になってきている。

日経 減ページの変更通告に対する怒りが高まり、固まってきている日経労組の各職場は「諸要求の獲得こそ増ページの狙いをうち砕く」という態度のもとに、増員、時間外の完全支給、配転条項、労働協約の改訂の要求など二三項目にのぼる諸要求を前面に出して十月一日の減ページ変更期日に向け実力行使体制をととのえてきている。増員要求は、職場の労働条件の根本的な改善をめざすもので、公休、週休、休けい時間の完全消化などの体制を織りこんだものになっている。現在の合理化に対する職場の不満は強く、とくに減ページ変更が発表されてからは激しい憤りと職場の討議と職場長との交渉の中で、多くの組合員が増ページの本質を見抜いてき、増ページをめぐる背景などについての理解も日ごとに深まってきており、これまでとかく"条件"だけとってすべてが終る"式の合理化に対する闘い方を改めはじめてきている。職場は、労働条件改善、権利擁護を中心に、長期の展望のもとに当面の増ページに取り組んでおり、この中で職場に日常的な組合活動の確立、職場新聞の発行学習会の組織化などが意識的に努力されはじめている。日経の増ページをめぐる闘いでも、こうして権利への保障を日常的にその団結に求めはじめてきたといえるようだ。

朝日 朝日では、九日の経労協で会社側から「第二市場設置に伴う編集局の増員と臨時増ページに伴う現場関係の増員、ならびに大阪出版印刷部を廃止する」との通告があった。それによると増員は総計一五三人になるが大阪出版印刷の廃止によって九〇人が配転されることになる。朝日労組本部は十一日声明を出し、大阪出版印刷職場の反対の意見に基礎をおきながら廃止に断固反対していくとともに、増ページ要員を配転によって生み出すという会社側の考え方に対してもいわゆる"合理化"に反対していく闘いとしてすすめていく態度を明らかにした。

輪転職場を中心にした職場の増ページをめぐるねばり強い闘いはいぜんとして続いており、この闘いの中で会社側の拒否にもかかわらず、労連の統一要求を土台……

事前協議など一……

とそのたたかい……

支部間、各職場……

闘いが着実に前……

大阪に起こった……

る自衛手問題で……

部青婦部が抗議……

各支部の連帯し……

ってきている。

毎日 毎日労……
五、一……
で増ペ……

理化に対する闘争……

東西四本社合わせ……

いう大幅増員の要……

いを土台に組合全……

かう方針をきめた……

日曜夕刊廃止につ……

統一闘争の中で闘……

確認、大幅賃上げ……

闘の中で闘ってい……

た。大増員要求は……

の補充、年公休完……

の労働強化緩和を……

ので、徹底した職……

る着実に闘ってい……

る。秋闘の中で、……

活動家への弾圧続く
産経　六百人配転の地ならし

平和協定下の産経労組東京支部で、またまた良心的な執行委員一人が、会社側の合理化政策を批判したというだけで会社の圧力でその責任追及が組合によって行われるという事件などが起っているという。さる四月に、会社側が一方的に出してきた現場職制の時間外手当の固定化について、発送職場の主任たちも批判的な意見をもっていたために、発送出身の支部執行委員がこれを問題にし、職場会議で会社側を批判したところ、会社側の圧力を恐れる主任一〇数人が集まって"主任が批判したということはない"として会社側のテコ入れなどもあって責任追及という形での攻撃になってきたものらしい。

平和協定無条件承認をとなえさせられている支部多数が占める同支部執行委員会は、定数不足の中で、早速本人に責任をとるよう要望、本部執行委員会もとりあげて支部の態度を聴取するという形で処分への動きを示しているようだ。発送職場では、重大処分を要求する署名運動を職制が中心になってすすめ、発送事務所に組合員を引っぱりこんで強制的にそれを署名しているといわれる。不当圧迫は、文選の元支部活動家にも行われ、病弱であるにもかかわらずとうていその仕事にはたえられないような部局に配転されようとしている。

このような不当圧迫は、いうまでもなく会社的な大量合理化への露払いを意味し、すでに会社のいやがらせ、解雇などによって約四〇〇人がやめていったうえにさらにまた六〇〇人の社外配転が近々に行われようとしている。もしこれが強行されれば、水野が平和協定前にのべた"一、〇〇〇人のクビ切り"が事実上完了することになる。元組合活動家に対する弾圧と並行して部、課長クラスの大異動が発表され、大竹元委員長が総務部次長から総務部長に、編集局次長一人が会館、傍系の日本工業へ転出させられ後釜には社長室から一人、政治部長から昇格などと、いわゆる水野直系による部署固めがすすんでいる。友人、知人に支援を送ろう。

松本氏（読売）の参……
世界労組大会（ソ連）と印……

来る十一月四日から十六日までモスコーでひらかれる第五回世界労組大会代表団の結団式が九月十一日東京青山の全繊総連会館で行われ、三十五人の団員の一人として読売労組書記長松本道雄氏がこれに出席した。松本氏はさきの定期大会で、労組大会に先だって十一月二十五日から同月二十八日までライプチヒ（東独）でひらかれる印刷インターの新聞労働者代表として選出されていたもので、同インターへの代表八名の内定者（印刷関係労働者）のうちから労組大会代表二人を選んだ中に入ったもの。（他の一人は全印総連高橋書記長）なお印刷インターへの正式代表団の顔ぶれの決定は、その数がまだ……

ていないためおくれ……

同代表団の中にも……

ことは確実である。


世界労組大会の……

労連の活動、……

帝国主義反対、……

面的完全軍縮な……


カンパ……

会社……

「弾……


中日労組東京支部の……

不当配転、解雇反対……

京各職場、中日本社……

い支持に励まされ……
八、九の両日……
が行われた。正……

闘争体制を強化

総ての要求を結合して

第1回中執

労連本年度初の全国中執は八月三十、三十一日の両日秋闘を中心議題にしてひらかれ、政暴法の粉砕にスト権を確立し全力をあげて闘おう、増ページに対する抵抗闘争を職場の根本的な改善要求を土台に強化しよう、大幅賃上げ、時間短縮、時間外完全支給などで大衆行動を強化しようなど、具体的なこんごの闘争方針をきめた。十三日の第一次統一行動に続いて、二十八日には第二次統一行動を行うこともきめた。この第二次統一行動日には「月一回の新聞休刊日の設定と日曜夕刊の廃止」を全組合一斉に提出する。

（賃闘の要求（来年一月までにスト権確立）三六協定の改善（時間外拒否闘争より強化できるようにする）労協におけるユニオン、社員でないものは組合員でないとの逆しめつけ排除と臨時への適用、組合活動制限条項の撤廃など基本権を確保していく新研集会を十月十一、十二日（湯河原予定）に「反動化といかに闘かうか」を中心テーマに開催する、西独紙新聞人の死刑に対する抗議闘争の強化などをきめたほか、今期課題の一つでもある財政確立のため月間実行予算の遵守も合わせて決定した。

秋闘は、政暴法と経済・権利闘争を結合させて、実力行使体制を確立して闘っていくという点がその骨子だが、討論の集中したのは増ページをめぐる合理化とどう闘うか、原水禁運動を分裂攻撃の中でさらに発展させるにはどう闘っていくべきかの二点だった。

増ページについては、単に増ページということだけに目を奪われてしまうのでなく、すべての反労働者的攻撃に打ちかっていくカの基礎がどこにあり、それをどう作っていくかという配慮をもちつつ、具体的な職場の条件改善要求を土台に強い抵抗闘争を行っていくことが確認されたといえよう。（方針は別にパンフに収録）原水禁運動については、平和の敵がどのような攻撃を行ってきているかを明らかにしつつ、広い国民各層と結合してこれと闘う以外にない、というのが多数の意見だった。

時間労働制の獲得、職場改善などあらゆる要求と結合して闘われようとしている。

信毎 信毎の増ページは、日経同様十月一日から「セット朝刊12（現8）夕刊4「4」、統合12（8）」というもので、会社から値上げについても考慮中（時期未定）である旨の通告があった。組合は執行委員会声明を出して、労働条件を引き上げる増ページである以上反対していくとの基本方針を明らかにし、これと闘うため九月二十八日には大会を招集する。

執行部はすでに増ページに抵抗しつつ賃上げ、労働条件改善要求の検討に入っており、労働条件の根本的改善をめざす職場のたたかいを下から組織している。とりあえず執行部はその要求の一つとして全社的な増員として一三一人の要求をきめ討議に入っている。最近の過動務の全面的削減などの合理化に対する職場の不満は強い。

…加まる

…刷インター（東独）へ

…を職場で集めよう

…の経済的、社会的諸要求のための労働組合組織の当面の任務、②植民地隷従諸国の解放のためにたたかっている諸国民を援助するための労働組合の活動および連帯の発展、の二つで、印刷インターには日本代表団から第四議題として「植民地主義反対、民族独立・平和擁護のための統一闘争の強化に対する印刷労働組合および労働者の貢献」が報告されることになっている。この印刷インターは初めてのもので、こんごも引き続き開いていくかどうかも検討することになっている。戦争の危険が加わっている時この両国際会議の意義は大きい。松本代表にぜひ調べてきてほしいことなどあれば労連に申し出ていただきたい。

また、この松本氏の世界労組大会、印刷インターへの派遣費用として一人五円のカンパと、さらに各単組の分担金として大手の一万円から以下新聞労協で徴収することになりました。集約は九月いっぱい。執行部、職場が真剣にとり組むよう期待します。

…の意図バクロ

…辺問題」審問はじまる

同支部委員長はじゅんじゅんと社のこれまでの組合抑圧的政策の推移をのべ、いかに渡辺問題が社の組合骨抜きをねらったものであるかを明らかにした。傍聴席には中日、朝日各社の友人…

…も盛り込ませ、勝利の日まで闘い抜く決意を示した。

大阪編集全員が組合に加入

日刊工業労組

日刊工業大阪支社編集局員は、さる九月一日同支社編集局室内で総決起大会を開催、満場一致で全員の日刊工業労組への正式加入を決定し、直ちに他局の参加を呼びかけるビラの配布など活発な活動に入っている。会社側は非常にあわてて、早速入社の際の紹介者、縁故などを通じて激しい切り崩しに出ているが、組合員はそれとたたかいながらますます団結を固めている。他職場からの反響は大きく「とうとうやりましたね。がんばって下さい!」「むしろ遅すぎたくらいで、時の流れから当然ですね」といった激励が寄せられている。編集局は明るさを取り戻し、これに対する支社全体の好感も高まっている。

日刊工業労組は五年前組合を結成したが、激しい切り崩しとハタラキ党（総務—増田社長）という御用組織によって組織化が極めて困難な状況下におかれ、約七〇〇人の従業員のうち三分程度の組織率のまま今日に至っていた。しかしねばり強く組織を維持し日常の組合活動を着実にすすめる中で、非組合員の理解と同情は着実に発展し、最近の物価値上がりや社側の不明朗な労務管理に対する抵抗気運も強まってきていたもの。

職場からの通信、投稿をノ…

（この署名用紙は、切りとって九月末日までに労連へ送って下さい。裏表とも署名をとりましょう）

政治的暴力行為防止法案に反対する請願書

【趣旨】自由民主党、民主社会党提案にもとづく政治的暴力行為防止法案は、右翼テロ防止を口実としながら、実際には大衆運動を抑圧し、官憲の権限をつよめ、労働運動と平和と民主主義のための運動を制限することを狙っているものであります。

この法案の「政治的暴力行為」とは、きわめてあいまいな概要、陳情から国会、首相官邸に対するデモにまでおよんでおり、正当な大衆運動や労働組合の運動まで厳しい刑罰をもって直接取締まる大きな危険性を含んでおります。

さらに集団示威運動、集団行進、集会、または文書・図画、機関紙誌にいたる広範な規制を公安委員会にゆだね、破防法をはるかに上回る団体規制を行ない、民主的諸団体を公安調査庁と公安審査委員会の不断の監視のもとにおこうとしております。

このような危険な法案をさきの通常国会において強行成立させようとしたことにたいし、われわれは強く抗議し、ついにその成立をはばみました。とくに衆議院法務委員会、本会議において、不法、不当な採決を行なったことは、議会政治をふみにじったものとして、われわれの認めることのできないものであります。われわれはこの法案を臨時国会に再び提案することに絶対反対し、この法案を即時撤回し廃案とすることを要求します。

氏　名	住　所

画期的だった中国記者代表団の訪日

われわれ新聞労連が、日本ジャーナリスト会議、出版労協、放送労協など報道関係民主団体とともに日本に招いた初の中国新聞工作者代表団は、九月七日無事羽田から帰国した。鄧新華社副社長を団長とする陳人民日報副編集長、王解放日報副編集長、共新華社記者の四氏からなる同代表団は、八月十四日羽田着以来、日本を離れるまでの約三週間、終始「日中両国人民の友好団結」を固めるという立場で日本の新聞労働者その他各地各方面の日本の友人と交流を重ね、"日中両国報道関係者の戦闘的友情"を深め、その成果に立って九月五日には日本ジャーナリスト会議、新聞労連、出版労協、放送労協四団体との間で共同声明に調印するという成果をかちとった。

代表団はいたるところで平和を願い日中友好を願う日
友人たちの熱狂的な歓迎をうけ、相互の話し合いの中で
報道関係者の友情と団結を固めることができた。中国代
は「日本と中国の友情は両国人民の共通の敵ーアメリ
国主義と闘う中で発展し、団結はその中でますます
でいる」と当面の主要な情勢と連帯の方向を率直に語る
もに、各種の交流を通じて身近かな暮らしや家族の話、
新聞工作者の現状と解放前の闘争の経験などから、ソ連
実験再開の意義にいたるまで、すべての面にわたって率
意見を交換し合った。

中国代表団との交流の中で固められた両国報道関係者
友情と団結は、われわれ日本の新聞労働者がこんだ生活

米帝国主義は共通の敵

日中両国の団結で平和に貢献

共同声明

中国新聞工作者代表団は、一九六一年八月、日本ジャーナリスト会議、日本新聞労働組合連合、日本出版労働組合協議会、全国放送労働組合協議会に所属するジャーナリストと労働者の招きをうけて、日本を訪問しました。中国の新聞工作者代表団の最初の訪問は、日本の民主的ジャーナリストと新聞・出版・放送労働者たちが激しい闘いのなかで、自分たちの力で実現したものです。それは、日本と中国の友好関係を阻んでおり、これを脅かしているアメリカと日本の反動勢力に反対する闘争の大きな勝利の一つです。双方はこれを高く評価します。

中国新聞工作者代表団は、日本訪問の間に東京はじめ、福岡、小倉、門司、岡山、大阪、名古屋、新潟、川越の各地を訪問し熱烈な歓迎をうけたことに対し心からの感謝の意向を表明します。中国新聞工作者代表団は、日本各地のジャーナリスト、新聞・出版・放送労働者および各界のひとびとと広く交流し、お互いの実情を語りあい、親しみと友情をこめて、意見を交換しました。これをつうじて、双方はお互いに理解をふかめ、両国のジャーナリスト、新聞・出版・放送労働者のあいだの友情と団結はいっそう発展しました。また、アメリカ帝国主義は日中両国人民の共通の敵であり、それぞれの闘いが互いに相手方の闘いを助けており、きり離せない関係にあることをはっきり認識しました。

中国側は、日本のジャーナリスト、新聞・出版・放送労働者が、困難な条件の下に、独立、平和、民主主義と生活を守る愛国正義の闘いに積極的に参加していることにたいして、心から敬服し、その英雄的な闘争の精神にふかく感銘し、日本の友人たちがあらゆる困難をのりこえ、つぎつぎと勝利をおさめていくにちがいないと確信します。日本側は中国新聞工作者代表団招待の運動と中国新聞工作者との直接の交流によって、ジャーナリストのあいだの、また、ジャーナリストと労働者のあいだの団結を強化することの重要性、および「現在におけるジャーナリストの第一の道徳的責務は人民の闘争に奉仕することである」というバーデン集会の決議の精神について、いっそう自覚を高めました。

日中双方は、中国新聞工作者代表団の日本滞在中、両国のジャーナリストと新聞・出版・放送労働者が当面する諸問題について十分に意見の交換をおこない、つぎの諸点について完全に見解が一致していることを満足の念をもって確認します。

日本人民の闘争は必ず勝つ

（一）一九六〇年十月、オーストリアのバーデンで開かれた第二回世界ジャーナリスト集会の諸決議は、平和、反帝、民主主義と民族独立の旗を高く掲げ、全世界のジャーナリストに前進の方向を明らかに指し示しました。一年来の世界情勢の発展と日中両国ジャーナリストの闘争の経験は、バーデンの諸決議が完全に正しいことを証明しています。

一九六〇年十二月、上海で調印された日中両国ジャーナリストの共同声明は、バーデン集会の諸決議を全面的に支持し、それを実現するために奮闘しようという両国ジャーナリストの決意を示し、両国ジャーナリストの共通する任務を提起したものでした。この共同声明が、依然として両国のジャーナリストが友情と協力をつよめるための基礎となっていることを、満足の念をもって確認します。

この共同声明にしたがって実現した中国新聞工作者代表団の訪日は、この基礎をさらにいっそう強固なものにしました。

日本と中国はアジアにおける二つの大国です。両国のジャーナリストと新聞・出版・放送労働者がアメリカ帝国主義に反対して共同の闘いをすすめ、ますます固い団結を示していることは敵に対する大きな打撃であ
またアジア、アフリカ、ラ
アメリカのすべての民族解
争と民主的権利をめざすジ
ナリストに対する力づよい
となっています。日中両国
ーナリストと新聞・出版・
労働者の団結と協力が、世
平和を守る闘いに大きく貢
るであろうことは疑いありませ
ん。

中国は常に日本国民の側に

（一）現在、アメリカ帝国
と日本独占体は、たがいに
し、戦争と侵略の企てを強
います。「平和」とか「独
かいう言葉をふりまきなが
彼らは国民をあざむき、ア
カ帝国主義に反対する国民
の闘争心をなんとかして鈍
せ、国民の団結を分裂させ
としています。そして、一
は、日米安保体制をいっそ
め、日本国民の愛国正義の
を弾圧する体制を強化し、
主義の復活を急ぎ、日本を

声明に調印して

われわれの悲壮

中国新聞工作者代表団を日本に迎えた意義と成果は、九月五日調印された「共同声明」に集約された。代表団を招くこと自体が実は大きな闘いであったし、迎え入れてからもこの闘いはつづいた。

そして代表団帰国後も私たちの闘いはつづいていく。声明は平和の真の敵がアメリカ帝国主義であり、これと結託する日本の独占資本であることを明確にし、私達の闘かいの方向を示している。

私たちの闘いは言論の自由と真実の報道をはばむ敵と闘かうことであり、労働者の権利を奪いとろうとするあらゆる合理化政策、増ページ、不当配転、首切りに反対して闘かうことである。いま私たちが当面している敵の攻撃は、民主主義のねばり強い守り手である労働者を骨抜きにし、賃金政策への地ならしをしようとしているものであるからである。

共同声明は新聞労働者の新らしい憲章である。この憲章を真に私たちの闘かいの中に具体化していくことが、これからの課題である。

末田委員長

新聞人二

南朝鮮の不

五月十六日の反共軍事クーデター以後南朝鮮には言論、出版の自由はない。八三〇余に上る新聞、通信社と三七〇を超える出版社が軍事政権の手で強制的に閉鎖されているが、これは全言論、出版機関の九〇％に相当するという。またこれに伴なって報道の職場から追放されたものは三万から五万に及ぶとられている。辛うじて残された報道機関に対しては、当然とながらきびしい報道禁止しかれ、日本の占領中にもある検閲が行なわれ、紙面にりあとが目立ち、その日のが販売できないということもあるという。言論人としては

利、独立と平和のための激しい闘争の中で前にもまして大きな励ましになるだろう。幸いにしてじかに交流の機会に恵まれた仲間はもちろん、その機会から落ちてしまった友人たちも、結局両国の友情をさらにいっそう固め、間接でもある日中記者交換、国交回復を実現させる道が、調印された共同声明の実践にあることをよく考え、中国の友人たちといっしょにたたかっていくよう努力しよう。そのことによって、こんどの交流の成果はいっそう大きなものになるし、そのことが生活と権利を守ることにもなるからである。

なお、共同声明には三万新聞労働者を代表して米田労連委員長が調印し、これには朝、毎、共同、日経、労連本部役員など多数が立ち会った。

アの軍事ブロックの中心に仕立てあげ、積極的に「二つの中国」をつくろうとする陰謀をすすめています。

中国側は、日本国民が歴史的な安保闘争で示した闘う精神と豊かな経験を守って、安保体制を打ち破り、軍国主義復活を阻むために、日米反動勢力の攻撃を恐れず、団結して粘り強く、勇敢に闘いつづけているのをみて、喜しく思っています。中国側は、日本国民のこの偉大な愛国正義の闘いを極めて高く評価し、この闘いが、アジアと世界の平和を守り、各国民の民族民主運動を支援するうえで、偉大な貢献をもたらすものとかんがえています。六億五千万の中国国民は、永久に日本国民の側にたち、安保体制を打ち破り、軍国主義復活に反対する日本国民の闘いを断固として支持し、沖縄と小笠原諸島の返還およびアメリカの軍事基地とアメリカの駐留軍の撤去をめざす日本国民の要求を、断固として支持します。

日本のジャーナリスト新聞・出版・放送労働者が現在展開している闘い、すなわち、言論の自由と真実の報道を守り、愛国的民主的ジャーナリストを追放するための「記者解雇」に反対する闘争、また「合理化」の名の下におこなわれる労働強化、首切り、労働協約の改悪に対する闘争は、いずれも、日本国民の愛国正義の闘いの重要な一部分になっています。

近く、再び国会に提出される政暴法の成立を阻むために、日本国民は新らしい闘いをはじめています。中国側は、日本国民とジャーナリストおよび新聞・出版・放送労働者の民主主義と生活をこれを守る闘いに対して深く同感し支持しています。

日本側は、中国国民の台湾解放の闘いを強く支持します。また、国連において中国が正当な権利を回復することを支持し、「二つの中国」をつくる陰謀に絶対に反対し、日中国交回復の実現をめざして闘いつづけます。

日本側は、社会主義建設における中国国民の不屈の前進が、日本国民にとって大きな励ましになっていると考えています。また、日本国民は、中国国民が総路線、大躍進、人民公社の旗の下に一体となって社会主義建設のために奮闘し、さらにアメリカを先頭とする帝国主義、植民主義の戦争と侵略の企てに対して、断固として反撃し、各国国民の愛国正義の闘いを支援していることについて深い尊敬と感謝の気持ちをもっています。中国の新聞工作者が、真実の報道を通じて、帝国主義の陰謀を暴露し、各国国民の闘いを正しく伝えて、中国国民の社会主義建設と、独立、平和、民主主義および繁栄をめざす世界各国国民の闘いに奉仕していることに対して、日本のジャーナリストと労働者は敬意を払っています。

帝国主義の野望を暴露せよ

（一）世界の情勢は、ますます各国国民に有利な方向へ、平和に有利な方向へと発展しています。ソ連、中国およびその他の社会主義国家の建設は、大きな成果をおさめており、社会主義陣営の団結はいっそう強まっています。アジア、アフリカ、ラテンアメリカにおける民族解放運動のいままでにない高まり、アメリカによって送りこまれた傭兵の侵略を撃退したキューバ国民の偉大な勝利、安保闘争につづいて政暴法反対闘争と松川事件における日本国民の勝利などに象徴されているように、世界の平和を守り、帝国主義に反対する進歩的な勢力は、力づよく前進しています。これに反し、ケネディの就任以来、アメリカを先頭とする帝国主義、植民主義勢力は、いたるところで侵略を行い国際緊張をつくりだし、そのつど失敗してその凶暴な性質を暴露し、世界各国の国民の眼に、だれが平和の真の敵であるかをますます明らかにしています。しかし、彼らは、失敗すればするほどいっそう乱暴で危険なものになっています。したがって、平和を愛する全世界の国民は、決して警戒心をゆるめることはできません。われわれジャーナリストは、たゆむことなく帝国主義者の戦争の陰謀を暴露し、平和を愛する全世界の国民とともに、世界平和を守る闘いを強めて、帝国主義者の挑発する戦争の勃発を防ぎ止めることが必要です。

国際連帯強めてAA集会へ

（二）日中双方は、バーデン集会以来、世界各地で闘われているジャーナリストの平和と独立、民主主義と民族解放、真実の報道のためのたゆみない努力に対し、各国の仲間に心からの連帯の意向を表明します。

双方は、各国国民が帝国主義勢力の戦争宣伝、虚偽、歪曲の報道に惑わされなくなり、国民の侵略戦争に反対し、世界の平和と社会の進歩を望む声を、正しく反映する報道が次第にその影響を拡げてきていると考えます。帝国主義者の報道独占を打ち破るために、各国のジャーナリストはさらに、相互連帯と相互援助を強めることが必要だと思います。とりわけ、アジア・アフリカ地帯のジャーナリストは、バーデンで合意されたアジア・アフリカ・ジャーナリスト集会をぜひ実現させるために、ひきつづき努力する必要があると考えます。

中国新聞工作者代表団は、今回の訪問に当って日本側が払った努力と手厚いもてなしに、心から感謝します。

日本側は、中華全国新聞工作者協会の日本のジャーナリストと新聞・出版・放送労働者に対する大きな支持に感謝し、また、訪日代表団の大きな努力に敬意を表します。

日中両国民とジャーナリストおよび新聞・出版・放送労働者の団結と友情は、共同の闘いのなかで、ますます発展するでしょう。

日本ジャーナリスト会議議長　小林雄一
日本新聞労働組合連合中央執行委員長　米田宗雄
日本出版労働組合協議会中央執行委員長　清水英武
全国放送労働組合協議会議長　内本真明
中国新聞工作者代表団団長
中華全国新聞工作者協会書記処書記　郭澍

東京にて

一九六一年九月五日

【中見出しは編集部】

中国招待カンパの百パーセント完遂にとりくもう。

人を死刑
弾圧に抗議を

分の生命をかけて闘かうか、軍事政権の御用新聞となり下るか二つの道の一つを選ばねばならない段目に追いこまれている。

「民族日報」の趙鏞壽社長をはじめとする同社幹部は前者の道をえらんだ。二十八日の判決はおそらく全世界からはげしい憤りをこめた抗議が南朝鮮のファッショ政権につきつけられたと想像されるのだが、反共軍事体制の確立に狂ほんする朴政権はついに三人を死刑に、五人を長期の刑におとしいれるという天をおそれぬ判決を下すに至った。「民族日報」はさきの張勉政権のもとに合法的に創刊されたものであり、南北の平和統一と、経済、文化の交流など全朝鮮人民の動かすことのできない民族的本能に根ざす願いを、人民に代って主張してきたということである。これは全朝鮮人民の切なる声の代弁であった。

しかるに判決は「容共的言論により北韓傀儡の宣伝、扇動に同調した」という理由をもって、しかもただそれだけの理由をもって死刑を宣告したのである。

われわれ新聞労働者は何にもまして言論の自由の尊さを知っている。安保闘争以後日本の新聞の反動化はいまや平和と民主主義陣営の立場からきわめて危険な段階に立ち至っている。

われわれ新聞労働者の基本的念願は、真実の報道を通じ国民大衆の利益に合致する新聞を作ることでなければならぬ。そしてこの立場を貫き通すことは非常に困難なことではあるが、われわれ新聞労働者に課された第一義的な任務でなければならぬ。とくに現在顕著にあらわれている紙面と組合弾圧政策が、アメリカ帝国主義の指示に基づく日本の政府・独占資本の意図によるものであることを考えるとき、同じくアメリカ帝国主義の意のままにあやつられている南朝鮮政権の恐るべき狂暴さは決してひとごとではない。われわれは南朝鮮の現状の中にアメリカ帝国主義の本性をみる。これはこんご日本の新聞労働者が当面する問題であるからである。このことは九月下旬に予定されている「日韓会談」の意義を考えることによって、決してとりこし苦労でないことが判るだろう。

われわれの当面の課題は「民族日報」の趙社長以下八名を、平和、民主、独立を願う全世界の世論の中で救い出すことである。

マスコミ五単産は、この死刑判決に抗議するため各界の救命署名運動と並行して大衆的な抗議行動をきめました。東京では十一日全電通会館で大衆集会を開く。

声明

ＪＣＪは、日本と中華人民共和国との間に新聞記者を交換する話合いが再開されることを全面的に支持し、一日も早くこれが実現されるよう努力します。

日中記者交換は、すべての民主的ジャーナリストの長い間の希望であり、ＪＣＪ創立以来の大きな運動目標の一つでした。一九五七年にはこの問題についての話合いが具体的に進められたにもかかわらず、アメリカの中国敵視政策に追従した当時の岸内閣と日本新聞協会の消極的態度によってついに実現をみず、今日に至りました。

日中両国の国交正常化は、国民の大多数が願っていることであり、両国の新聞記者が相互に相手国の実情を正しく報道することは、この国民の期待にこたえる道であります。

現在、記者交換の実現が話合われようとしていることは、主として日中両国人民の長期にわたる国交正常化を目ざす

闘いの成果によるものだといわなければなりません。今年、中国とフランスとの国交が回復されたのをきっかけにして、日中国交回復を望む声は一層高まり広がってきました。これはアメリカ政府が、世界各国に押しつけてきた「中国敵視」と「二つの中国」政策がついに世界的な規模で破綻しはじめたことを反映するものにほかなりません。われわれは、一日も早く中国との国交正常化を実現すべきだと考え、二月十三日、各界指導者によって発表された「国民各層へのよびかけ」を心から歓迎します。記者交換はこの道に向っての重要な第一歩になるものです。

従って記者交換に当っては政府、各報道機関、特派員など当事者は当然一、中国に対し敵視政策をとらない、二、日中両国の国交回復をさまたげない、三、「二つの中国」の陰謀に加わらない、という「政治三原則」を固く守らなければならないと考えます。記者交換の話合いは日中両国の報道界を代表する正規の機関を通じ、平等互恵の原則にもとづいて行われるべきです。このようにしてはじめて両国の国交正常化に貢献することができるでしょう。

ＪＣＪは、この日中記者交換とあわせて、朝鮮民主主義人民共和国との間の記者交換の実現のために、さらに全力をあげて努力します。

日本ジャーナリスト会議評議員会

一九六四年二月二十四日

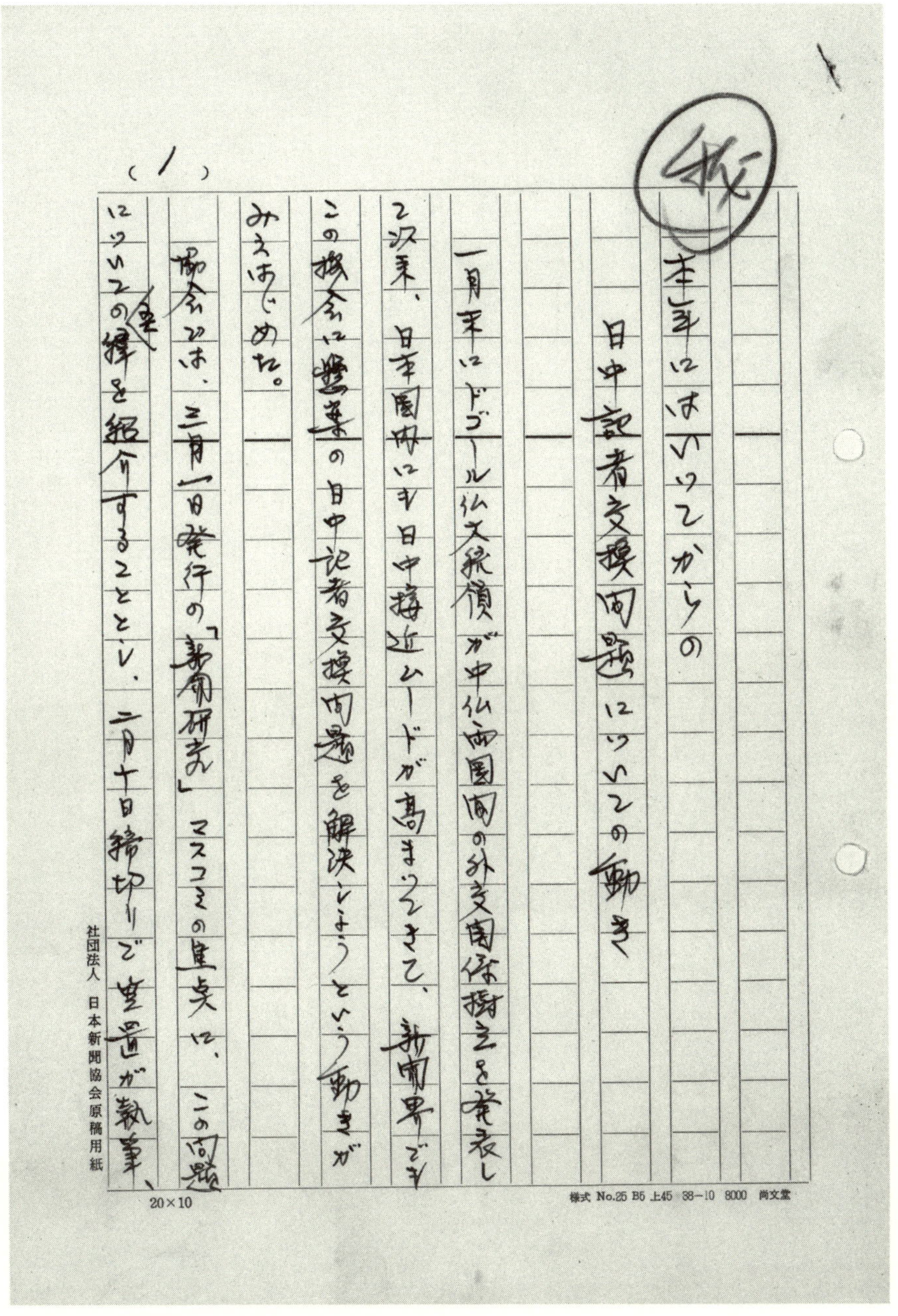

(1)
本年にはいってからの
日中記者交換問題についての動き
一月末にドゴール仏大統領が中仏両国間の外交関係樹立を発表して以来、日本国内にも日中接近ムードが高まってきて、新聞界でもこの機会に懸案の日中記者交換問題を解決しようという動きがみえはじめた。
協会では、三月一日発行の「新聞研究」マスコミの焦点に、この問題についての経緯を紹介することとし、二月十日締切りで、室員が執筆、
社団法人 日本新聞協会原稿用紙
20×10
様式 No.25 B5 上45 38−10 8000 尚文堂

（2）

協会事務局としては、いついかなる方面から話が持ちこまれても、受けこたえる準備をととのえた。

二月十六日(日)朝日は社説で問題をとりあげ、新聞協会が記者交換の実現を促進するよう要望した。

二月十七日、東急ホテルで開かれた外務省曽野情文局長主催の外人記者招待パーティーの席上で、曽野氏が立話に、ぼつぼつ各社から北京に特派員を出したいといってきているが、新聞協会でまとめてほしいともらした。

二月十八日、朝刊最終版が、七日から十六日まで遺族の墓参交渉のため北京に行っていた自由党の藤井勝志代議士が十七日羽田での帰国記

社団法人　日本新聞協会原稿用紙

20×10　　様式 No.25 B5 上45 38-10 8000 尚文堂

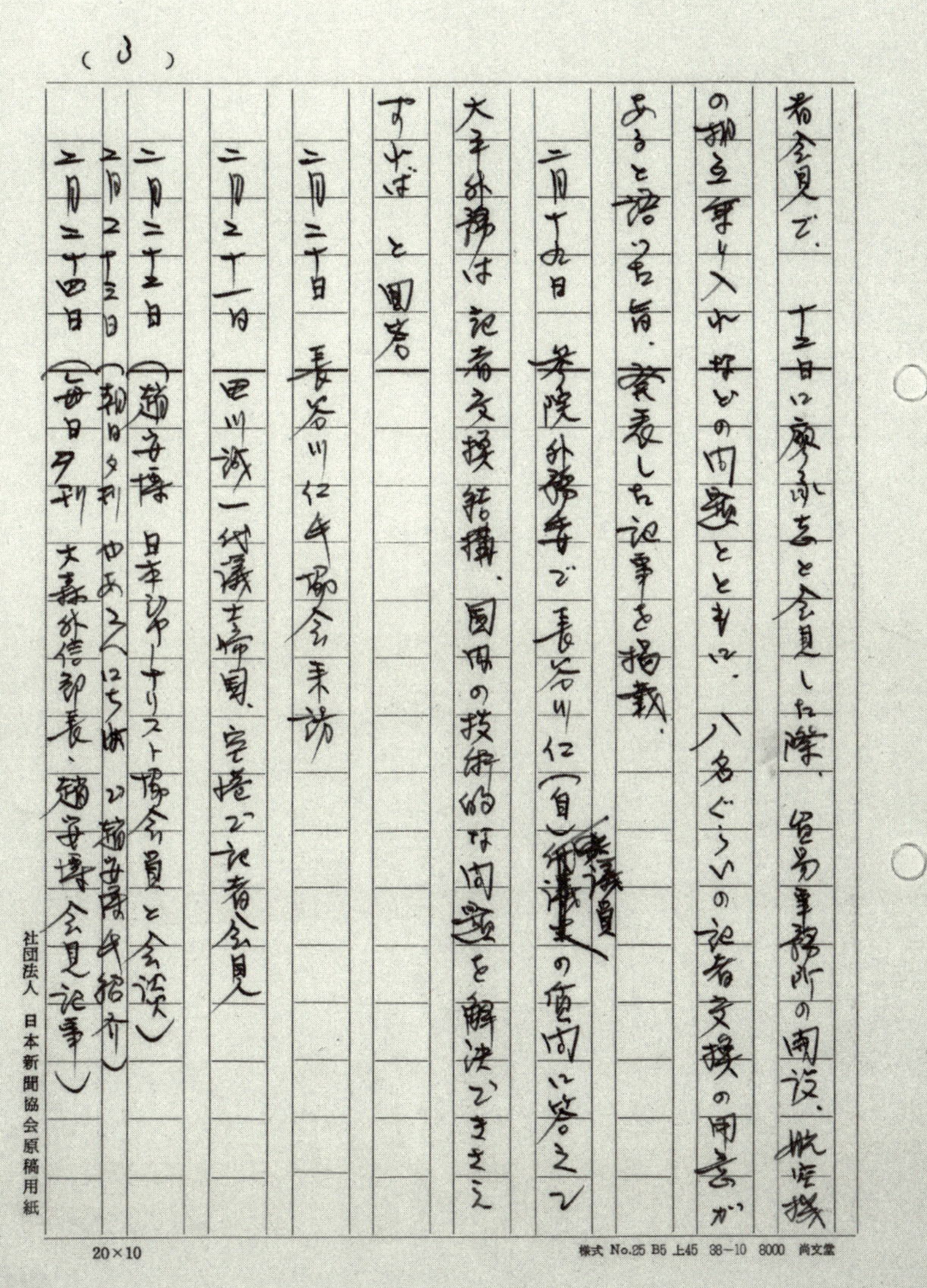

（3）

者会見で、十三日に廖承志と会見した際、貿易事務所の開設、航空機の相互乗り入れなどの問題とともに、八名ぐらいの記者交換の用意があると語った旨、発表した記事を掲載。

二月十九日　参院外務委で長谷川仁（自）議員の質問に答えて大平外相は記者交換結構、国際の技術的な問題を解決できさえすればと回答

二月二十日　長谷川仁氏協会来訪

二月二十一日　田川誠一代議士帰国、空港で記者会見

二月二十二日（趙安博　日本ジャーナリスト協会員と会談）

二月二十三日（朝日夕刊　中国の（12ち以　21趙安博氏紹介））

二月二十四日（毎日夕刊　大森外信部長、趙安博会見記事）

社団法人　日本新聞協会原稿用紙

20×10

様式 No.25 B5 上45 38-10 8000 尚文堂

（6）

二月二十四日　田川代議士から横田事務局長に電話があったが横田氏不在、

二月二十五日　協会事務局で横田、江尻、斉田、室賀、総務業務両部長で対策協議、田川氏の来訪を待ち、廖氏との会談内容をきいた上で、外務省と接触、それから動きはじめることとする。

陳氏、横田氏へ電話で交渉にのり出すことをすすめる。

広岡氏横田氏を訪問、田川氏が朝日で交渉には横田氏以外があたるように述べたと報告。

社団法人　日本新聞協会原稿用紙

20×10　　様式 No.25 B5 上45 38−10 8000 尚文堂

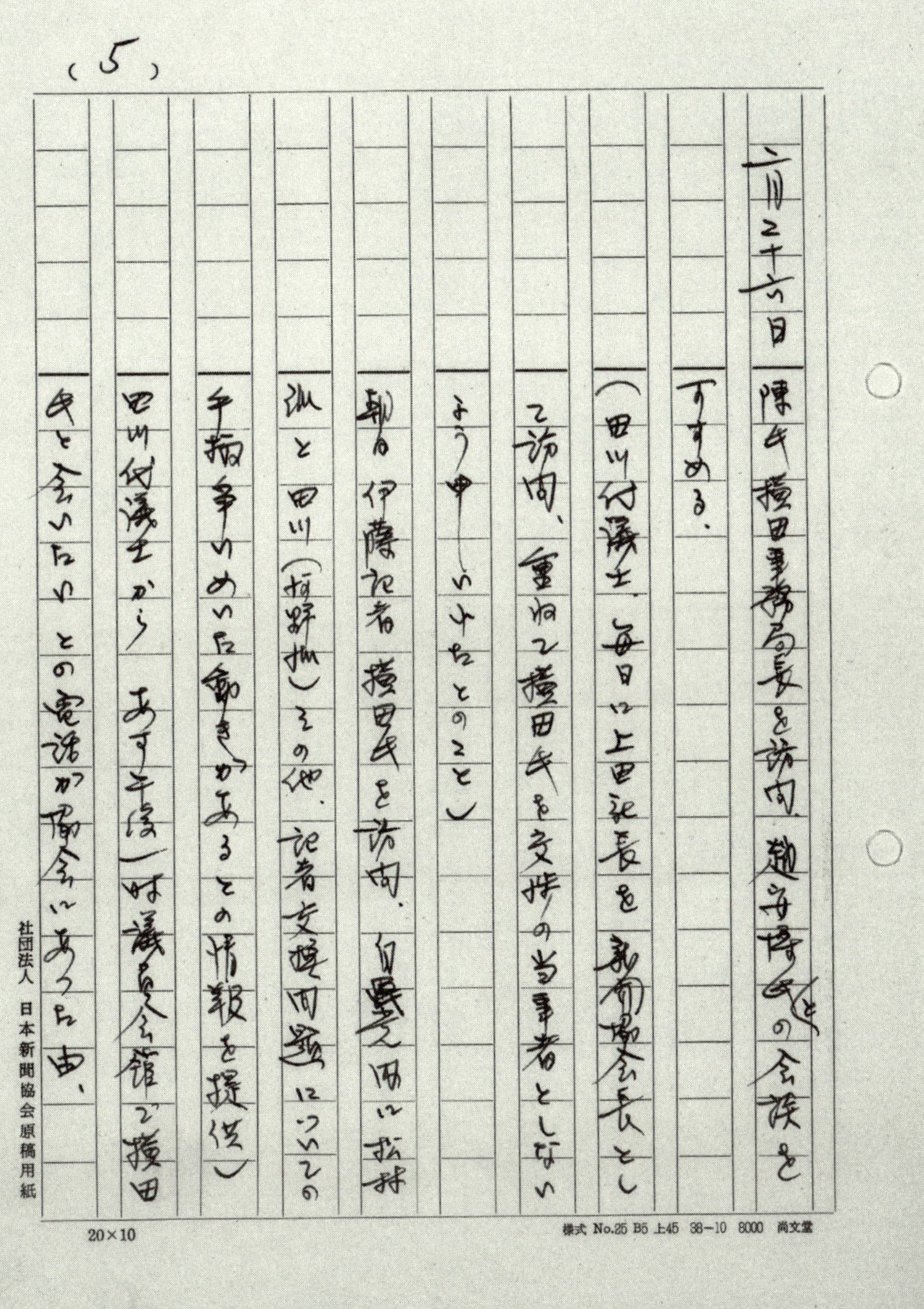

（５）

二月二十六日　陳氏横田事務局長を訪問、趙安博氏との会談を
すすめる。
（田川代議士、毎日に上田記長を新聞協会長とし
て訪問、重ねて横田氏を交渉の当事者としない
よう申しいれたとのこと）
朝日伊藤記者横田氏を訪問、自民党側に接触
派と田川（松村派）その他、記者交換問題についての
手柄争いめいた動きがあるとの情報を提供）
田川代議士から　あす午後一時議員会館で横田
氏と会いたいとの電話が協会にあった由、

社団法人　日本新聞協会原稿用紙

20×10　　　　様式 No.25 B5 上45 38-10 8000 尚文堂

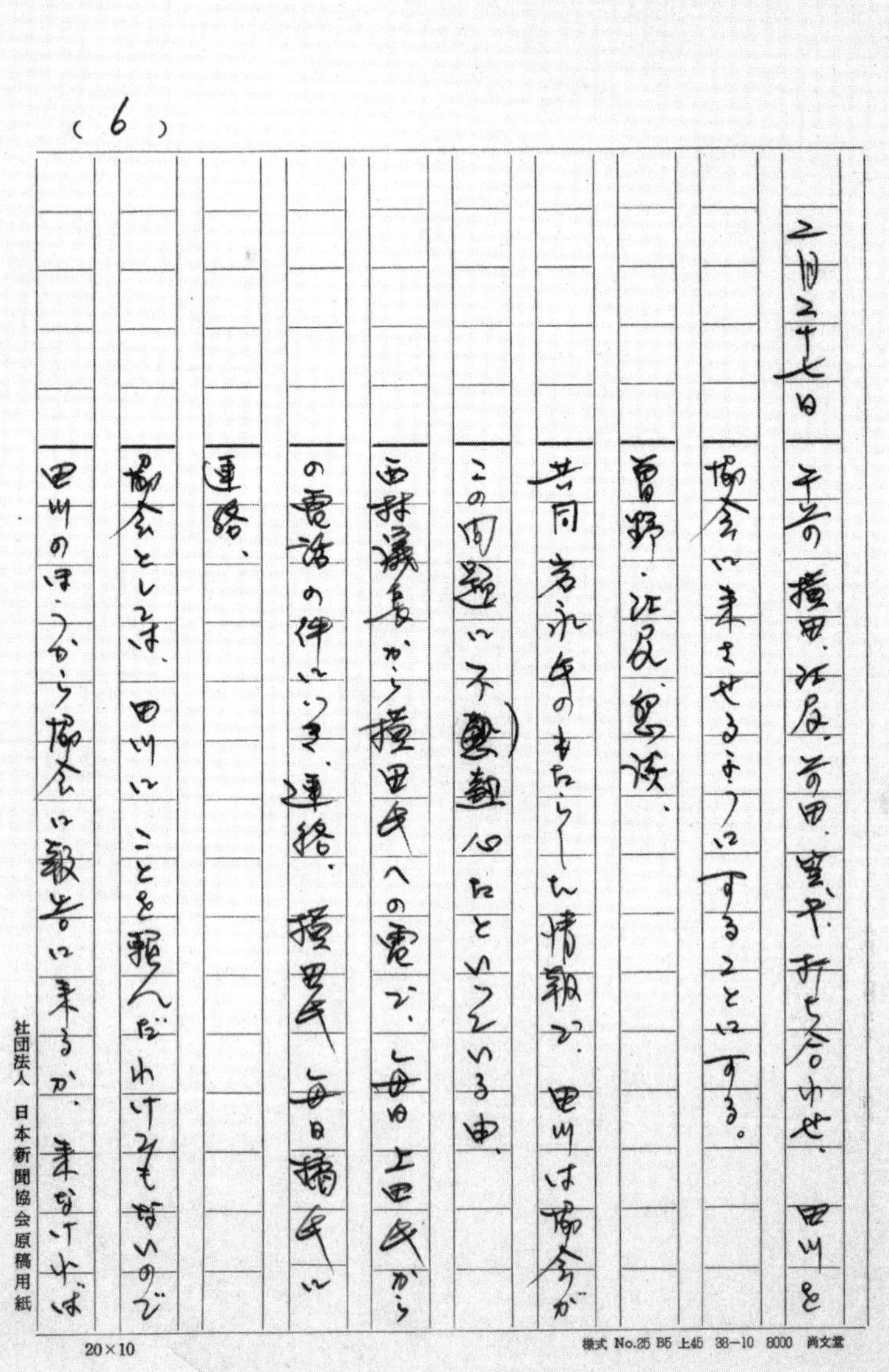

（6）

二月二十七日

午前の擅田、江尻、前田、室、打ち合わせ、田川を
協会に来させるようにすることにする。
曽野、江尻、懇談、
共同吉永氏のもたらした情報で、田川は協会が
この問題に不熱心だといっている由、
西村議長から擅田氏への電で、毎日上田氏から
の電話の件について、連絡。擅田氏毎日橋氏に
連絡、
協会としては、田川にことを頼んだわけでもないので
田川のほうから協会に報告に来るか、来なければ

社団法人　日本新聞協会原稿用紙

20×10　　様式 No.25 B5 上45 38—10 8000 尚文堂

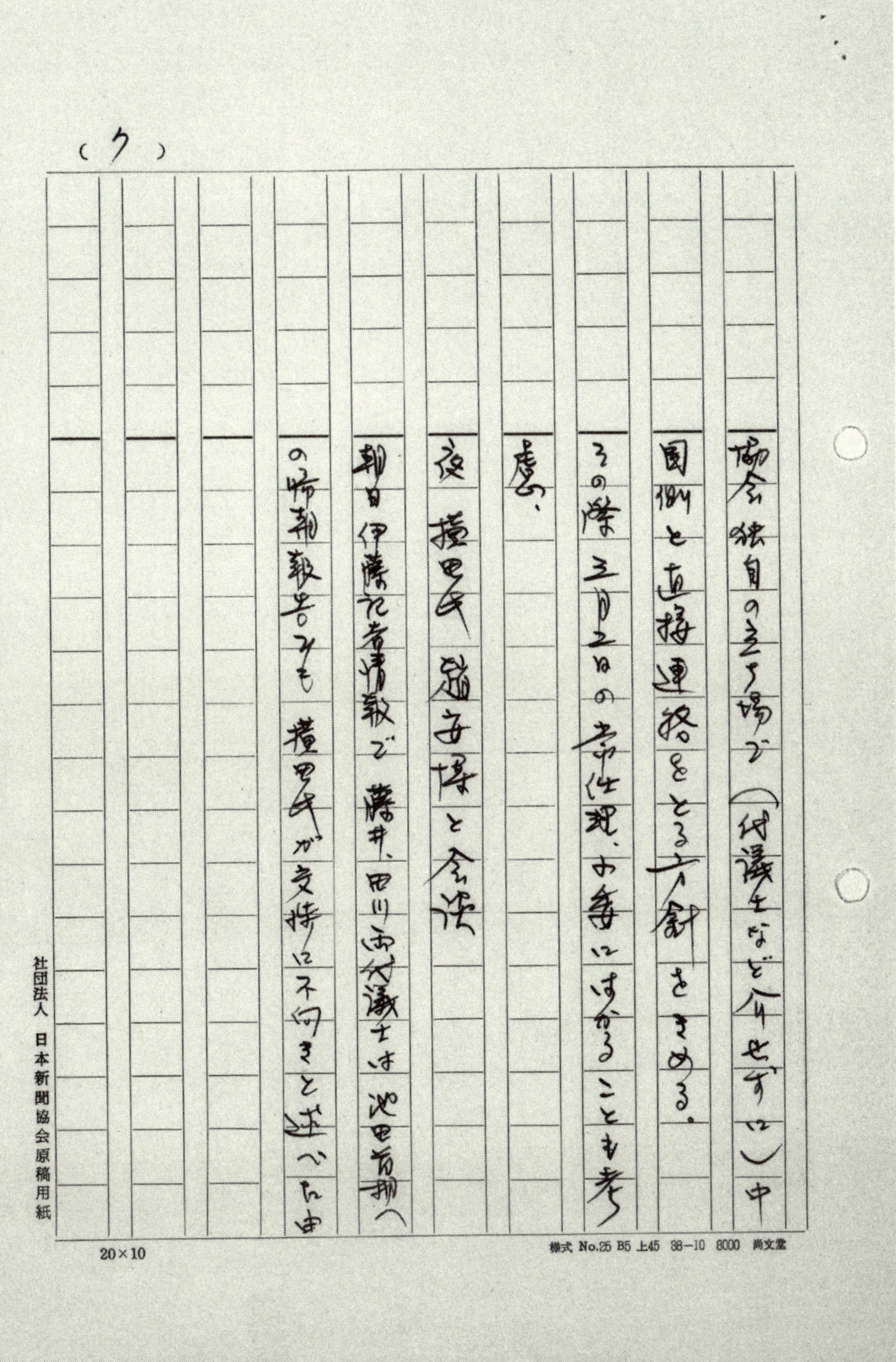

（7）

協会独自の立場で（代議士など介せずに）中国側と直接連絡をとる方針をきめる。

その際三月二日の事件処理、お詫びにはかることも考慮、

夜　横田氏　趙安博と会談

朝日伊藤記者情報で　藤井、田川両代議士は池田首相への帰報告でも　横田氏が交渉に不向きと述べた由

社団法人　日本新聞協会原稿用紙

20×10　　様式 No.25 B5 上45 38−10 8000 尚文堂

（1）

趙安博氏との会談メモ

横田事務局長は二月二十七日夜、アジア・アフリカ連帯委員会の招きで来日中の中国亜非団結委員会代表団の団長趙安博氏（中国日本友好協会秘書長）を宿舎、銀座東急ホテルに訪ね、午後九時四十分から約十分間懇談した。

まず横田事務局長から「ご承知のように、いまや日中両国間の記者交換を実現しようという気運が高まってきており、新聞協会にもすでに十二社から特派員を派遣したいという申しあが集ま

社団法人　日本新聞協会原稿用紙

20×10　　様式 No.25 B5 上45 38−10 8000 尚文堂

(2)

つてきている。新聞協会としては、ぜひこの機会に永年の懸案である この問題を解決したいと願っているので、帰国されたらわれわれのこの希望をお伝え願いたい、と申し入れた。

趙氏は、ぜひ記者交換を実現させたいといい、ただ廖承志氏と藤井、田川両代議士との間に、どのような話し合いがあったのか、自分が北京を出発してからあとのことなので、日本の新聞に報道されている程度のことしか自分は知らないから、新聞協会の意向は伝えるけれども、新聞協会と中国新聞工作者協会との間で直接に交渉をはじめられたらよかろうと思う。人数の点についても、どのようなことになっているのか自分はよくわからないが、廖氏

（3）

と藤井、田川両氏との間の話し合いが八名ということになっているのなら、そのへんから交渉を開始したらよかろう、と答えた。

ここで趙氏は、手帳を開いて筆記の用意をしながら、ところで交渉にあたってその、あなたのほうの状件は？と問うた。

横田事務局長は、すべて互恵平等で行きたいと思う、と答え、近く中国から見本市開催のため多数の方が日本に来ると聞いているが、そのなかには記者交換問題について交渉するような方が加わって来日するようなことにはならないだろうか、と問うた。趙氏は、見本市の一行に加わって来日する記者のなかには、はたしてそうした交渉のできるものが加わるかどうかわからないと答えた。

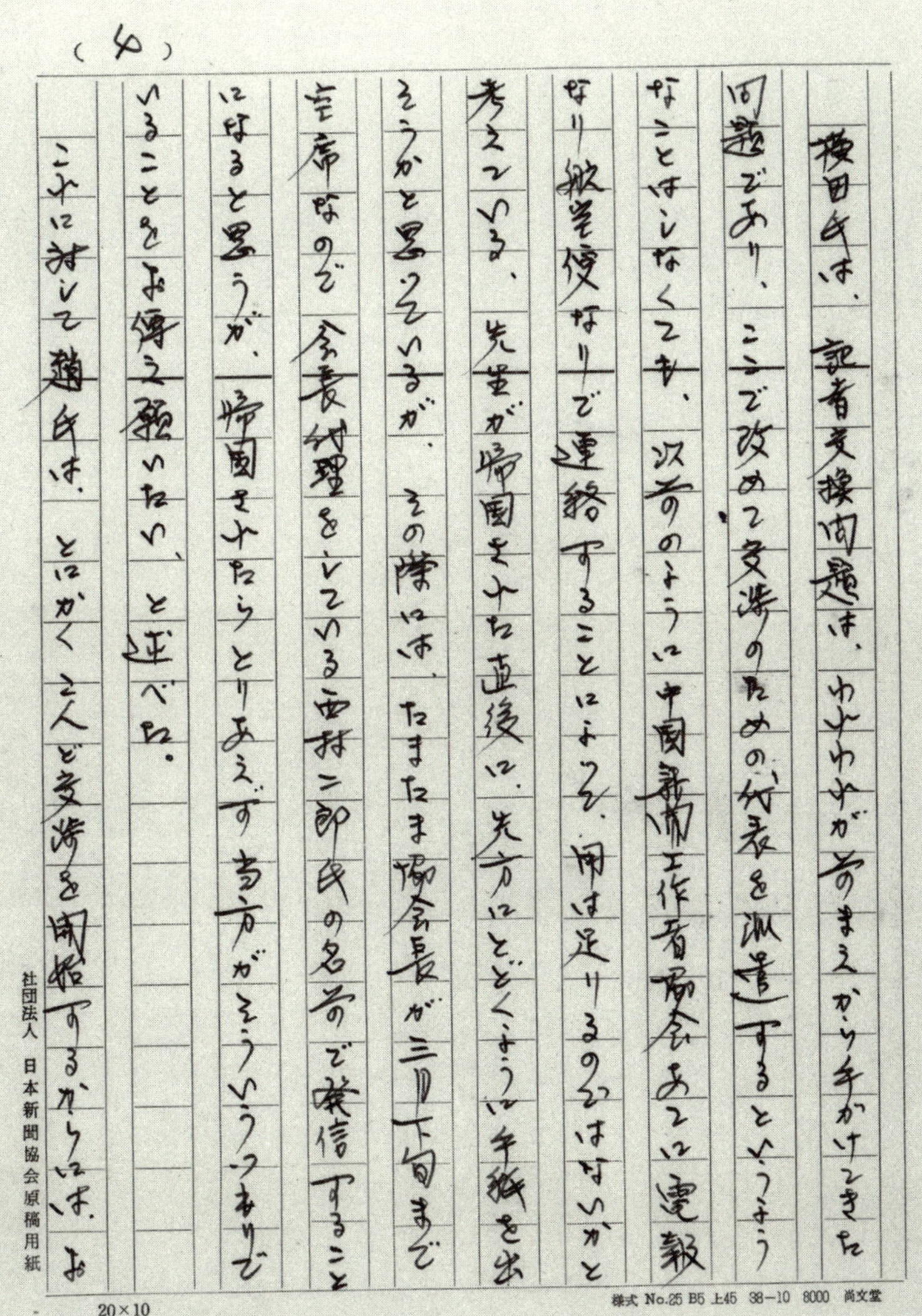

（4）

横田氏は、記者交換問題は、われわれが前まえから手がけてきた問題であり、ここで改めて交渉のための代表を派遣するというようなことはしなくても、以前のように中国新聞工作者協会あてに電報なり郵便なりで連絡することによって、用は足りるのではないかと考えている、先生が帰国された直後に、先方にとどくように手紙を出そうかと思っているが、その際には、たまたま協会長が三月下旬まで空席なので、会長代理をしている西村二郎氏の名前で発信することになると思うが、帰国されたらとりあえず当方がそういうつもりでいることをお伝え願いたい、と述べた。

これに対して趙氏は、とにかく二人で交渉を開始するからには、お

社団法人　日本新聞協会原稿用紙

20×10

様式 No.25 B5 上45 38−10 8000 尚文堂

（5）

互いにはらをすえて、正式な交渉にはいることが望ましい、といい、なんなら自分があなたの手紙を持ち帰ってもいい、と答えた。

そこで横田事務局長は、ぜひそう願いたい、帰国（二十九日）するまでに協会で手紙を用意してお届けするから、ぜひよろしくたのむと依頼した。

別れぎわに趙氏は、藤井、田川両氏にはもう会ったが、ぜひ会って両氏と廖氏との話し合いの内容について聞いてほしい、といった。横田氏は、とにかくできるだけ早いうちに実現させたい、できれば四月には交換できるようにしたい、といって別れた。

附記

K0087

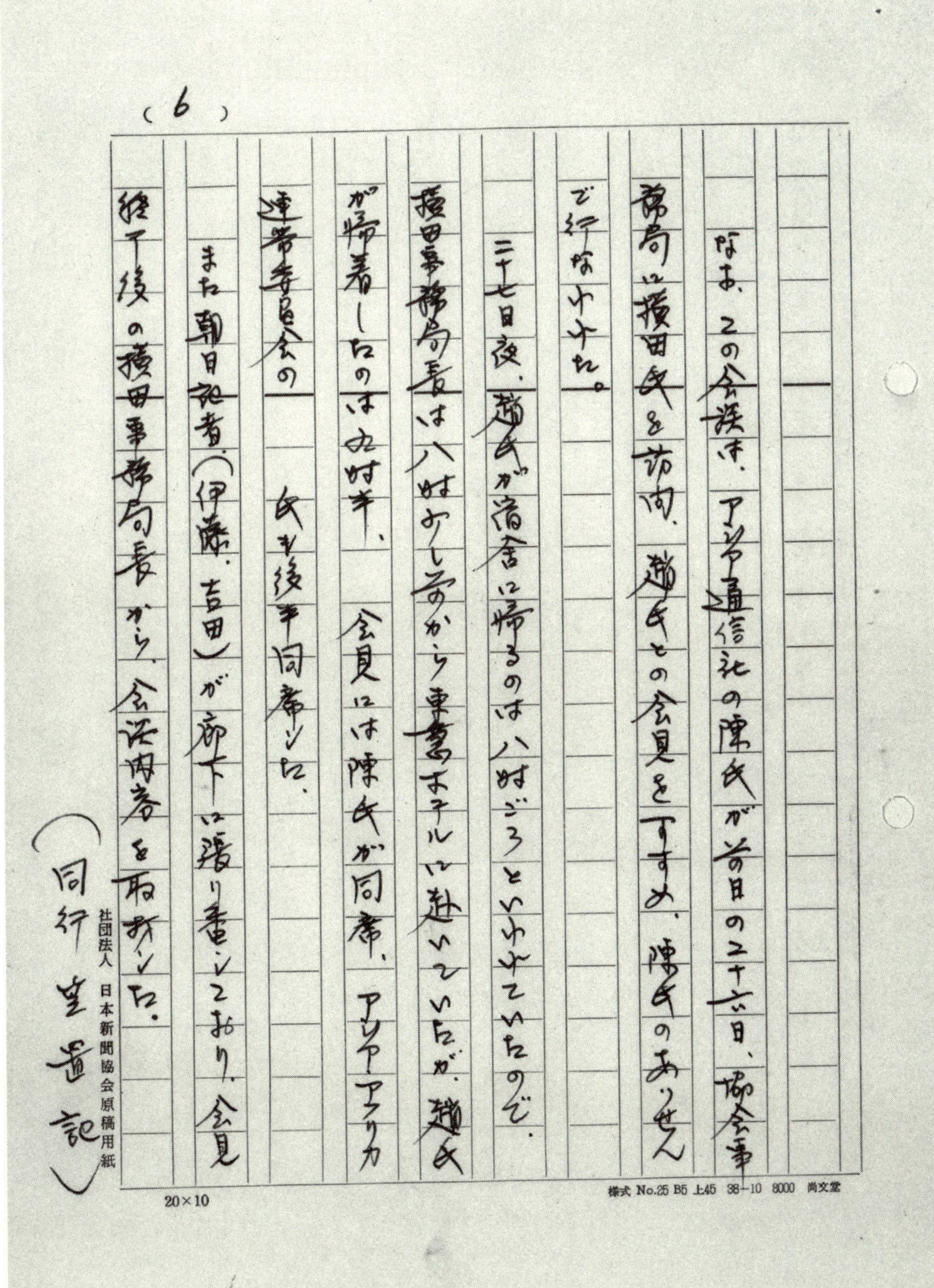

（6）

なお、この会談は、アジア通信社の陳氏が前日の二十六日、協会事務局に横田氏を訪問、趙氏との会見をすすめ、陳氏のあっせんで行なわれた。

二十七日夜、趙氏が宿舎に帰るのは八時ごろといわれていたので、横田事務局長は八時少し前から東急ホテルに赴いていたが、趙氏が帰着したのは九時半、会見には陳氏が同席、アジアアフリカ連帯委員会の　氏も後半同席した。

また朝日記者（伊藤、吉田）が廊下に張り番しており、会見終了後の横田事務局長から、会談内容を取材した。

（同行　生置記）

社団法人　日本新聞協会原稿用紙

20×10　　様式 No.25 B5 上45 38-10 8000 尚文堂

新協二六六号

昭和三十九年二月二十八日

中華全国新聞工作者協会

会長　呉　冷　西　殿

社団法人日本新聞協会

会長職務代行常任理事

西　村　二　郎

日本と貴国との相互理解を深めるために、両国間に正規の常駐特派員を交換したいという念願は、当協会がかねがね抱いていたところであり、とくに一九五六年から五八年にかけては、貴協会との間に電報、書簡を通じ、あるいはたまたま来日された貴国新聞関係者との話し合いを通じて、その実現のための交渉が行なわれていたことは、貴殿もよくご承知のことと存じます。その交渉が、実現の一歩手前で中断され、そのままの状態で今日に至つたのはまことに残念なことでありました。

しかしながら最近では、両国間に再び常駐特派員の交換を実現しようという気運が相互に高まつているものと承知いたしております。当協会では、この機会に、これまでの交渉に際しての根本方針であつた相互主義に立脚して、正規の常駐特派員の

交換が一日も早く実現されるよう、貴協会との交渉を再開いたしたいと存じます。特派員の交換にあたり、当協会として希望する諸条件は別記のとおりでありますが、これに関し貴方から、なるべく速かにご回答を得られれば幸いであります。

なお、当協会では来たる三月下旬の臨時総会で会長を選任することになっておりますが、それまでの間は会長の職務を代行中の私が日本新聞協会を代表してご連絡申しあげ、新会長決定後は新会長から連絡いたしますので、よろしくお願いいたします。

記

一、常駐特派員交換の目的

新聞、通信、放送を通じての一般報道用の取材を行なうことを目的とする。

一、常駐国における取材通信の自由

前記の目的を達成するための範囲内で、なるべく広く実質的な取材ならびに本国への通信の自由を認めあうことを原則とする。

一、相互主義

両国特派員の出入国、記者活動、生活その他に関する待遇、便宜供与はあらゆる点で相互主義に基づいて行なう。

一、交換する特派員の人数

当方はなるべく多数の常駐特派員を派遣することを希望する。貴協会との当初の交渉の際、当方は当時の中国新聞工作者聯宜会会長鄧拓氏宛電文（一九五六年十二月二十日付）で、「日本側は貴方から日本に送る特派員の数以上に多数の（八名ぐらいと推定する）特派員を派遣したい希望が出るものと思われる」と述べたが、その後の状況の変化、わが国新聞、通信、放送界の発展にかんがみ、特派員派遣を希望する社は、さらに増加するものと予想される。

一、常駐特派員の駐在期間

駐在期間は一年とし、一年ごとに更新することを原則とする。

一、交渉方法

本交渉発足以来の方針に従い両協会の間の直接の文書、電報の交換により、なるべく早く常駐特派員の交換が実現できるよう努力する。

以上

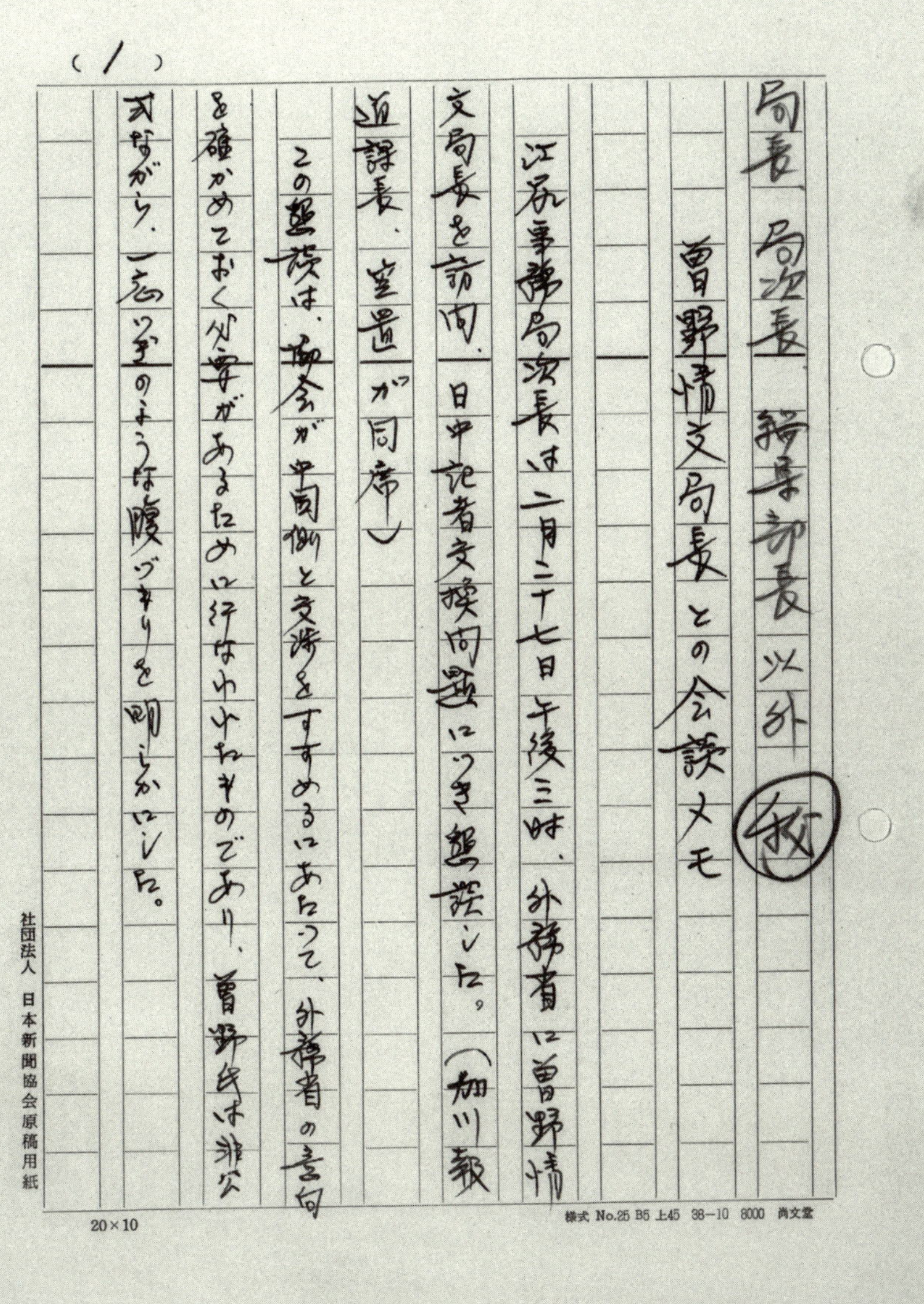

（1）

局長、局次長、編集部長以外 (秘)

曽野情文局長との会談メモ

江藤事務局次長は二月二十七日午後三時、外務省に曽野情文局長を訪問、日中記者交換問題につき懇談した。（加川報道課長、室置が同席）

この懇談は、協会が中国側と交渉をすすめるにあたって、外務省の意向を確かめておく必要があるために行なわれたものであり、曽野氏は非公式ながら、一応以下のような腹づもりを明らかにした。

社団法人　日本新聞協会原稿用紙

20×10　　　　様式 No.25 B5 上45 38—10 8000 尚文堂

（２）

外務省にも五、六社から北京に特派員を派遣したいという希望が出されているし、新聞にもいろいろ報道されているから、大体のことはわかっているが、正式なルートからは、まだ外務省にはなにもいってきていないので、外務省としては、まだ治安関係の他省や警備当局とも、全然話しあいはしていない。しかし、新聞に報道されているように、八名ぐらいの相互交換なら、やってもいいし、その程度の人数なら治安関係当局を説得することができると思っている。こうした考え方は大臣（大平）にも通じてある。だから大臣も国会の答弁で積極的な発言をしたのだと思う。

新聞協会が中国側と交渉するに当って、外務省として関心を持っていることは、交換の目的を取材活動、つまり新聞報道のためのインフォーメーション

（3）

のしゅう集に限定してもらいたいことだ。向うからやってくる連中が、取材活動以外に政治活動などをされては困るが、それだけではなく宣伝活動やニュースの配布活動などもしてもらいたくない。

また、取材活動は実質的に自由であること。協定文書の上でいくら取材の自由をうたっても、たとえば旅行しようと思っても切符が買えないというような不自由があったのではなにもならない。あくまで実質的な取材の自由が得られるように努力されたい。

また交換はあくまで相互主義でいくべきで、外務省としては中国側の実質的な日本人記者の待遇ぶりをみて、こちらもそのとおりに日本に来た中国人記者を待遇するつもりでいる。外人記者なみの

社団法人　日本新聞協会原稿用紙

20×10　　様式 No.25 B5 上45　38−10　8000　尚文堂

（4）

待遇というようなことがいわれているようだが、ほかの国の記者に対する待遇とは関係なく、あくまで中国と日本との間の相互主義を原則とするつもりでいる。

また交換は、支局の交換ではなく、あくまで常駐特派員という「人」の交換としたい。支局開設ということになると、また旗をかかげるのなんのと、うるさい問題が出てくるおそれがある。いざ実際に交換が行なわれることとなった場合、先方の申請を全部そのまま受け付けるわけにはいかない。特定の人物は入国を断わることもあり得る。どの社は困るというようには、社を断ることはないが、人は断わることがありうる。（好ましからざる人物と思われる場合）、先方もそういうことを

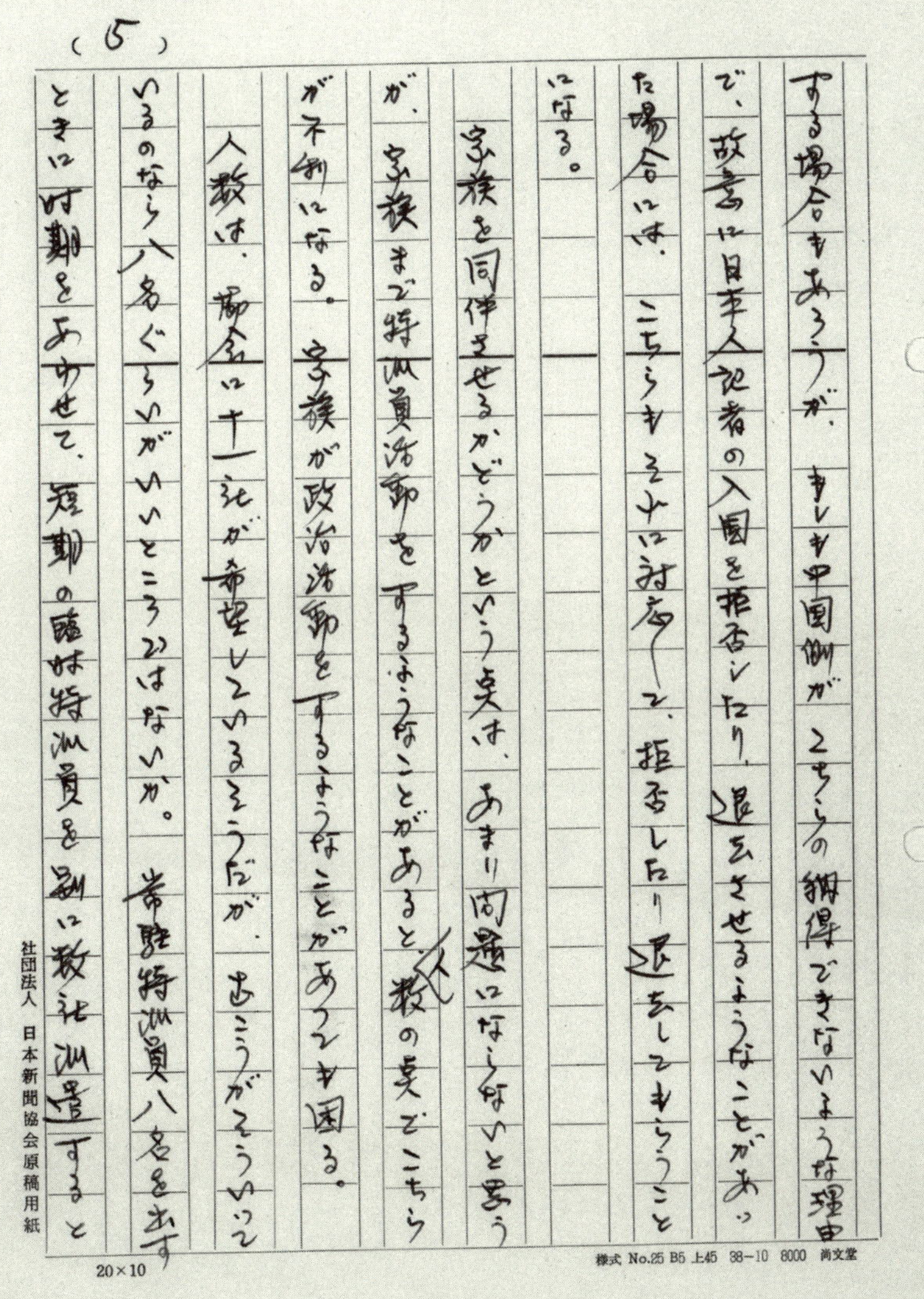

（5）

する場合もあろうが、もしも中国側がこちらの納得できないような理由で、故意に日本人記者の入国を拒否したり、退去させるようなことがあった場合には、こちらもそれに対応して、拒否したり退去してもらうことになる。

家族を同伴させるかどうかという点は、あまり問題にならないと思うが、家族まで特派員活動をするようなことがあると、人数の点でこちらが不利になる。家族が政治活動をするようなことがあっても困る。

人数は、都合に十一社が希望しているようだが、むこうがそういっているのなら八名ぐらいがいいところではないか。常駐特派員八名を出すときに時期をあわせて、短期の臨時特派員を別に数社派遣すると

社団法人　日本新聞協会原稿用紙

20×10

様式 No.25 B5 上45 38−10 8000 尚文堂

（6）

いうような考え方は、向うがそれを受けいれてくれるなら結構だと思うが、相互主義で向うも短期臨時特派員数名を八名のほかに日本に入れさせろといい出されては困る。八名以上の入国について関係各省の了解をとりつける自信は、外務省にはない。しかし外務省としてはこちらからはできるだけたくさんの記者が向うに行くことは賛成だ。

中共の記者が日本にはいってくれば、実際には一般の外人記者に対する以上に保護を必要とするかもしれない（台湾系の中国人がねらったりするかもわからんから）しかし、日本政府としては、特別の保護を求められても応じられない。

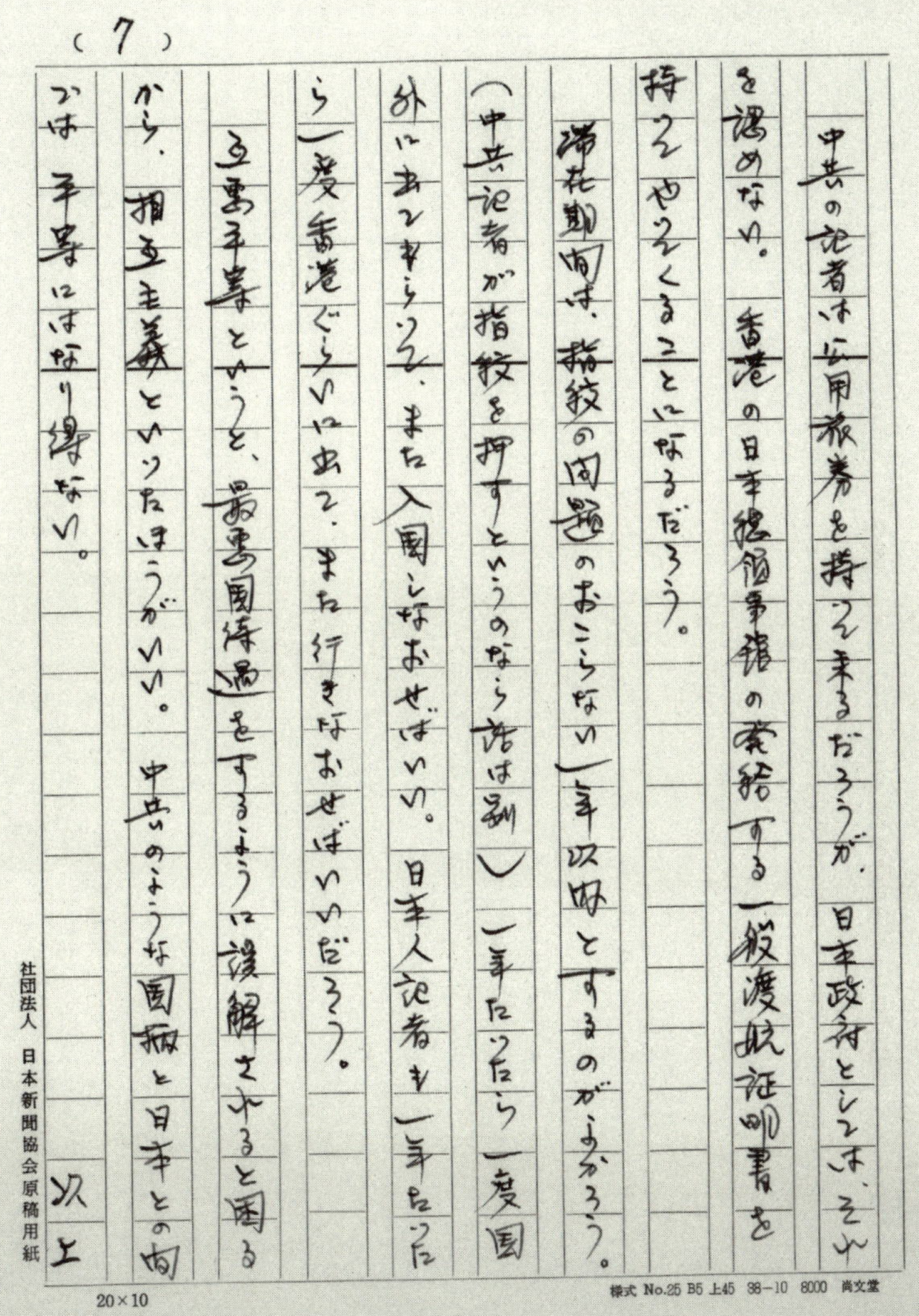

（7）

中共の記者は公用旅券を持って来るだろうが、日本政府としては、それを認めない。香港の日本総領事館の発給する一般渡航証明書を持ってやってくることになるだろう。

滞在期間は、指紋の問題のおこらない一年以内とするのがよかろう。（中共記者が指紋を押すというのなら話は別）一年たったら一度国外に出てもらって、また入国しなおせばいい。日本人記者も一年たったら一度香港ぐらいに出て、また行きなおせばいいだろう。

互恵平等というと、最恵国待遇をするように誤解されると困るから、相互主義といったほうがいい。中共のような国柄と日本との間では平等にはなり得ない。

以上

社団法人　日本新聞協会原稿用紙

20×10

様式 No.25 B5 上45 98-10 8000 尚文堂

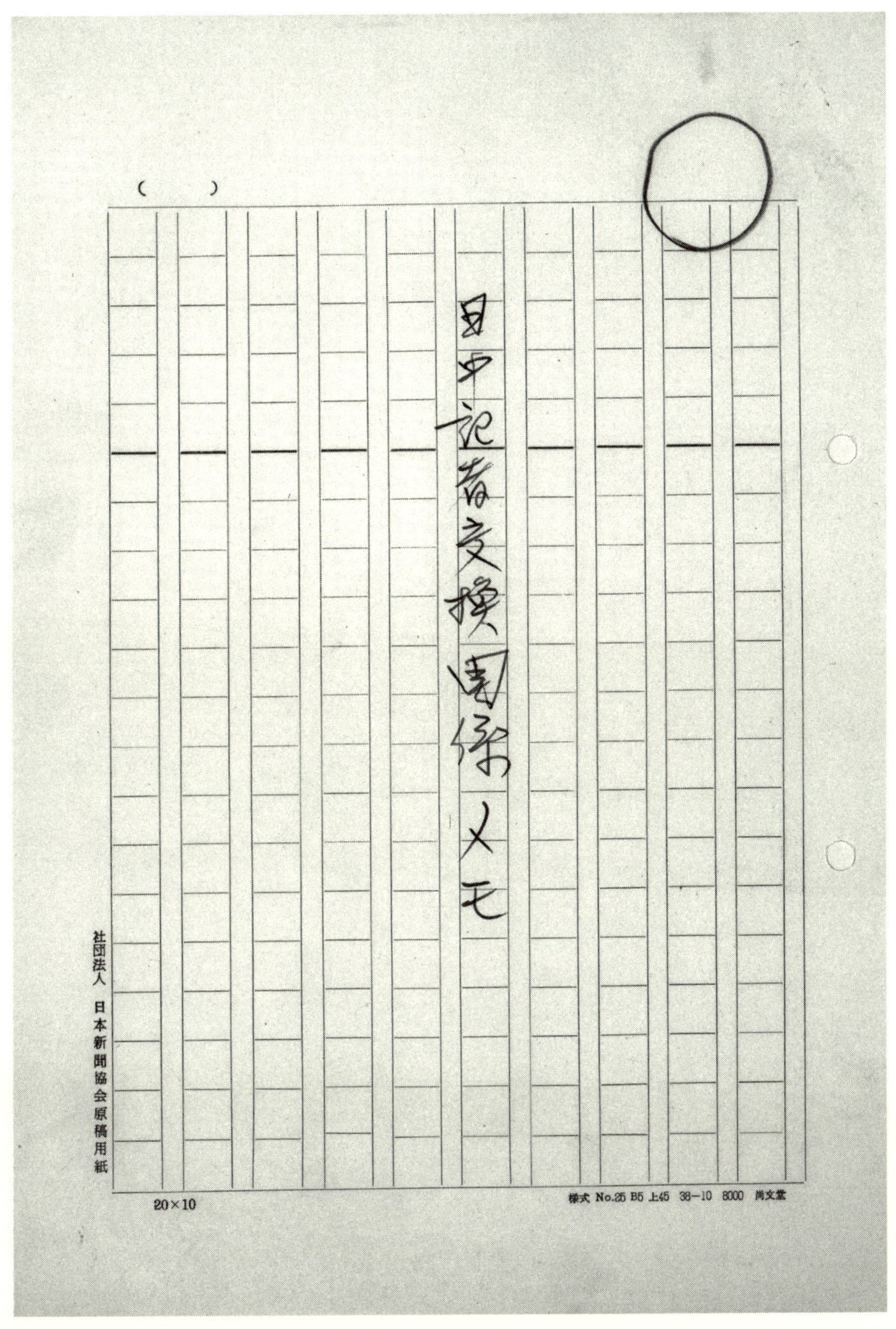
日中記者交換関係メモ

( )

社団法人 日本新聞協会原稿用紙

20×10

様式 No.25 B5 上45 38-10 8000 尚文堂

（1）

日中記者交換交渉再開への動き

一九六四年一月末に、ドゴール大統領が中仏両国間の外交関係樹立を発表して以来、日本国内にも日中接近ムードが高まってきて、この機会に懸案の日中記者交換問題を解決しようという動きがみえはじめた。

協会では三月一日発行の「新聞研究」（三月号）マスコミの焦点に、この問題の経緯を紹介し（二月十日締切りで筆者が執筆）、協会事務局としては、いついかなる方面から話が持ちこまれても受けて立てる準備をととのえた。

（2）

二月十六日（日）朝日新聞は社説でこの問題をとりあげ（仁尾氏）「新聞協会は過去における記者交換の話し合いの結果をもとにして、中国側と協議するため働きかけるべきだ」と述べた。

二月十七日、東急ホテルで開かれた外務省曽野情文局長主催の外人記者招待パーティーの席上で、曽野氏は笠置に「ボツボツ各社から北京に特派員を出したいという申し出が外務省に提出されているが、この問題は新聞協会でまとめてほしい」と非公式な申し入れがあった。

二月十八日、朝刊数紙が、中国戦犯として同地で処刑ならびに病没した六十九柱の遺族墓参問題の打ち合わせのため、七日から中国を訪問していた自民党の藤井勝志・田川誠一両代議士のうち、十六日に帰国した藤井代議士がもたらした情報として、「両代議士は十二日に廖承志中日友好協会会長と約一時間半にわたって会見した際、日中貿易の拡大、航空機の相互乗り入れ、LT方式（廖・高碕両氏間の協約による日中貿易推進方式）の前進のための両国事務員の常駐、とともに新聞記者交換の提案がなされた」と報道、「記者交換については、中国側は人民日報など八社の記者の日本常駐を希望し、日本側も大体同人数の北京滞在を許可する意向を示し、その際廖氏は、中国人記者が「他の外人記者なみの保証」が得ら

（4）

することを条件としたいと述べたといわれる。（外人記者なみの保障とは具体的になにを意味するか、まだ正確にわからないが、総理大臣など内外記者会見への同席、身辺の保護、国内旅行の自由など問題も多いとみられる）＝読売報道から

この日（二月十八日）の午前の参議院外務委員会で大平外相は、長谷川仁（自）氏の質問に答えて「公正、客観的な報道は相手国との相互理解の上から大切な前提条件である。いま政府は中国大陸に日本人記者が行くのを止めていない。中国から日本に来る場合、日中で同数の記者の交換という原則にすると、両国の報道体制が違うので、中国側と数が合わ

（5）

ない。技術的に中国側と合うように考えてもらえば、むずかしい問題ではないと思う。こういう技術的問題が案外むずかしい。新聞界が記者の数ばかりでなく、取材活動その他でも、レシプローカル（互恵的）にいくように考えてもらえば解決する」と述べ「今日の時点では中国政権はわが国に対して全般的、軍事的に脅威だとは思わない」と言明した。（読売報道）

二月十九日付の各紙は、記者交換問題についての外務省側の空気を報道、読売は「政府は前向き、外務省も歓迎」であるとして、「記者交換により客観的な報道を交換でき結局は両国の相互理解に役立つ、外人記者なみの待遇という点でも

（6）

首相の内外記者会見などに中国人記者が同席することには問題はない。身辺保護（右翼などによる暴行）入管手続きについては警察庁および入管当局内部にいろいろな議論があろうが、外務省としては、記者交換を実現する方向で了解工作をすすめるハラ構え」のようだ。「問題はむしろ日本の新聞社間の調整にあり、中国側と人数の点で相互主義の原則で折り合えるかどうか」と外務省はみていると報道。また同じく十九日付日経「外務省としては八名程度の交換なら可能」とみていると報じた。

（二月二十日、長谷川仁氏 協会に来訪）

（７）

二月二十一日、田川代議士帰国。午後九時羽田の記者会見で「新華社の丁拓国際部長に会った際、向う側からお互いに七ないし八社で交換しようではないか。日本側の態度を早急にまとめてもらいたいとのことだった。さっそく新聞協会と協議し、新聞工作者協会との間で話しあいをすすめてもらうつもりだ」と語った。"（二十二日付産経報道）なおこの会見で田川氏は「私としては日本の新聞界代表とよく相談して、日本側の案がまとまったら代表に訪中してもらうのがよいと思う。向うも歓迎するといっていた」と語った（二十五日付協会報）

（二月二十四日（月）田川代議士から横田事務局長に電。横田氏不在）

（8）

二月二十五日、協会事務局で対策協議、まず田川氏の来訪を待ってよく話をきき、ついで外務省と接触して政府側の意向を打診したうえで、新聞工作者協会と文書による交渉を再開する方針をきめた。

（陳（アジア通信）氏 横田事務局長に交渉にのり出すようすすめる電話をかけてきた）

（広岡氏 横田氏を訪問）

二月二十六日 田川代議士から翌二十七日午後一時議員会館で横田氏と会いたい旨、協会に電話

（陳氏 横田氏を訪問）（田川氏 毎日に上田社長訪問）

社団法人 日本新聞協会

様式 No.23 B5 上45　　39—2 8000 尚文堂

（9）

二月二十七日　田川氏に午後二時以降協会で横田氏が待っている旨連絡。

外務省に曽野氏を訪問（江尻、笠置）

西村氏から横田氏へ電、毎日上田氏からの電話の件で連絡あり。横田氏毎日橋氏に連絡。

夜九時四十分、銀座東急ホテルで趙安博、横田会談

二月二十八日　西村氏から中国新聞工作者協会会長呉冷西氏あて文書作成。七時東急ホテルに笠置が持参して、趙氏に託す。（文書の内容については西村氏、在京常任理、編集委員長、国際委員長に了解とりつけずみ）

二月二十九日　離日にあたり趙安博氏は香港記者会見で、記者交換は日本側でも準備が進んでいると思う。中国ではいつでも応ずる態勢をとっているが、なるべく早いほうがいい。双方の努力で今年中には実現できるし、実現させる、と語った。

（1）

日中記者交換関係ダイアリー（三月）

三月一日付の各朝紙は、二月十四日以来アジア三カ国訪問の旅を終えて二十九日夜コロンボ発北京に向った周恩来中国総理とコロンボで会見した日本人記者（五名）の特派員電をのせた。その中で周総理は過去二年間の日中関係は、電話通信やその他の方法によって発展的な接触を高めている。日中記者交換の問題は、新聞報道によると日本政府も賛成しているようだが、あくまで両国平等、互恵の待遇で行なわれなければならない。日中両国は極めて密接な関係にあるのだから、記者を交換しなければ、お互いにニュースを円滑に報道することはできない。たとえばみなさんへと

社団法人　日本新聞協会

様式 No.23 B5 上45　　39-2 3000 尚文堂

（2）

ここで会うまでには、みなさんはずいぶん遠回りして（パキスタンと各地を回ったことをさす）来なければならなかった。北京と東京は近いのだから、もっとたやすく会えるはずだ。（なお周総理は記者交換の件について「私ののべたことは原則論で、実際には協定は北京と東京の交渉できまるものだ」とのべた）＝読売

なお毎日、産経によると、周総理は「記者交換は互いに平等の待遇が必要で、したがってこの問題は東京と北京の両政府が決定すべきものである」といい、政府間協定の線を出したとしている。

三月三日（火）この日発行の新聞協会報に「記者交換実現呼びかけ」の記事を出すとともに、外務省に、そのアクションを連絡した。

（オ三種郵便物認可）　日刊Ｐ－Ｅレターズ　オ１０６８号　39.3.6

◎日中議連に多数の自民党議員
＝超党派的活動期待さる

中国問題の本格化とゝもに「日中貿易促進議員連盟」の存在が改めて脚光をあびている。２月末現在の同連盟の参加議員は衆院１７３人，参院５５人，計２２８人に達している。しかもこのうち自民党議員が衆院４３人，参院５人の計４８人もいることが注目を引く。この日中議連は２４年５月に超党派組織で発足という古い歴史をもつが，３３年５月の日中貿易全面停止後，自民党議員は総引きあげの形になつていた。ところが昨年１１月の総選挙後，同議連が新議員に参加を呼びかけたところ，自民党の新議員も続々参加を表明したもの。自民党ではまだ３３年の参加禁止通達が正式撤回されていないため，常任理事，理事などの正式役員には名を出していないが実質的役員としての世話人には宇都宮徳馬，野原正勝，山口喜久一郎，川崎秀二，久野忠治，木村武雄，福永一臣，加藤高蔵の８氏が名を連ねている。この顔ぶれは宇都宮，野原両氏のように自民党の総引きあげ中も残留して日中友好運動をやめなかつた人達もいるし，久野，木村両氏のようにこれまで党内で一番反中共的とみられてきた佐藤派から出て熱意を見せている人達もいる。しかしとくに注目されるのは川崎氏の復活加入で，氏は松村謙三氏の直系と目される人。日中友好の中心人物である松村氏は①日中議連は左翼に利用される危険が多い②国会議員は貿易にタッチ利権とからむような印象を与える議連に入らぬがよい－と議連参加に否定的だつた。しかし議連では「もう日中関係は自民党だけで打開できる段階ではない。議連も貿易の世話をするといつた誤解を一掃して超党派的に高度の政治接触をする性格のものにしたい。この線で松村氏らの認識を改めてもらう」との見解をとつてきた。その矢先，川崎氏の参加は議連の超党派体制への一歩前進だと大きな期待を抱いている。

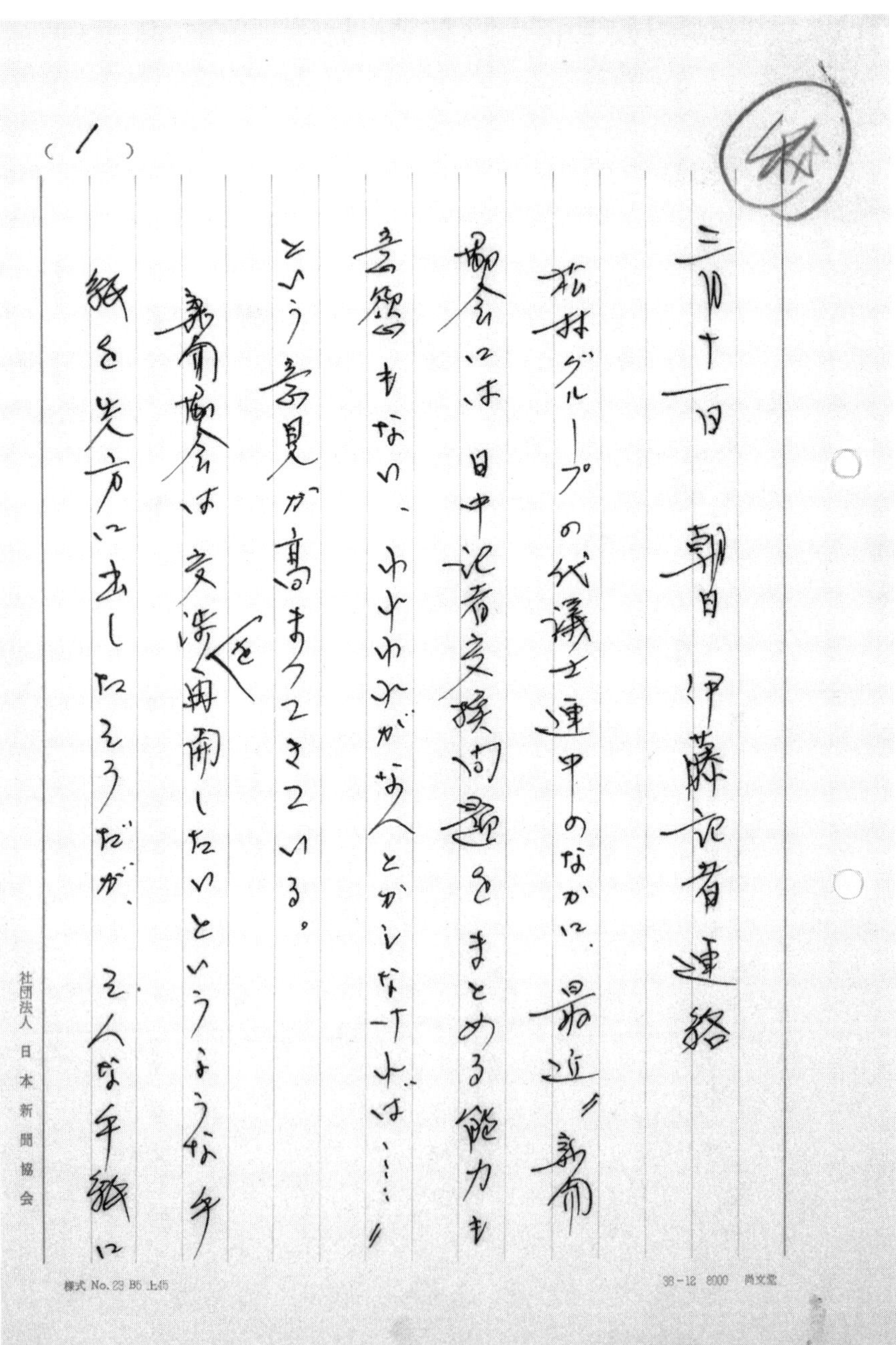

（1）

秘

三月十一日　朝日　伊藤記者連絡

松村グループの代議士連中のなかに、最近〃新聞協会には日中記者交換問題をまとめる能力も意欲もない、われわれがなんとかしなければ……〃という意見が高まってきている。

新聞協会は交渉を再開したいというような手紙を先方に出したそうだが、そんな手紙に

社団法人　日本新聞協会

様式 No.23 B5 上仮　　38-12　8000　尚文堂

（2）

話しては絶体に返事はこないよと竹山代議士はいっている。新聞協会は、まず人数を八人にしぼって、それから交渉にはいるべきだというのが代議士たちの考え方のようで、そういう意図がよく新聞協会に伝わっていないらしいからと、竹山は最近田川代議士を再び上田毎日記者のもとへ派遣したとのこと。（三月四日2.）

（3）

代議士連中の間には、横田氏が会いに来ない
ということに対する感情的な不満がある
らしい。
古井代議士などは以前から新聞協会など
にまかせておいてはだめだ（オレたちがやら
なければ）といっていた、竹山代議士
などはそれを唱えていたのに、最近で
は竹山までが新聞協会は消極的だ

K0093

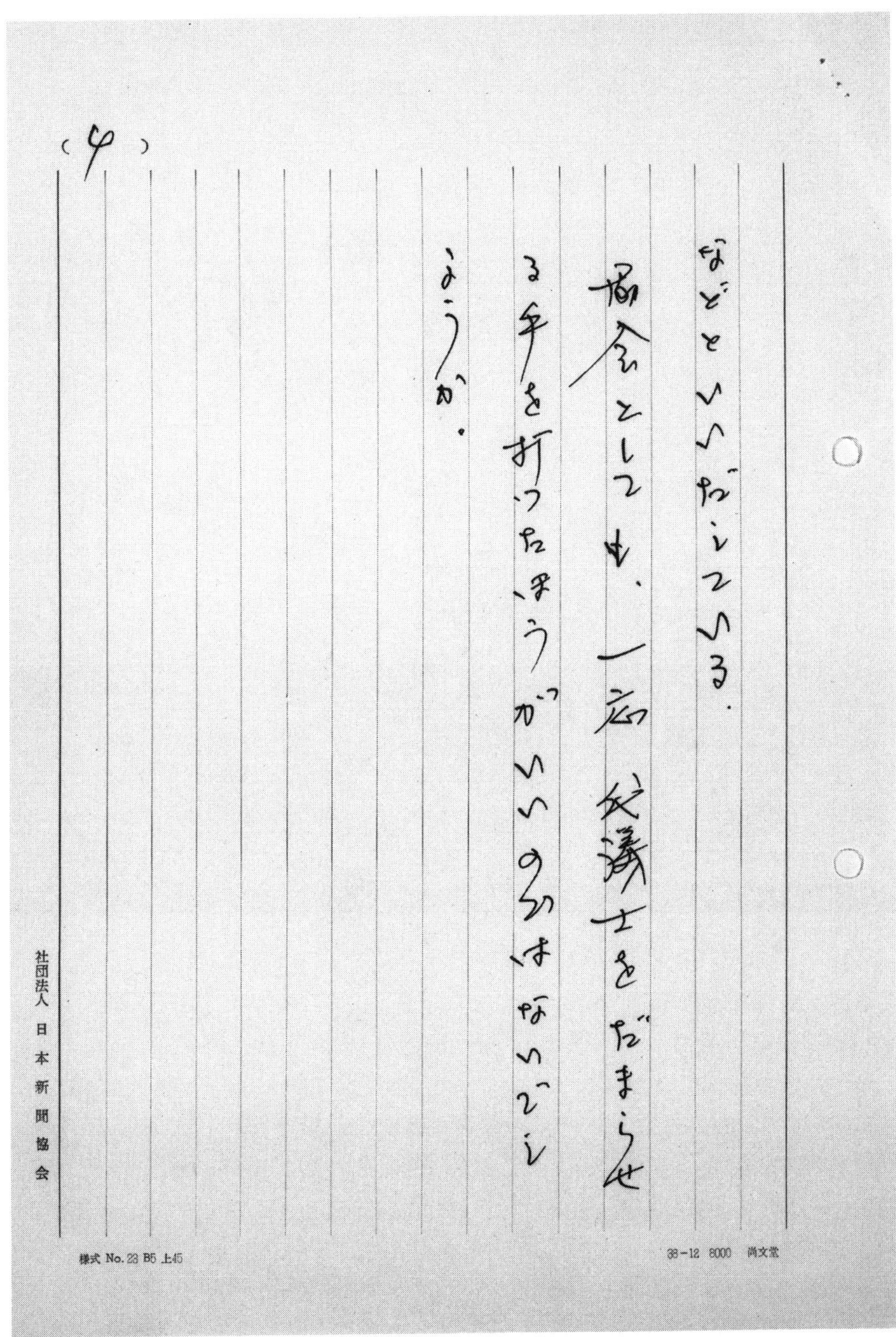

（4）

などいっている。

協会としても、一応代議士をだまらせる手を打ったほうがいいのではないでしようか。

社団法人 日本新聞協会

様式 No.23 B5 上45

38-12 8000 尚文堂

（1）

㊙

小川入国管理局長との懇談メモ

横田事務局長が三月十八日、中国記者会に招かれて懇談した際、中国見本市開催のため来日する一行に加わって、十七日に呉学文が北京を出発、香港に向ったが、もし日本政府が呉学文の日本入国を拒否するようなことがあると、せっかくの日中記者交換の話しあいがこわれるおそれがあるから、新聞協会としても法務当局に呉学文の入国をあっせんしてほしいという話が出た。そこで[illegible]

(2)

は翌十九日午前十一時、法務省に小川入国管理局長を訪問して、呉学文入国問題について、法務当局の見解を打診した。

小川氏は「呉学文はかつて訪日した際、公的な会合で池田内閣を非難したことがあるので、入国を許すことは困難であろう、香港まで出てきて、入国許可を得ようと居坐るのはおもしろくないので、ある筋を通して呉学文の入国はむずかしいという情報を北京に流してあるのだが、それにもかかわらず北京をたったとなると、情報がうまく伝わっていないのかもしれない。

（3）

呉学文が入国を申請する際は、見本市関係の仕事をするという名目で申請するのだろうが、そして日本に来てからは、記者交換問題について話し合うなどという入国目的以外の活動をすることがあらかじめわかると、ますます入国を許可することはむずかしくなる。

そこで日本政府としては、日中両国間で記者を交換して中国の記者を日本に入国させる問題について、まだ正式な態度を決定していない。

今度の問題は中国見本市関係の入国問題であ

（4）

る。

呉学文はすでに好ましからざる人物としてあがっている。

以上のような三つの点から、こんど申請があっても呉学文の入国を認めることは困難だと思う。

昨年八月に呉学文の入国を拒否した際、ある人が賀屋法相を訪問して、呉学文を入国させないと、中国代表団全員が来なくなるおそれがあり、影響するところが大きいから、ぜひ入れてやってほし

(5)

い」と申し出たことがある。たまたま私はその席にいて、呉学文が入国できなくても、あとの連中はゆうえきますよといったが、その通り一行は呉学文を残して来日した。

呉学文が日本にこれなくても、話がこわれるようなことはないと思う。

呉学文救出運動のようなことを起すと、政府側もかえって硬化してまずいのではないか、むしろそっとしておいてもらったほうがいい」と語った。

社団法人　日本新聞協会

様式 No.23 B5 上45　　39—2 8000　尚文堂

K0095

（ 1 ）

昭和三十九年
三月二十五日

曽野外務省情文局長との懇談メモ

呉学文の入国は日本政府によって拒否される公算が大きいという情報があり、しかもその理由の一つとして呉学文が先般の長野県の中国国旗事件にも関係していているというようなことがいわれているとのことで、新聞協会の調べでは中国国旗事件の際には呉学文は居合わせなかったはずであり、そのような誤解から呉の入国が拒否されるようなことがあっては困るので、

（2）

その後の経緯報告がてら、三月二十五日午前の十一時笠置が外務省に曽野局長を訪問、約三十分にわたって懇談した。加川報道課長も同席した。

まず笠置から、新聞協会が得た情報によれば、協会から中国新聞工作者協会にあてた日中記者交換交流呼びかけの文書に対する返信をもって呉学文は香港で日本への入国許可を得るため待機中とのことで、入国後はすでに入京している丁拓新華社国際部長が主となって、新聞協会

（３）

との交渉にはいる予定といわれるので、当協会として
は呉学文の入国を期待と関心をもって待っ
ていることを伝えたが、曽野氏は、

一、呉学文が長野の万国旗事件に関係があると
いうようなことは、外務省としても聞いていない。
いずれにしても日本政府が入国を拒否する場合、
誤った情報に基づいて拒否するようなことはし
ない。

一、呉学文は前回入国した際、池田内閣を公然
と非難した事実が治安当局に握られているら

しい。その国に入国して、公然と首相を非難するような行為は、それだけで好ましからざる人物と認定されてもしかたなかろう。

一、外務省としては、日中記者交換実現のために中国側の誰でも無条件に日本に入国させてくれというようなことは、法務省に対していえない。また外務省としても、日中記者交換が実現したのちに日本へ入国してくる中国人記者の日本国内における行動を律するためにも、好ましくない行為をするものは二度と日本に入国させないという、は

（5）

つきりした態度を日本政府としてはとるべきである
と考えている。
一、吳学文は新聞協会への返信を持たせて、だから
入国させろというような手を使っているのだと
したら、これは記者交換問題を政治的に利用
しようとしているのではあるまいか、という疑念を
いだかざるを得ない。記者交換問題はあくまで
新聞協会と向うの工作者協会との報道上の問
題として処理すべきであって、これに政治的な
問題をからませることは好ましくないと思う。

社団法人　日本新聞協会

様式 No.23 B5 上45　　39−2 8000 两文堂

（6）

一、新聞界の報道業務上の問題からはみ出して日本の新聞界が政治的に動き、政府に呉学文の入国をさせるようなことがあったら、かえって日本政府を硬化させることになる。（池田さんもオコるでしょうヨ——といった）

一、記者交換問題は政治家が向うへ行って、やあ交換しましょうや、といって帰ってきたぐらいでは簡単に片着く問題ではなく、手続き上もはっきりとスジを通さなければ実現できない。

外務省としては、新聞協会が先方の新聞協会と

（7）

あくまで報道業務上の問題として話をつけてもらうよう期待している。

一、なにも吳学文が返信を持ってこなくたって、手紙なら誰に託してもいいのではないですか、

一、記者交換問題は私（曽野）ははじめからそう簡単に片着くものとは思っていない。中国側でも年内に解決といっているようだが、向うでもそれを見越しているのではないか。記者を交換してトクをするのは、むしろ向うのほうだから、向うのほうが急いでいると思う。しかし私も

（8）

年内には片着くだろうと思っていますよ。
といった調子だった。なお笠置は、新聞協会ではあくまで報道業務上の問題として、この問題をとりあつかっている。この問題に関連して、各社ですこしの動きや、新聞界以外の団体の動きもあるようだが、三月十一日に開かれた協会の編集委員会では、交渉はあくまで新聞協会一本でいくという申しあわせをしており、雑音に混乱させないよう努力している旨伝えておいた。

社団法人　日本新聞協会

様式 No.23 B5 上45　　39-2 8000 尚文堂

（9）

なお三月二十五日、日本政府はついに呉学文の入国を拒否、鈴木日中貿易促進会理事長は午後七時横田事務局長に面会を求めて、呉学文の入国促進に協会が一肌ぬぐよう要望した。

（松村氏が黒金官房長に善処方を申し入れたがあまり効果がなさそうなので、横田さんよろしくとのことであった）

K0097

39.3.30

呉学文の入国拒否と松村訪中に関する動き

（三月二十五日——二十八日）

三月二十五日（水）夜、上田新聞協会新会長の事務局幹部招宴が開かれていた北京飯店に、日中貿易促進会理事長の鈴木一雄氏がわざわざ横田事務局長を訪ねねてきて、広東で待機中の南漢宸中日貿易促進会主席ら一行のうちの呉学文に日本入国の許可がおりないようだから、新聞協会としても日本政府に働きかけてほしいと申し入れた。

（1）

社団法人 日本新聞協会

様式 No. 23 B5 上45　　39-2 8000　尚文堂

K0098

（2）

呉学文は新聞協会あての中国新聞工作者協会からの返信を携行しているといわれるので、呉の入国については新聞協会も深い関心をもっていたが、翌二十六日事務局は、つぎのような考慮の末、一両日事態を静観することにした。

一、日中記者交換問題はあくまで日本新聞協会と中国新聞工作者協会との間で、新聞界の報道上の問題として推進すべきであって、貿易促進あるいは中国見本市など新聞界以外の問題とは別個に考慮すべきである

社団法人 日本新聞協会

様式 No.23 B5 上45　　39-2 8000 尚文堂

（３）

一．特定人物の入国を許可するか否かは、政府が決定すべき問題であり、昨年夏、卓球大会に参加のため訪日しようとした中国代表団も、その一行中の呉学文が入国を拒否されたとき、一時日本向け出発を見あわせたが、結局は呉を残して来日した例がある

一．したがって今度の場合も呉学文が入国できないとしても、南漢宸ら一行は数日出発を遅らせても結局は来日する可能性がある。そうなると呉学文が携行しているといわれる文書も、一行中の他のものの

に訪れて東京に来ることもありうる

一、好ましからざる人物とみなされている呉学文を
新聞協会がわざわざ政府にかけあって入国させるよう
要請するほど、呉が記者交換問題に不可欠な重
要人物であるかどうか、慎重に検討する必要が
ある。
ことに中国側が呉学文の入国問題を記者
交換問題や見本市と結びつけて政治的に利用しよ
うとしているやに見うけられる際だけに、新聞協会
としては軽々に動くわけにはいかない
東京の中国見本市事務局では 呉学文の入国許可

（5）

がおりないと南漢宸ら一行全員の来日もあやぶまれると、あわてて政府に呉の入国を認めてもらうよう動きだした。

翌二十七日午前には石橋湛山氏が賀屋法相と会見、呉学文に対する善処方を要請したが、賀屋法相は呉学文が日本に入国してきても政治的な活動をしないよう呉から一札とることを主張したといわれるが、中国側がそのようなことに応ずるとは考えられないので、石橋氏が呉の身元保証人となることによって入国許可をとりつけるというような線で話が進んでいるとの情報が

（6）

横田事務局長のもとにはいった。賀屋法相さえウンといえば政府側はOK、また法務当局としては石橋元首相のような大物が身元保証人となれば入国許可を出しても面子が立つという見方もあって、呉学文問題は新聞協会が動くまでもなく片着きそうな気配がみえてきた。

ところが同じ二十七日に、松村謙三、竹山祐太郎、古井喜実の自民党三代議士と岡崎嘉平太全日本空輸社長（日中総合貿易連絡協議会会長）の四氏が周恩来首相の招きで四月六日（下関発玄海丸で）訪中すると竹山氏が発表し、しかも北京で記者交換問題も話しあうから新聞代表も同行してもらうという案を出し、新聞界にあらたな話題をまきおこした。

松村派はこの件で上田新聞協会長と連絡をとり、然るべき新聞代表をたてるよう申し入れたそうだが、上田氏は大阪に行っており、大阪から横田事務局長への電話で、松村氏とは三十日に帰京してから会うつもりだが、新聞代表を北京に派遣する必要はなかろうとの意向であった。横田事務局長も北京から新聞協会あての返信が呉学文に携行されてすぐに

（8）

広東まで来ている際ではあり、いまさら北京に代表を派遣する必要はないことを上田会長に伝えた。

上田氏は松村一派が記者交換の実現を自分たちの手柄にしようとしている様子がみえすいていると述べたとのこと。

しかし狩野毎日編集局長は、サンケイの岩佐氏に代表として北京に行ってもらうようすすめるつもりだといったといわれる

松村訪中は同時に取材のための同行記者問題にも発展し、二十八日には田川代議士が数社をまわって

（9）

記者交換問題について責任ある発言ができるよう部長級のものを同行させるよう促したとか、竹山氏は従来松村氏に随行して訪中した実績のある八社の記者を連れて行き、しかもその八社を記者交換実施の際の実績とする意向であるとの情報が流れ、記者交換を希望している各社の関心をよんでいた。

この日、中日の星野氏から横田事務局長に、また若松外信部長から笠置に、それぞれ電話で、新聞協会は記者交換を八社でまとめようとして、ブロック

社団法人　日本新聞協会

様式 No.23 B5 上45　　39—2 8000　尚文堂

（10）

三紙を一本にまとめるよう働きかけているらしいが、中日と西日本とは絶体に一つにはならない旨、意志表示してきた。協会としては数の問題は関係社間で自主的に決める問題だと考えているし、また最終的な確定数字はいまだ持っていない旨答えた。

また時事通信の宇達氏も政治部長を伴って事務局を訪問、記者交換のみならず今度の松村訪中の同行記者中にも自社を加えるよう善処されたいと申入れた。

またこの日午前、毎日橋本氏が協会に横田氏を訪問

（11）

記者交換問題を政治的に利用されないよう、また交渉はあくまで新聞協会と新聞工作者協会との間ですすめることとし、しかも北京交渉よりも東京交渉の可能性が目前にせまっているので、その線で進むこと、などを語りあった。
以上のような動きのなかで、三月二十八日登、編集委員会幹事との懇談会が開かれた。

社団法人　日本新聞協会

様式 No.23 B5 上45　　39-2 8000　尚文堂

39.3.30

（ 1 ）

編集委員会幹事との懇談メモ

三月二十八日正午～一時、北京飯店

出席者、 狩野（毎日） 岩佐（サンケイ） 岩立（共同）

横田、江尻、岩田、伊藤、[illegible]

まず呉学文の入国問題につき、狩野氏が「新聞協会として呉の入国につき政府と交渉する必要がある場合には、サンケイの岩佐氏に行ってもらうようお願いするつもりだった」といい、岩佐氏も「編集委員会として協会のすることに

社団法人　日本新聞協会

様式 No.23 B5 上45　　39-2 8000　尚文堂

力添えできることがあったら、自分たちはいつでも動くと発言したが、横田氏から呉の入国をめぐる数日間の動きを説明、三十日ごろまで様子をみることに一同同意した。ただし呉学文が新聞協会あての文書を持っているということは情報としては承知しているが、公式には新聞協会には知らされていないので（だから）三十日ごろには新会長名で北京に返事の催促をする考えであるとの横田氏の構想を一同了承した。

岩立氏は呉学文が入国できなくなれば、文書もストップして交渉は行き詰まるのではないかと観測していた。

（3）

ついで松村訪中に関連して記者交換交渉の進め方について懇談、岩立氏はこの日「午前中共同を訪問した田川代議士と会ったが（彼は）松村氏には部長級の記者を同行させてほしいといっていた。政治家が同行記者を指定してくるのはけしからん。共同では記者交換が実現した際に派遣する記者の人選を自分のもとで慎重に考慮し、外部と関係のありそうなものはハネている」と語った。岩佐、特野両氏も政治家が利権につながり功名をあげるために記者交換問題をうんぬんするのは迷惑な話だし、まして新聞代表とか随行記者の人選権を

（8）

自分たちが持っているような態度をとることはケシカランといい、三月十一日の編集委員会で交渉の窓口は新聞協会一本にすることを申しあわせたのも、そういう外部からの干渉を排除するためだった、と述べた。また岩佐氏は（サンケイは）松井一行に記者をつけなくてもいいとさえ述べた。岩佐氏は各社の内部でも編集局長級以上の幹部と政治部長クラス、中国記者会、その他ジャーナリスト会議など、いろいろ考え方にくいちがいがあり、それ（のなかに）日中友好という政治的な線から記者問題の推進をはかろうとするグループと、純粋に新聞報道や取材の分野から

（5）

実現させたいと動いているグループがある。自分としては取材報道の必要は認めるが、政治的なものがからまってくる動きはいっさい排除するつもりでいる。過日中国記者会の者のが入管に押しかけたようだが、うちの社から行ったものには中国記者会は単なる親睦団体だろう。誰の許可を得て共同の名を使い入管の課長に圧力をかけたのかと強かった。と述べた。高岩主幹は、逸郎は某事自分で持っているだけだと思われ、某が大国主席けんば逸郎はあり得ない、つまり某の入国許可を政治的に使っているのんから、外の者に逸郎を一任するということは断りかねると思われ、と言った。結局交渉はあくまで新聞協会が現在すすめている通りの線で、政治的な問題がからまることを極力避けながら進めていくことを再確認しあった。

社団法人 日本新聞協会

様式 No.23 B5 上45　　39-2 8000 尚文堂

（6）

ついで記者交換の数の問題が話題にのぼり、八社という線はかつての新聞協会の交渉の際、こちら側から出した数字（昭和三十一年の編集委員会で出した線）である（横田）こんどの場合は中国側が代議士に示した数字だ（江尻）代議士連中に政治部長クラスが知恵をつけた数字だ（吉田）など、いろいろ見方はあるが、岩佐氏は、まだ記者交換をするかしないか、その根本問題をはっきりしていない段階ではないか、数の問題は今後の編集委員会で検討すればよいと述べたが、とにかく近々拡大編集委員幹事会を開いて、さらに話し合いを進めることとした。（三月三十一日に開催する）

(7)

これに関連して、日本ではすでに派遣記者を決めて大阪から東京に呼びよせてあるとか、中日と西日本は一つにすることはむつかしい、中日は東京新聞からも名乗りをあげさせている。時事は共同とともに通信社二社行けばすむではないかと自薦している。朝日では……などと各社それぞれの動きについての雑談をかわした。

最後に岩佐氏から、松村氏らは特派員の相互の滞在期間(一年)など詳細な点についてもすでに新聞協会は文書で北京に交渉呼びかけを行なった際に申し入れてあることを承知していないかも知れないから、上田会長が

（8）

松村氏に会う際には、福田氏も同席して、現在の部会の
交渉状態をよく知らせておいてほしい、と述べ、結局
交渉は中国側の返信を待ち、東京で進めること、つまり
北京に代表を派遣するようなことなしに行なうことを
松村一行に同行させて
原則的に認めあった。

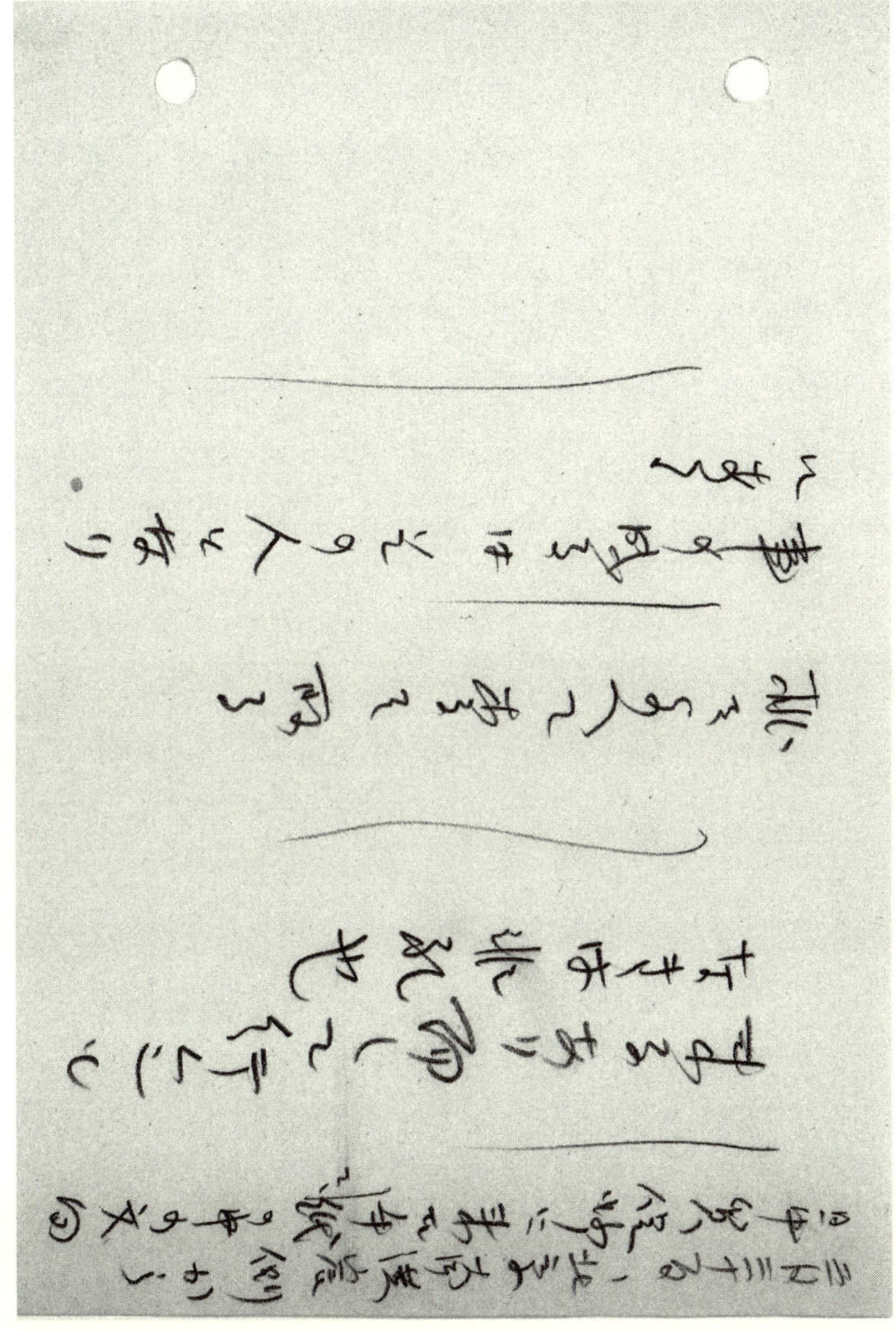

宿　谷　栄　一　先　生

貴電受取りました。中国経済貿易展覧会の開幕日が近ずいており、わが会は貴方の希望により、南漢宸主席が日本に赴いて開幕式を主催し、また訪問を行うことに致します。これはわが国人民の日本に対する友好の表示であります。しかし貴国当局が我が代表団の貴国訪問の手続きを何度か引きのばし、未だに解決しないことは大へん遺憾であります。

わが会は貴国関係当局がわが国に対し、突然このような極めて非友好的かつ極端に無礼な態度をとつたとしか考えられません。

いつたい貴国当局はどういう態度なのでしようか。お知らせ下さい。そうすれば、わが方も「有来而無往非礼也」（来ることあり、而うして往くことなきは非礼なり）の原則に基いて、相応する措置をとります。「投桃報李，事在人為」（桃を与えて李をとる、事は人となりにあり＝桃を与えて李をとる。こういうやりとりをする場合、事の成功はその人の努力如何にかゝる）

先生がもう一度交渉されて、またできるだけ早く関連情況をお知らせ下さるよう希望します。

１９６４年３月３０日

中国々際貿易促進委員会

(1)

(39年3月31日)午后三時より約四十分間、杉村隆三氏、上田新聞協会々長を毎日新聞に訪問会談、田川代議士同伴、毎日は田中主幹、儒主筆、将記編集局長同席、

杉村氏は「近く北京に赴くことになったが自分は中国とは本来は数十年来の特殊な関係にあるということを大前提にして中国側と接触するつもりだが、北京ではかねてからの記者交換問題も出ることと思うから、自分はこの大前提にのっとって交渉していきたいと考えている」というので上田会長は「記者交換問題は新聞協会と中国の新聞工作者協会との間にすでに取決めを締結しているので、あちらに行かれたら側面的に協力は惜しみはしないが、政府が直接この問題の交渉に当られることは避けてもらいたい」とハッキリ伝え、尚、杉村氏の訪中に随行記者を部長とか編集幹部とか希望しておられることだが、これは誰れを出すかは各社の自由であり、更に共通の問題としては編集委員会が協議

社団法人 日本新聞協会

様式No.23 B5 上45

39-2 8000 尚文堂

（2）

実態にもとづいて判定されるものであるからこの点ご承知いただきたい。と方針を新しく更に奨学生の入国形態でいろいろさがもってるようだがたとえ其の奨学生が入国して予て採用時の経緯をするに当って所属には新聞協会と工作者協会等との間に協議さるべきものと協会の態度を明らかにした。

社団法人　日本新聞協会

様式 No.23 B5 上45　　39-2 8000 尚文堂

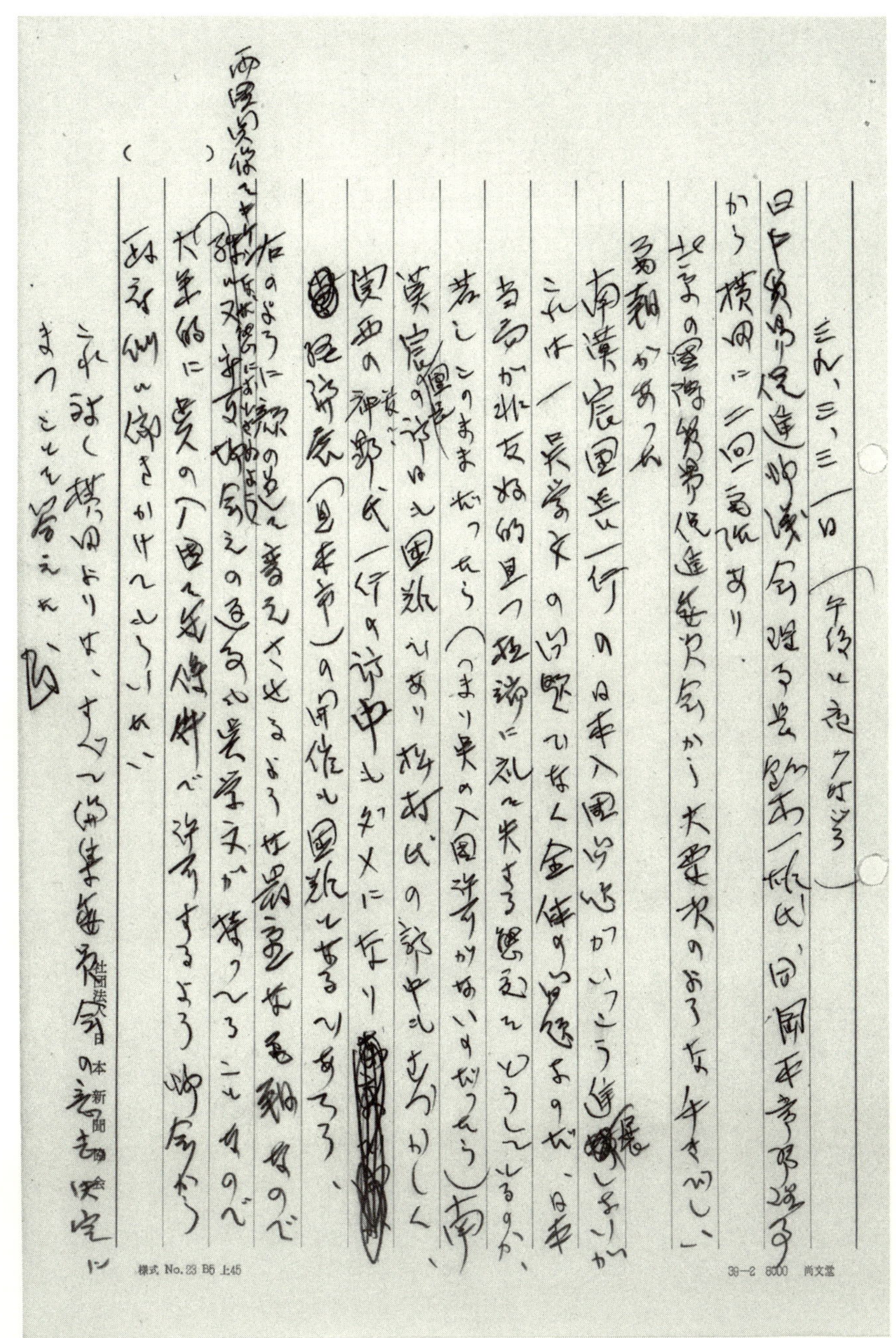

三九、三、三一日（午後七時～九時ごろ）

日中貿易促進協会理事長鈴木一雄氏、同岡本常務理事から横田に二回電話あり

中国の国際貿易促進委員会から大変頭のおるような手きびしい電報があった

南漢宸団長一行の日本入国問題がいっこう進展しないが、これは一呉学文の問題でなく全体の問題なのだ、日本当局が非友好的且つ極端に礼を失する態度をとりつづけるのか、

若しこのまま行ったら（つまり呉の入国許可がないまま行ったら）南漢宸団長の訪日は困難であり桜井氏の訪中もむつかしく、関西の神戸氏一行の訪中も中止になり、経済界（日本市）の関係も困難となるであろう、

右のように両国の関係を悪化させるような最悪な電報なので（両国関係を悪化させないよう又日中友好のため）協会の通訳の呉学文が持っていることなので、大局的に呉の入国を条件で許可するよう協会から政府側に働きかけてもらいたい

これに対し横田よりは、すでに関係業者（社団法人日本新聞協会）の意志決定にまつことを答えた

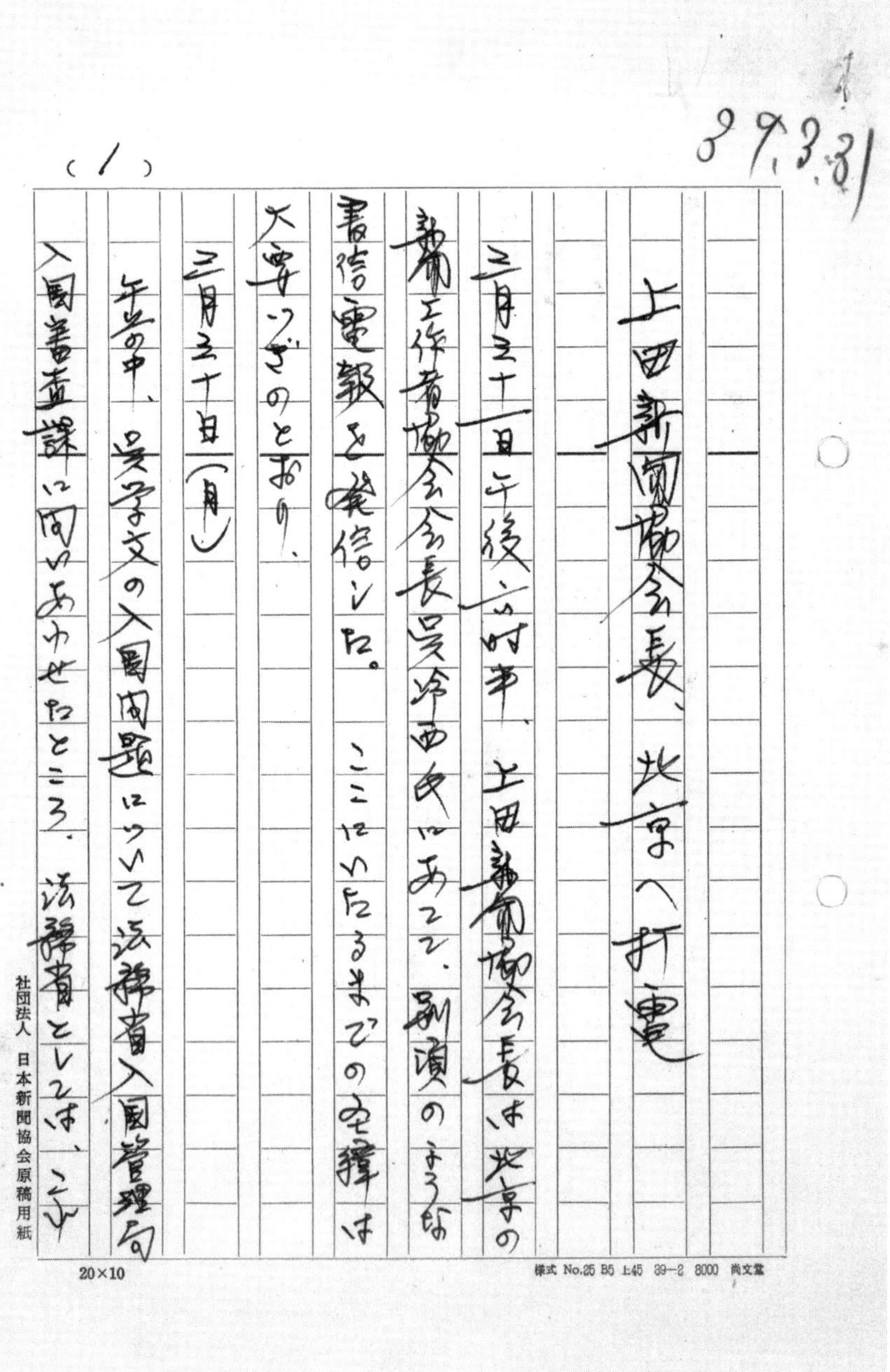

39.3.31

（1）

上田新聞協会長、北京へ打電

三月三十一日午後六時半、上田新聞協会長は北京の新聞工作者協会会長呉冷西氏にあてて、別項のような書信電報を発信した。　ここにいたるまでの経緯は大要つぎのとおり。

三月三十日（月）

午前中、呉学文の入国問題について法務省入国管理局入国審査課に問いあわせたところ、法務省としては、これ

20×10　　様式 No.25 B5 上45 39−2 8000 尚文堂

社団法人 日本新聞協会原稿用紙

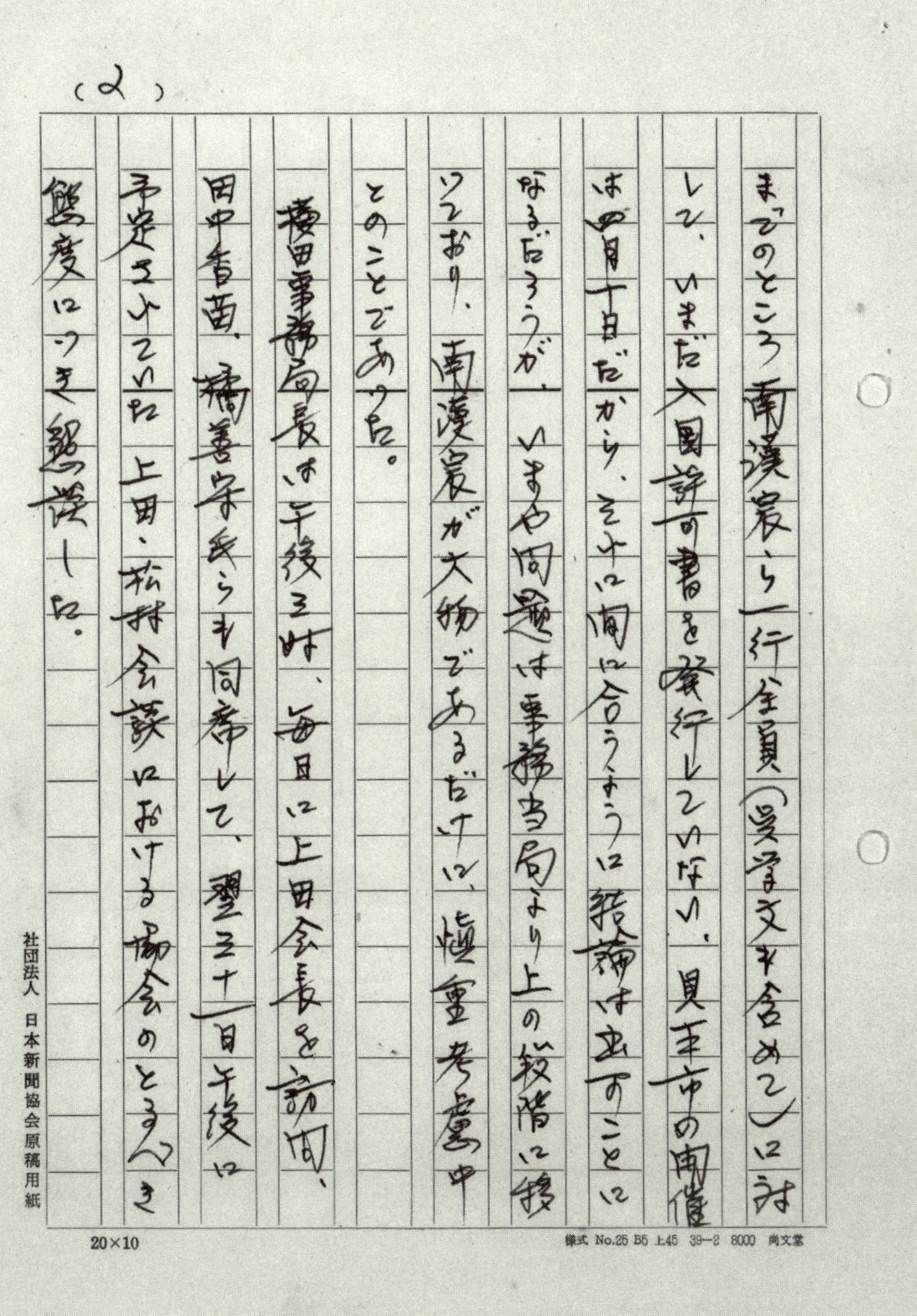

（2）

までのところ南漢宸ら一行全員（呉学文も含めて）に対して、いまだ入国許可書を発行していない。見本市の開催は四月十日だから、三十日に間に合うように結論は出すことになるだろうが、いまや問題は事務当局より上の段階に移っており、南漢宸が大物であるだけに、慎重考慮中とのことであった。

横田事務局長は午後三時、毎日に上田会長を訪問、田中香苗、橋善守氏らも同席して、翌三十一日午後に予定されていた上田、松村会談における協会のとるべき態度につき懇談した。

社団法人　日本新聞協会原稿用紙

20×10

様式 No.25 B5 上45 39―2 8000 尚文堂

（3）

午後五時、新井日経政治部長が事務局に訪ねてきて、松村訪中に同行することになったと報告（同行社は朝、毎、読、日経、西日本、共同、NHKの七社で、部長は新井氏だけ、あとはデスク級が若手記者とのこと）竹山祐太郎氏は、これまで松村氏に随行して訪中した実績のある八社の記者を連れて行き、しかも北京で記者交換問題が話題にのぼったときに責任ある発言ができるように、部長級の記者に来てもらいたい、といっていたそうだがサンケイが記者派遣を断ったので、結局七名となってしまった。しかし松村氏は翌三十一日に予定されている上田新聞協

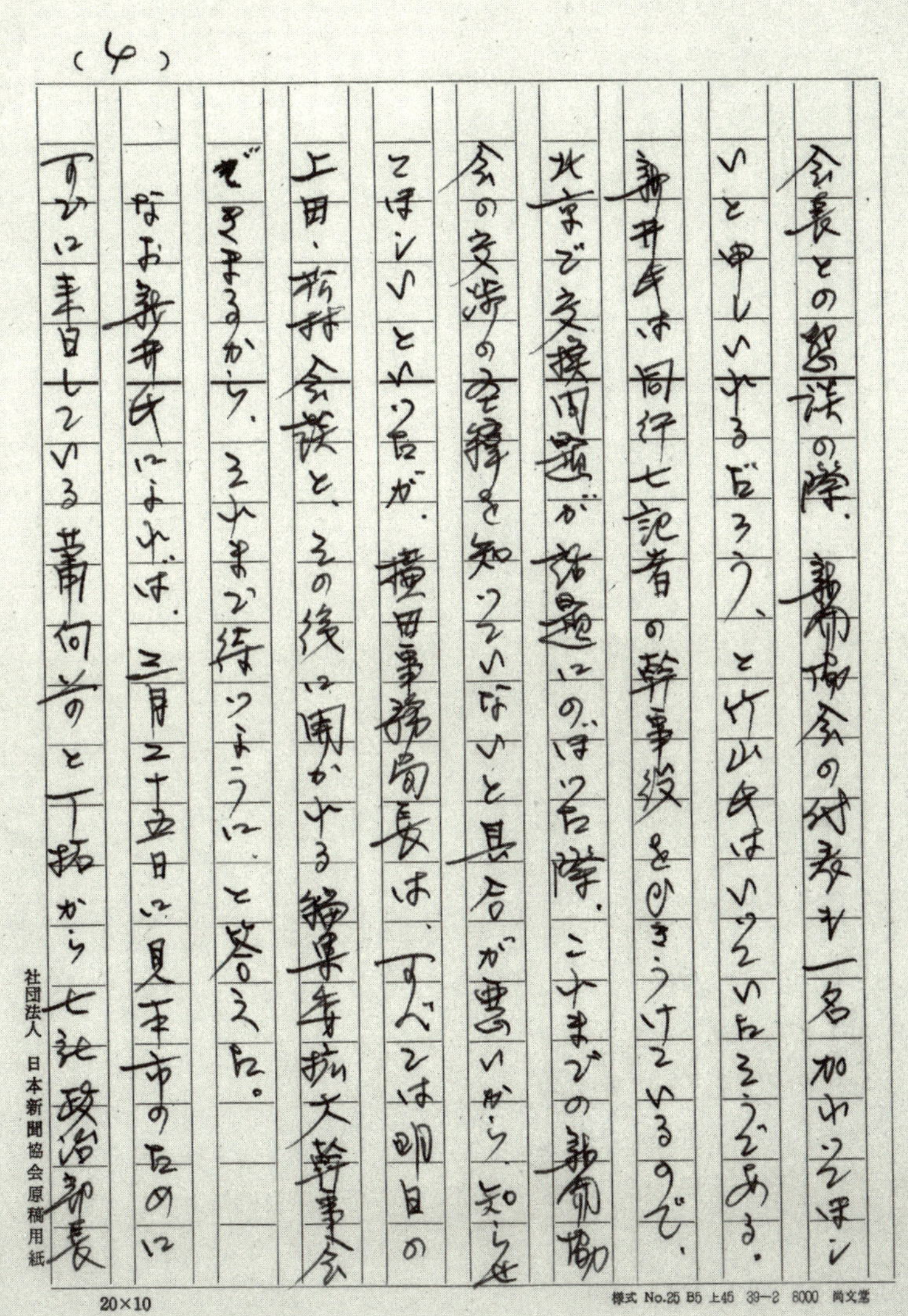

（４）

会長との懇談の際、新聞協会の代表も一名加わってほしいと申し入れるだろう、と竹山氏はいっていたそうである。新井氏は同行七記者の幹事役をひきうけているので、北京で交換問題が話題にのぼった際、これまでの新聞協会の交渉の経緯を知っていないと具合が悪いから、知らせてほしいといったが、横田事務局長は、すべては明日の上田、松井会談と、その後に開かれる編集委拡大幹事会できまるから、それまで待つように、と答えた。

なお新井氏によれば、三月二十五日に見本市のためにすでに来日している蕭向前と丁拓から七社政治部長

社団法人　日本新聞協会原稿用紙

20×10　　様式 No.25 B5 上45 39—2 6000 尚文堂

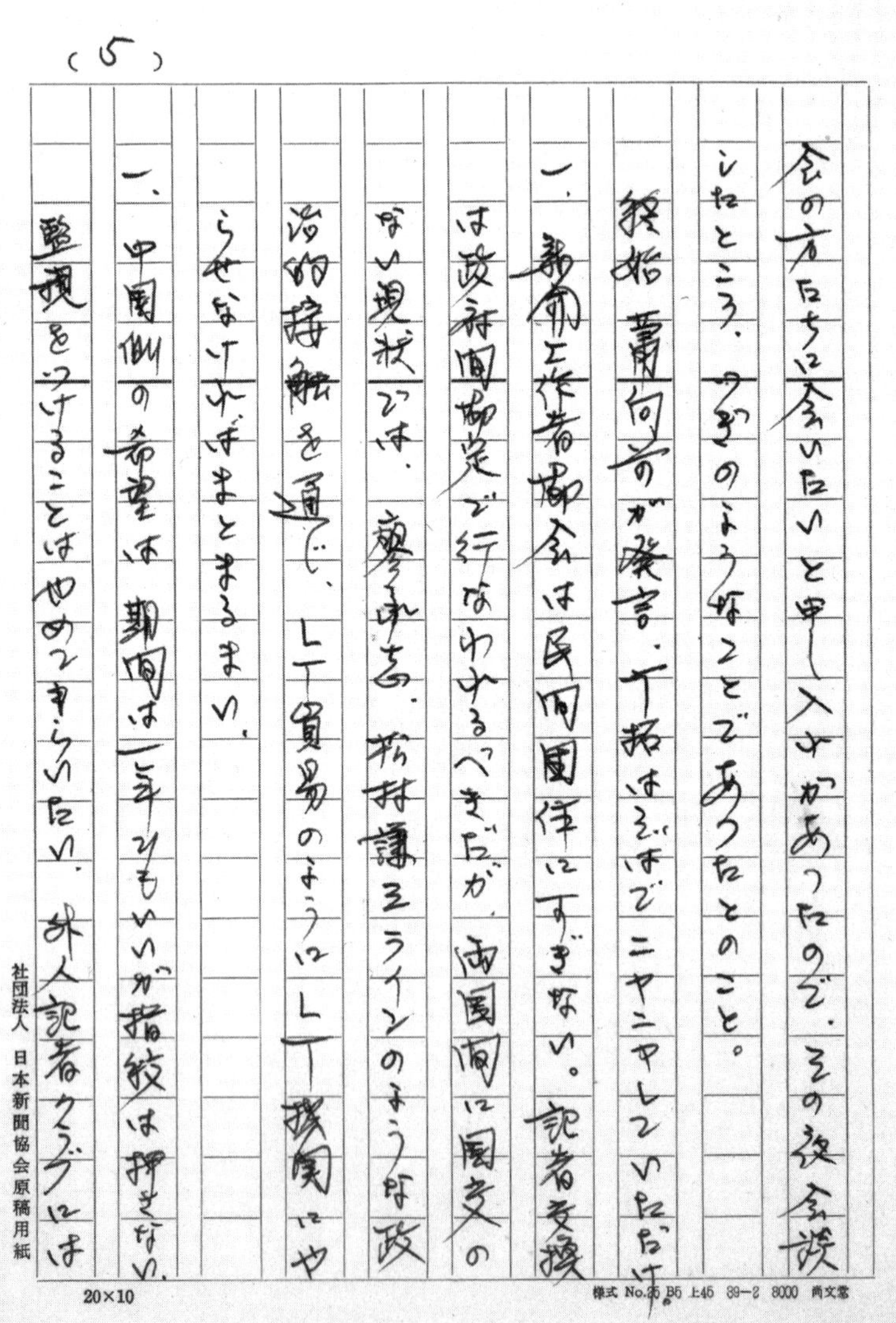
（5）

会の方たちに会いたいと申し入れがあったので、その後会談したところ、つぎのようなことであったとのこと。

終始蕭向前が発言、丁拓はただニヤニヤしていただけ。

一、新聞工作者協会は民間団体にすぎない。記者交換は政府間協定で行なわれるべきだが、両国間に国交のない現状では、廖承志・松村謙三ラインのような政治的接触を通じ、LT貿易のようにLT機関にやらせなければまとまるまい。

一、中国側の希望は期間は一年でもいいが指紋は押さない。監視をつけることはやめてもらいたい。外人記者クラブには

社団法人　日本新聞協会原稿用紙

20×10

様式 No.25 B5 上45 89−2 8000 尚文堂

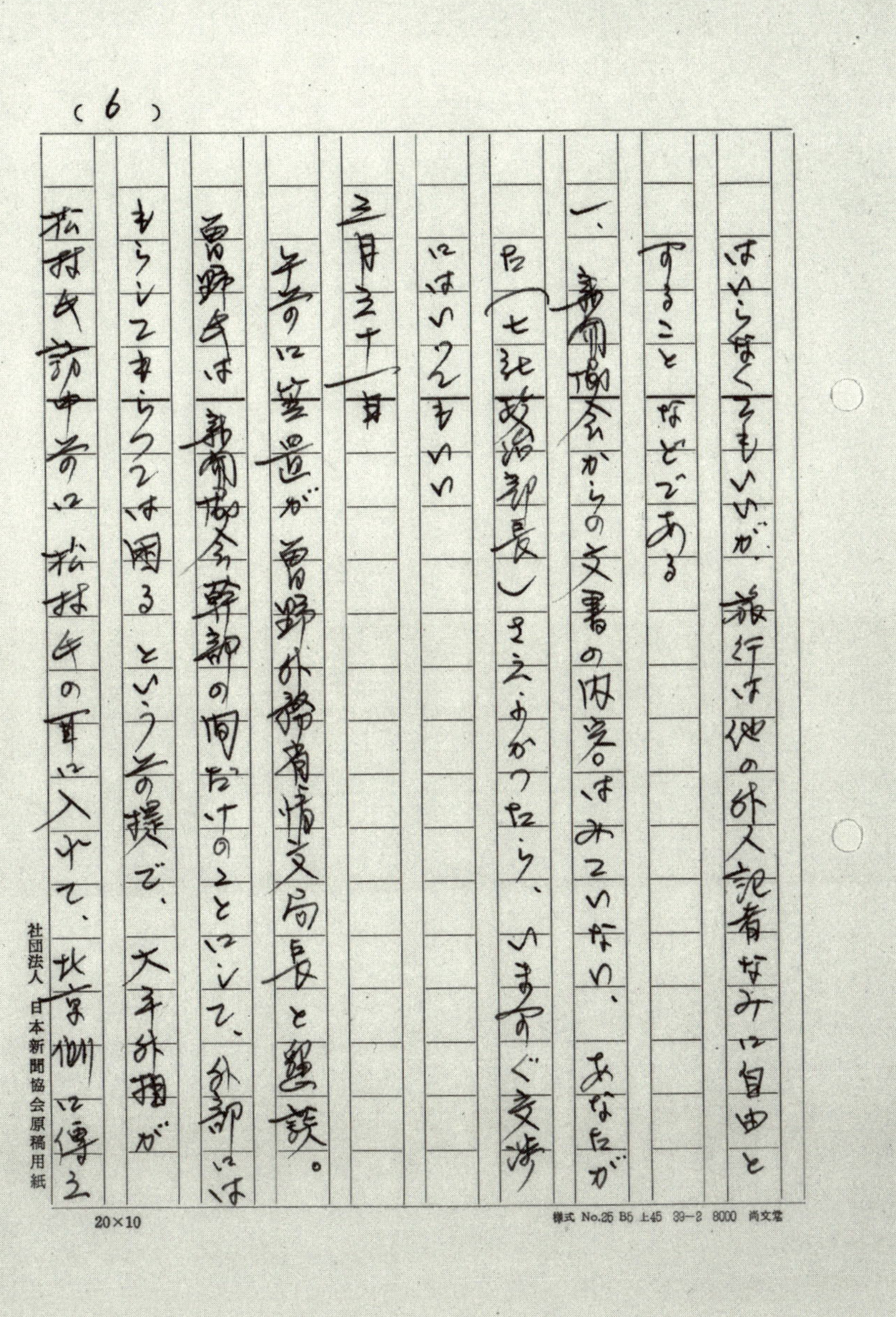
（6）

はいらなくてもいいが、旅行は他の外人記者なみに自由と
すること　などである
一、新聞協会からの文書の内容はみていない、あなたが
た（七社政治部長）さえよかったら、いますぐ交渉
にはいってもいい
三月三十一日
午前に笠原が曽野外務省情文局長と懇談。
曽野氏は新聞協会幹部の間だけのことにして、外部には
もらしてもらっては困るという前提で、大平外相が
松村氏訪中前に松村氏の耳に入れて、北京側に伝え

社団法人　日本新聞協会原稿用紙
20×10
様式 No.25 B5 上45 39-2 8000 尚文堂

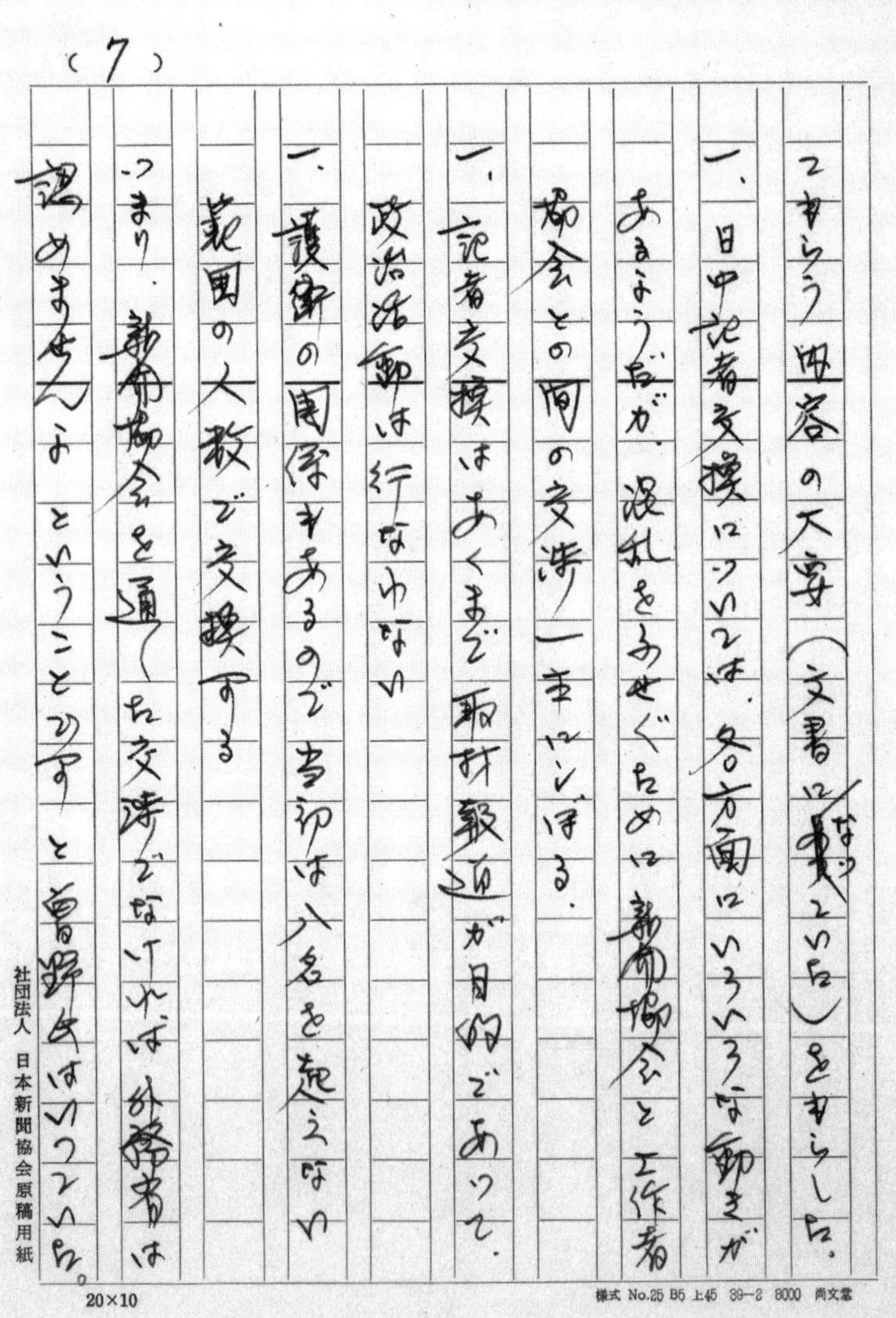

（7）

これらの内容の大要（文書になっていた）をもらした。

一、日中記者交換については、各方面にいろいろな動きがあるようだが、混乱をふせぐために新聞協会と工作者協会との間の交渉一本にしぼる。

一、記者交換はあくまで取材報道が目的であって、

政治活動は行なわない

一、護衛の関係もあるので当初は八名を越えない範囲の人数で交換する

つまり、新聞協会を通じた交渉でなければ外務省は認めませんよということなのですと曽野氏はいっていた。

社団法人　日本新聞協会原稿用紙

20×10

様式 No.25 B5 上45 39—2 8000 尚文堂

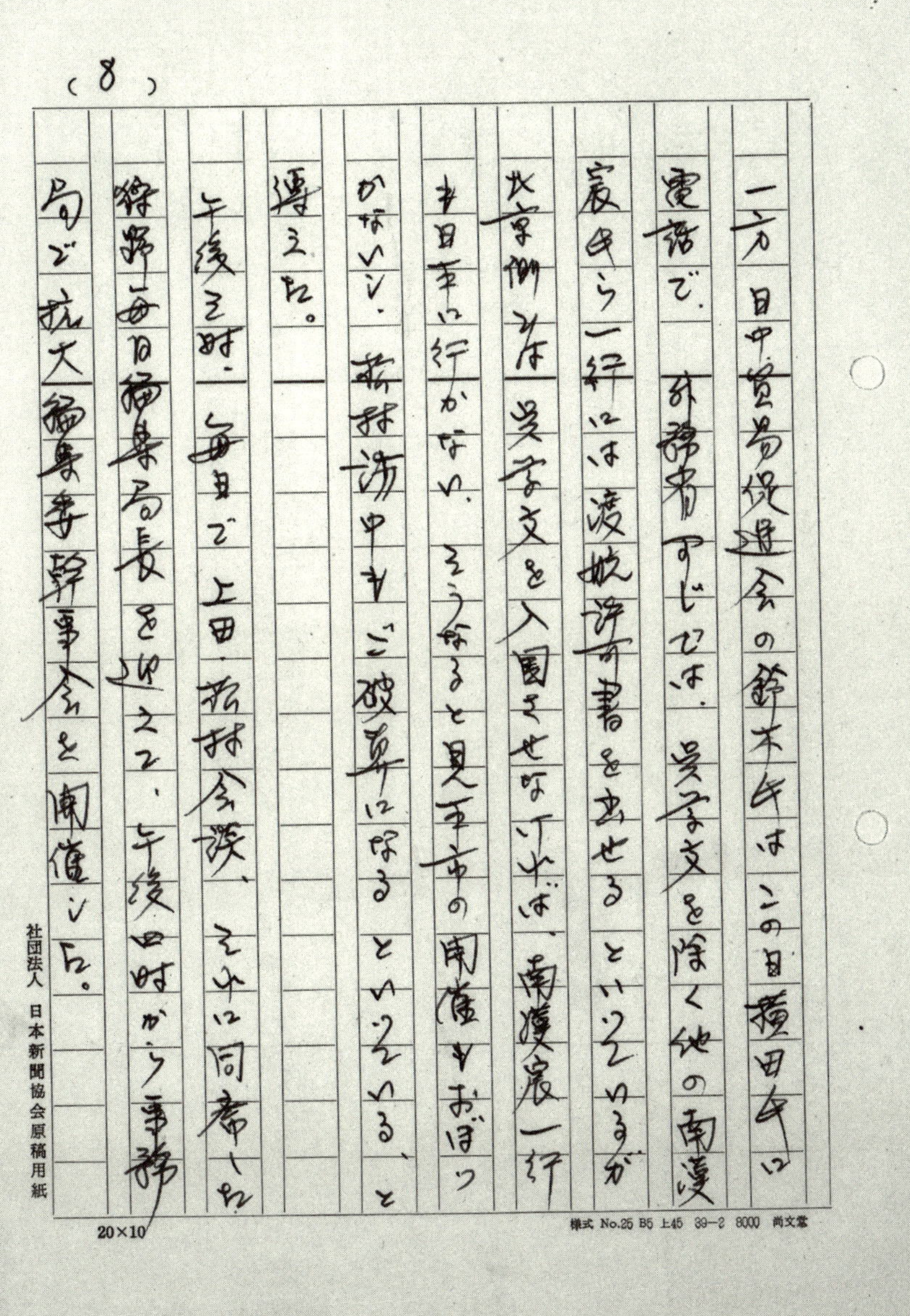

（８）

一方日中貿易促進会の鈴木氏はこの日横田氏に電話で、外務省すじでは、呉学文を除く他の南漢宸氏ら一行には渡航許可書を出せるといっているが北京側では呉学文を入国させなければ、南漢宸一行も日本に行かない。そうなると見本市の開催もおぼつかないし、藤村訪中もご破算になるといっている、と伝えた。

午後三時、毎日で上田・藤村会談、それに同席した後藤毎日編集局長を迎えて、午後四時から事務局で拡大編集委員会を開催した。

社団法人　日本新聞協会原稿用紙

20×10　　様式 No.25 B5 上45 39—2 8000 尚文堂

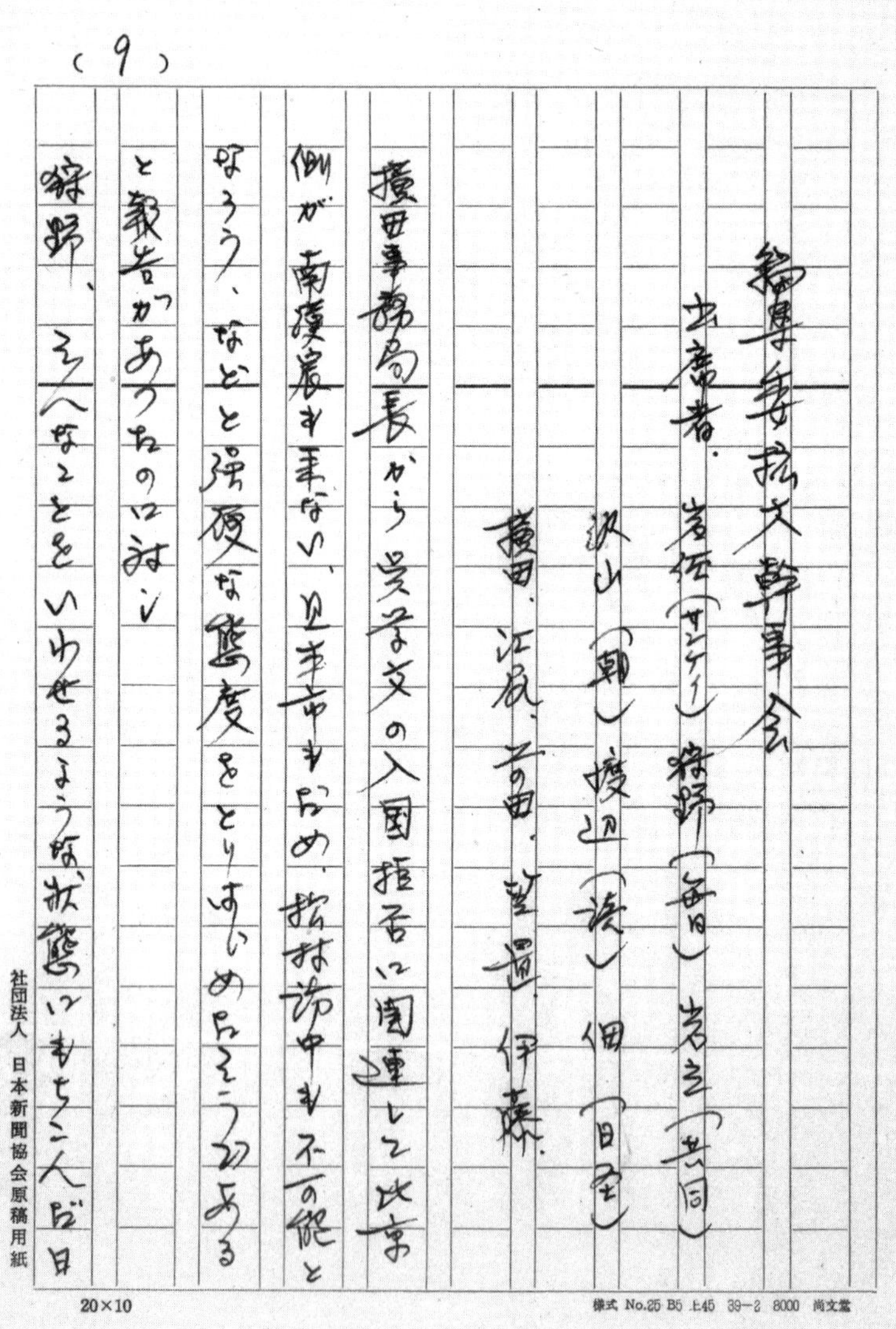

(9)

編集委拡大幹事会

出席者・岩佐(サンケイ)狩野(毎日)岩立(共同)
秋山(朝)渡辺(読)佃(日経)
横田、江成、石田、望月、伊藤

横田事務局長から呉学文の入国拒否に関連して北京側が南漢宸も来ない、見本市もやめ、協議中も不可能となろう、などと強硬な態度をとりはじめたという話があると報告があったのに対し

狩野、そんなことをいわせるような状態にもちこんだ日

社団法人 日本新聞協会原稿用紙

20×10

様式 No.25 B5 上45 39−2 8000 尚文堂

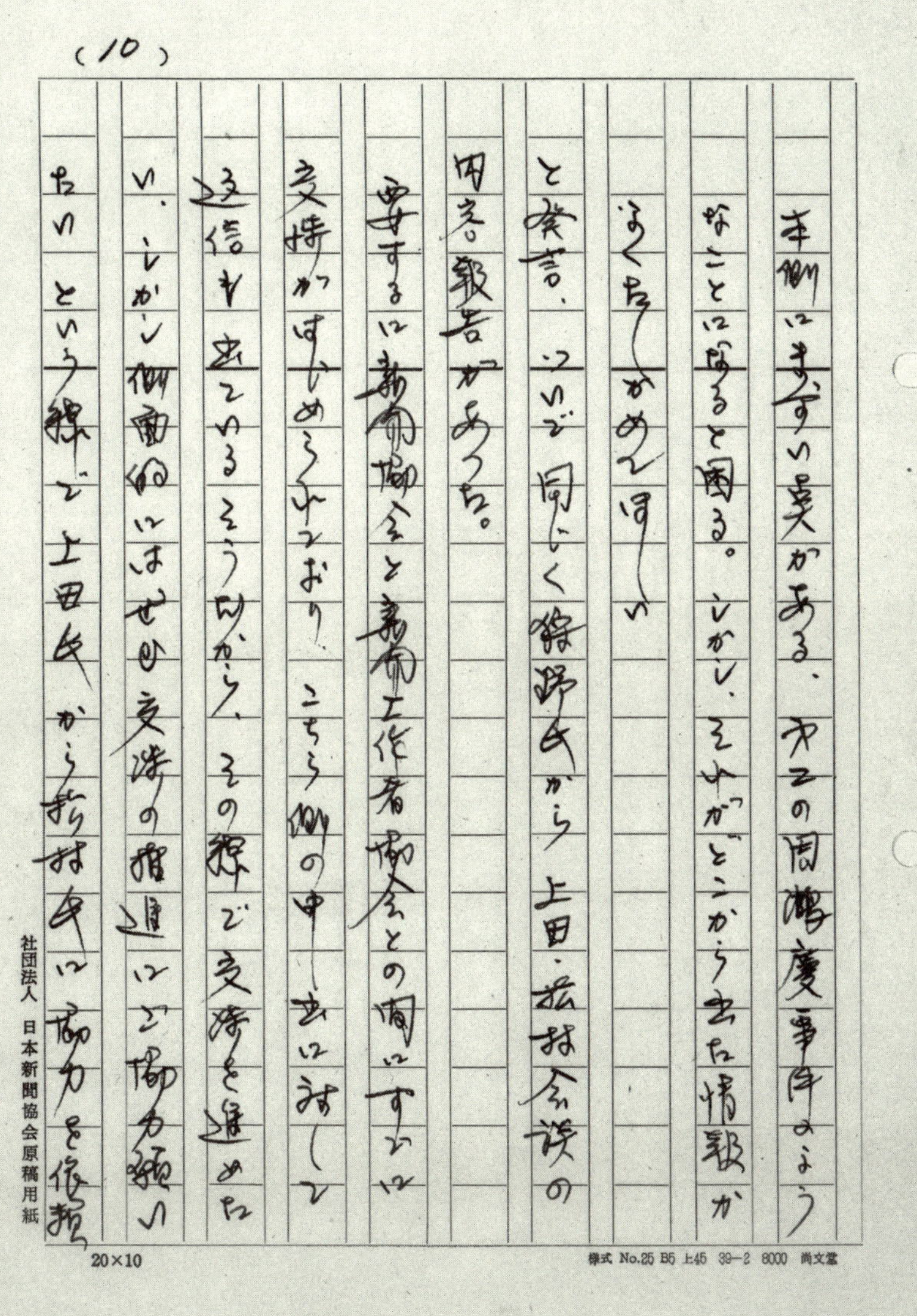

（10）

本側にまずい点がある。第二の周鴻慶事件のようなことになると困る。しかし、それがどこから出た情報かよくたしかめてほしい

と発言、ついで同じく[illegible]氏から上田・松村会談の内容報告があった。

要するに新聞協会と新聞工作者協会との間にすでに交渉がはじめられており、こちら側の申し出にたいして返信も出ているそうだから、その線で交渉を進めたい。しかし側面的にはぜひ交渉の推進にご協力願いたいという線で上田氏から松村氏に協力を依頼

社団法人　日本新聞協会原稿用紙

20×10　　様式 No.25 B5 上45 39−2 8000 尚文堂

（11）

した形だが、新聞協会から代表を出すことは断った。
招待者は田川がついて来たとのこと。
どの社がついて来いとか、部長級を出せなどというのが
けしからん。　だからサンケイは同行記者を出さないこ
とにした（岩佐）
なかなかはいりにくいところだから記者の
勉強にもなると思いデスク級のものを出すことにしたが、
あくまで取材だけのためには行けということである（吉田）
など各社の発言ののち、編集委員会としては招待者に
同行する記者は取材記者であり、交渉などはさせない
ということに意見の一致をみた。

社団法人　日本新聞協会原稿用紙

20×10　　様式 No.25 B5 上45　39－2　8000　尚文堂

（12）

ついで、しからば新聞協会としては、今後いかなる手をうつべきかという点について協議し、

これまでいろいろといわれていることは、単なる情報にすぎないことが多い。これを整理して確実な事実に基づいて行動すべきだ（岩立）

呉学文の入国を政府に要請するにしても、果して呉学文が伝えられるように協会宛の文書をもっているのかどうか、また呉学文を入国させなければ交渉できないものかその点も不明である（　　）

池田首相に会って善後方を依頼する必要があるなら

社団法人　日本新聞協会原稿用紙

20×10　　様式 No.25 B5 上45 39—2 8000 尚文堂

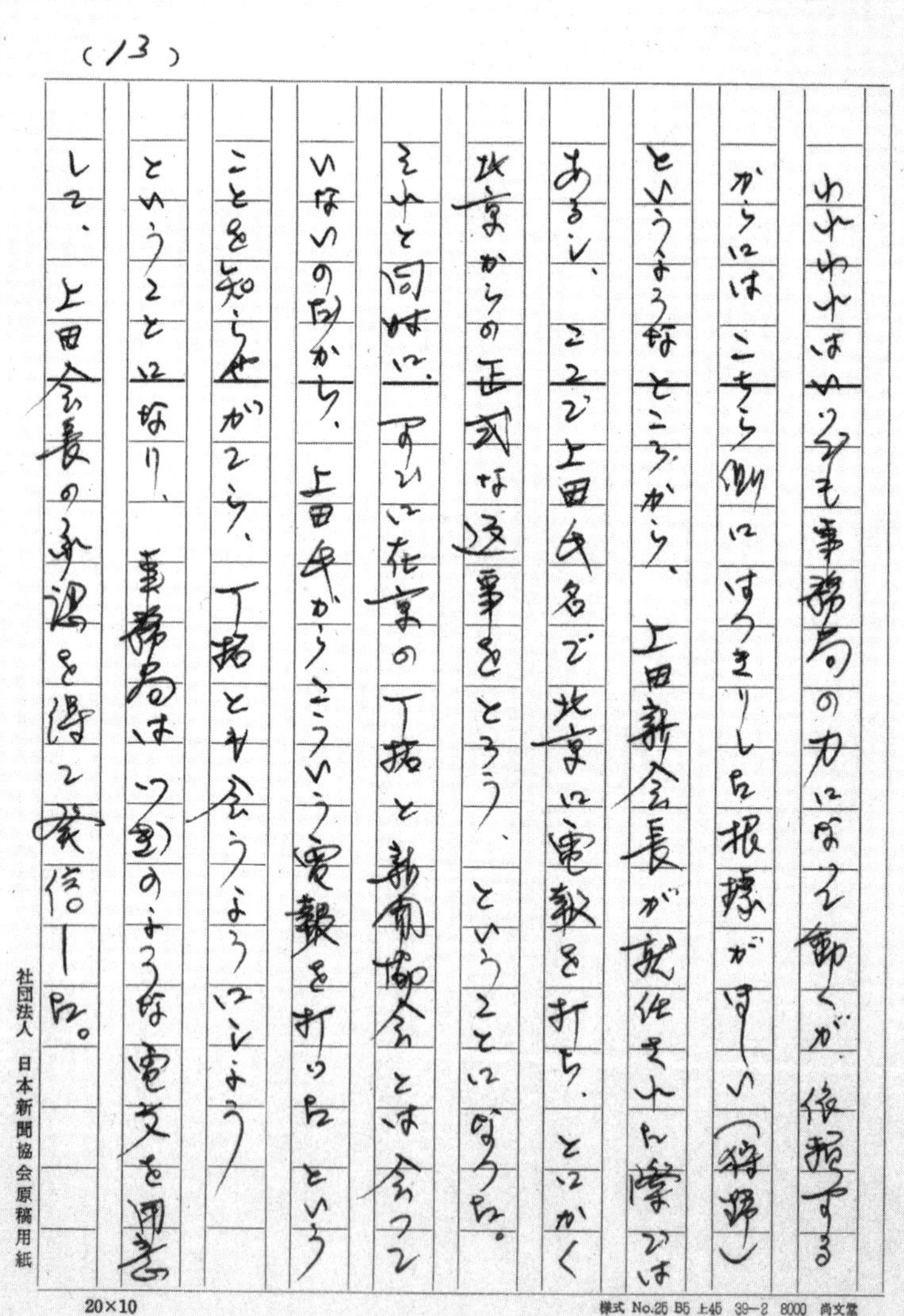
（13）

われわれはいずれも事務局の力になって働くが、依頼する
からにはこちら側にはっきりした根拠がほしい（将郎）
というようなところから、上田新会長が就任された際には
あるし、ここで上田氏名で北京に電報を打ち、とにかく
北京からの正式な返事をとろう、ということになった。
それと同時に、すでに在京の丁拓と新聞協会とは会って
いないのだから、上田氏からこういう電報を打ったという
ことを知らせがてら、丁拓とも会うようにしよう
ということになり、事務局はつぎのような電文を用意
して、上田会長の承認を得て発信した。

社団法人　日本新聞協会原稿用紙

20×10　　様式 No.25 B5 上45 39-2 8000 尚文堂

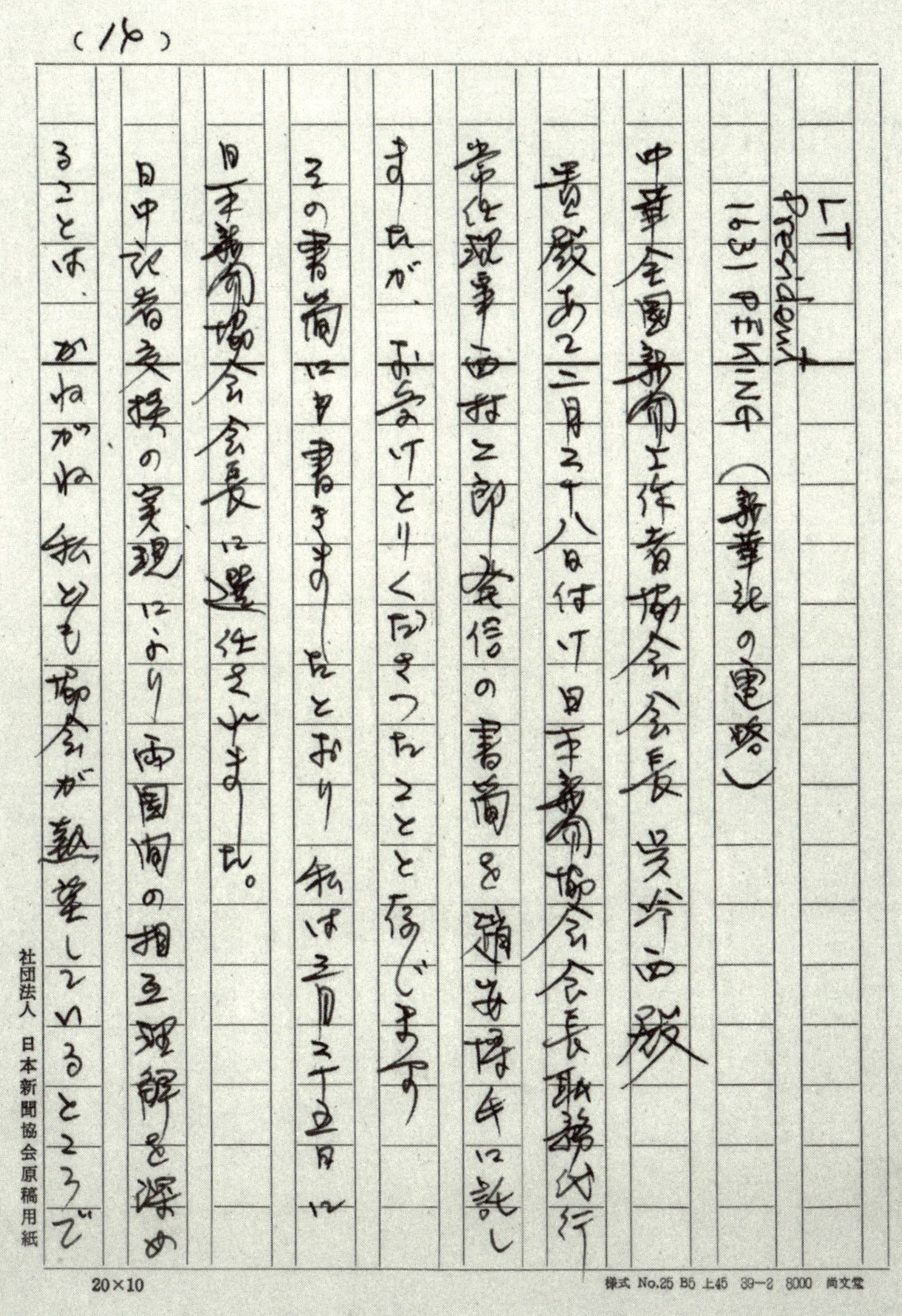

（14）

LT
President
1631 PEKING（新華社の電略）
中華全国新聞工作者協会会長 呉冷西殿
貴殿あて二月二十八日付け日本新聞協会会長職務代行
常任理事西村二郎発信の書簡を趙安博氏に託し
ましたが、お受けとりくださったことと存じます
その書簡にも書きましたとおり 私は三月二十五日に
日本新聞協会会長に選任されました。
日中記者交換の実現により両国間の相互理解を深め
ることは、かねがね私ども協会が熱望しているところで

社団法人 日本新聞協会原稿用紙
20×10
様式 No.25 B5 上45 39-2 8000 尚文堂

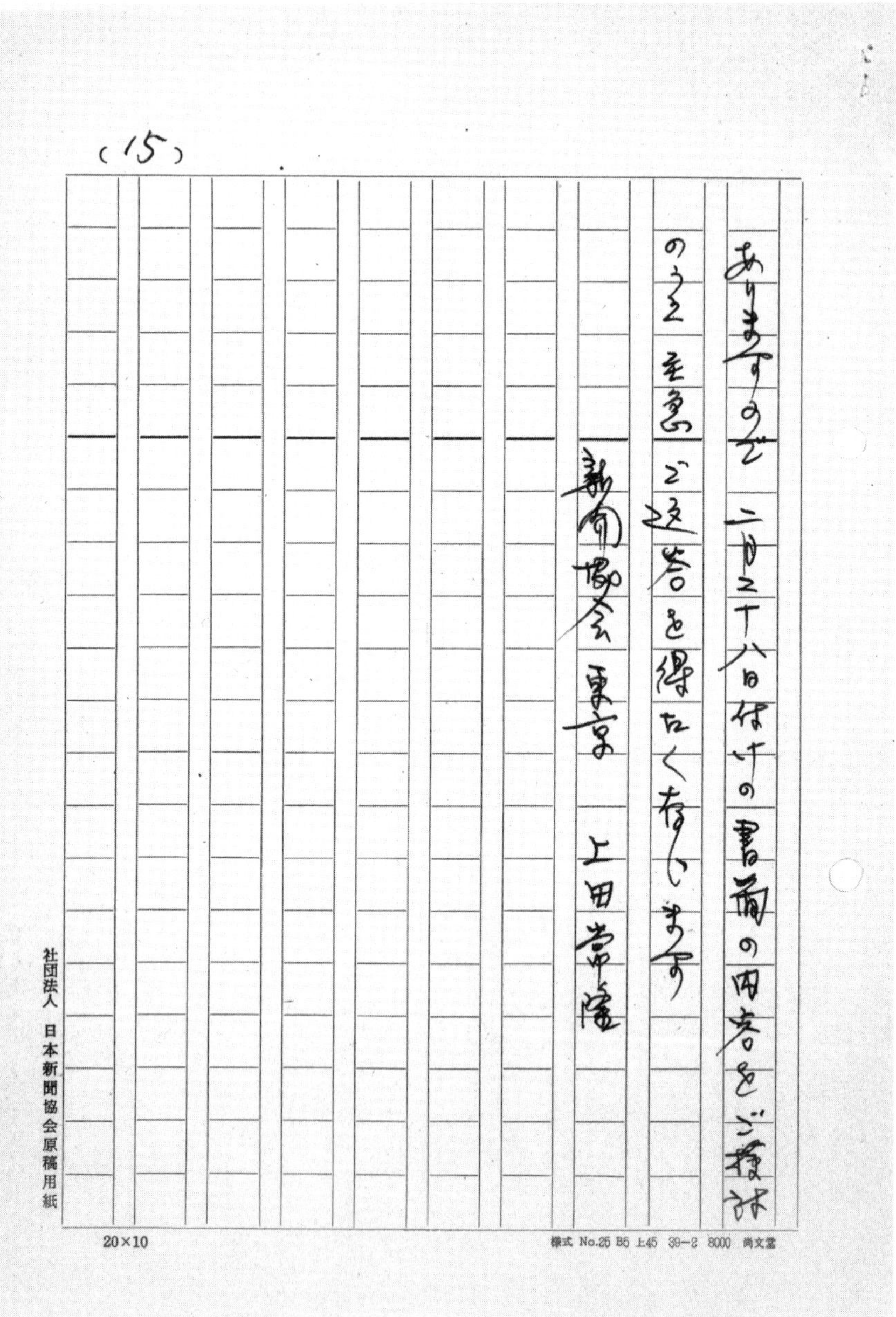

(15)

ありますので　二月二十八日付けの書簡の内容をご検討のうえ　至急ご返答を得たく存じます
新聞協会　東京　上田常隆

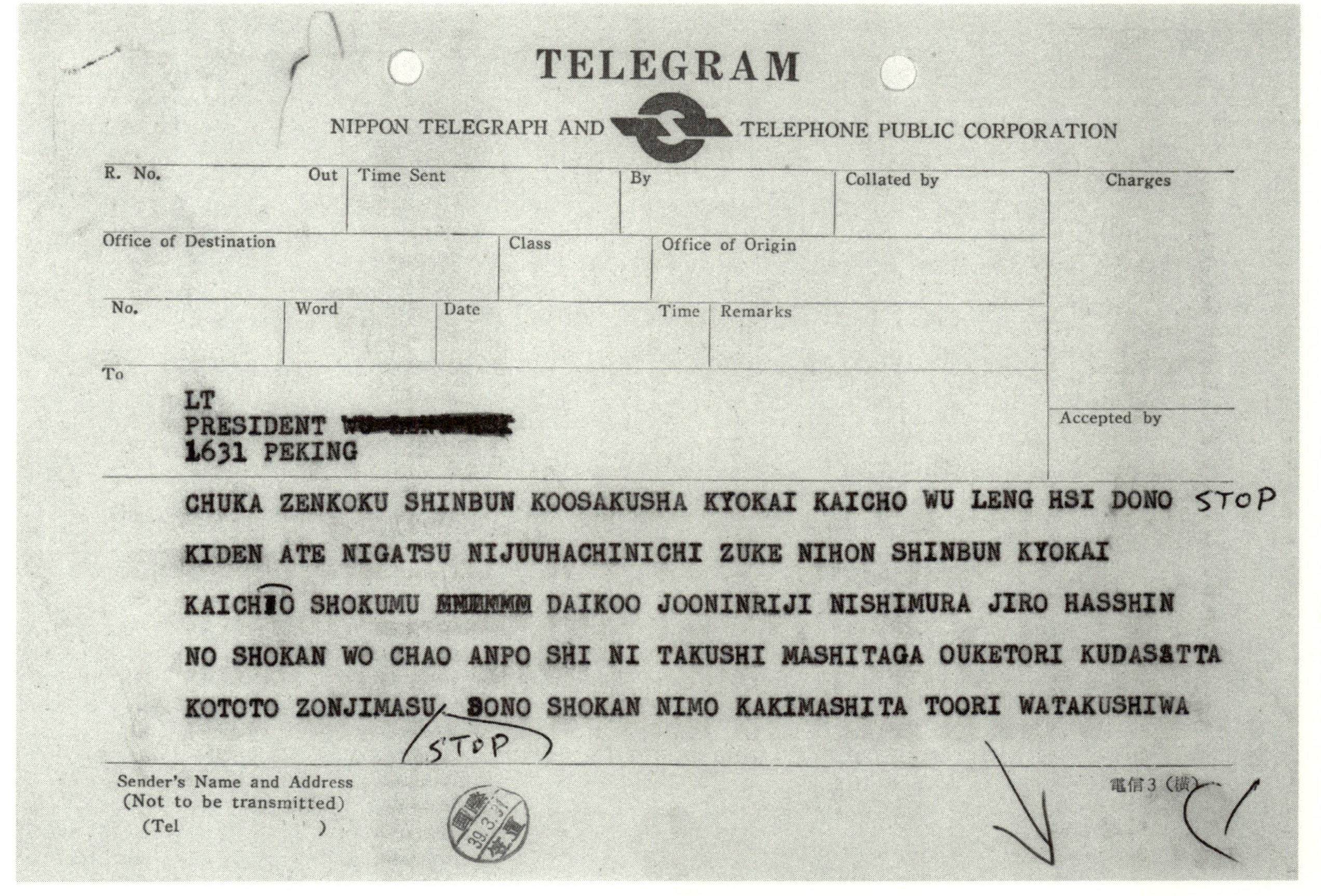

TELEGRAM

NIPPON TELEGRAPH AND TELEPHONE PUBLIC CORPORATION

R. No. | Out | Time Sent | By | Collated by | Charges

Office of Destination | Class | Office of Origin

No. | Word | Date | Time | Remarks

To | Accepted by

LT
PRESIDENT
1631 PEKING

CHUKA ZENKOKU SHINBUN KOOSAKUSHA KYOKAI KAICHO WU LENG HSI DONO STOP
KIDEN ATE NIGATSU NIJUUHACHINICHI ZUKE NIHON SHINBUN KYOKAI
KAICHOO SHOKUMU DAIKOO JOONINRIJI NISHIMURA JIRO HASSHIN
NO SHOKAN WO CHAO ANPO SHI NI TAKUSHI MASHITAGA OUKETORI KUDASATTA
KOTOTO ZONJIMASU STOP SONO SHOKAN NIMO KAKIMASHITA TOORI WATAKUSHIWA

Sender's Name and Address
(Not to be transmitted)
(Tel)

39.3.31

電信3

TELEGRAM

NIPPON TELEGRAPH AND TELEPHONE PUBLIC CORPORATION

R. No.	Out	Time Sent	By	Collated by	Charges
Office of Destination		Class	Office of Origin		
No.	Word	Date	Time	Remarks	
To					Accepted by

SANGATSU NIJUUGONICHI NI NIHON SHINBUN KYOKAI KAICHO NI SENINSARE
MASHITA STOP NICCHU KISHA KOOKAN NO JITSUGEN NIYORI RYOKOKU KAN NO
SOOGO RIKAIWO FUKAMERU KOTOWA KANEGANE WATAKUSHIDOMO KYOKAI GA
NETSUBOO SHITEIRU TOKORODE ARIMASUNODE NIGATSU NIJUUHACHINICHI
ZUKENO SHOKAN NO NAIYOOWO GOKENTOO NOUE SHIKYUU GOHENTOO WO

Sender's Name and Address
(Not to be transmitted)
(Tel)

電信3（横）

(2

TELEGRAM

NIPPON TELEGRAPH AND TELEPHONE PUBLIC CORPORATION

R. No. Out	Time Sent	By	Collated by	Charges
Office of Destination	Class	Office of Origin		
No.	Word	Date	Time	Remarks
To				Accepted by

ETAKU ZONJIMASU

= SHINBUNKYOKAI TOKYO UEDA TSUNETAKA

Sender's Name and Address
(Not to be transmitted)
(Tel)

電信3（横） 3

貴殿あて二月二十八日付けの日本新聞協会会長職務代行常任理事西村二郎発信の書簡を趙安博氏に託しましたが、お受けとりくださつたことと存じます。同書簡にも書きましたとおり、私は三月二十五日に日本新聞協会会長に選任されました。

日中記者交換の実現により両国間の相互理解を深めることは、かねが ね当協会が熱望しているところでありますので、二月二十八日付書簡の内容をご検討のうえ、至急ご返答を得たく存じます。

日本新聞協会

会長　上田常隆

中華全国新聞工作者協会

会長　呉冷西　殿

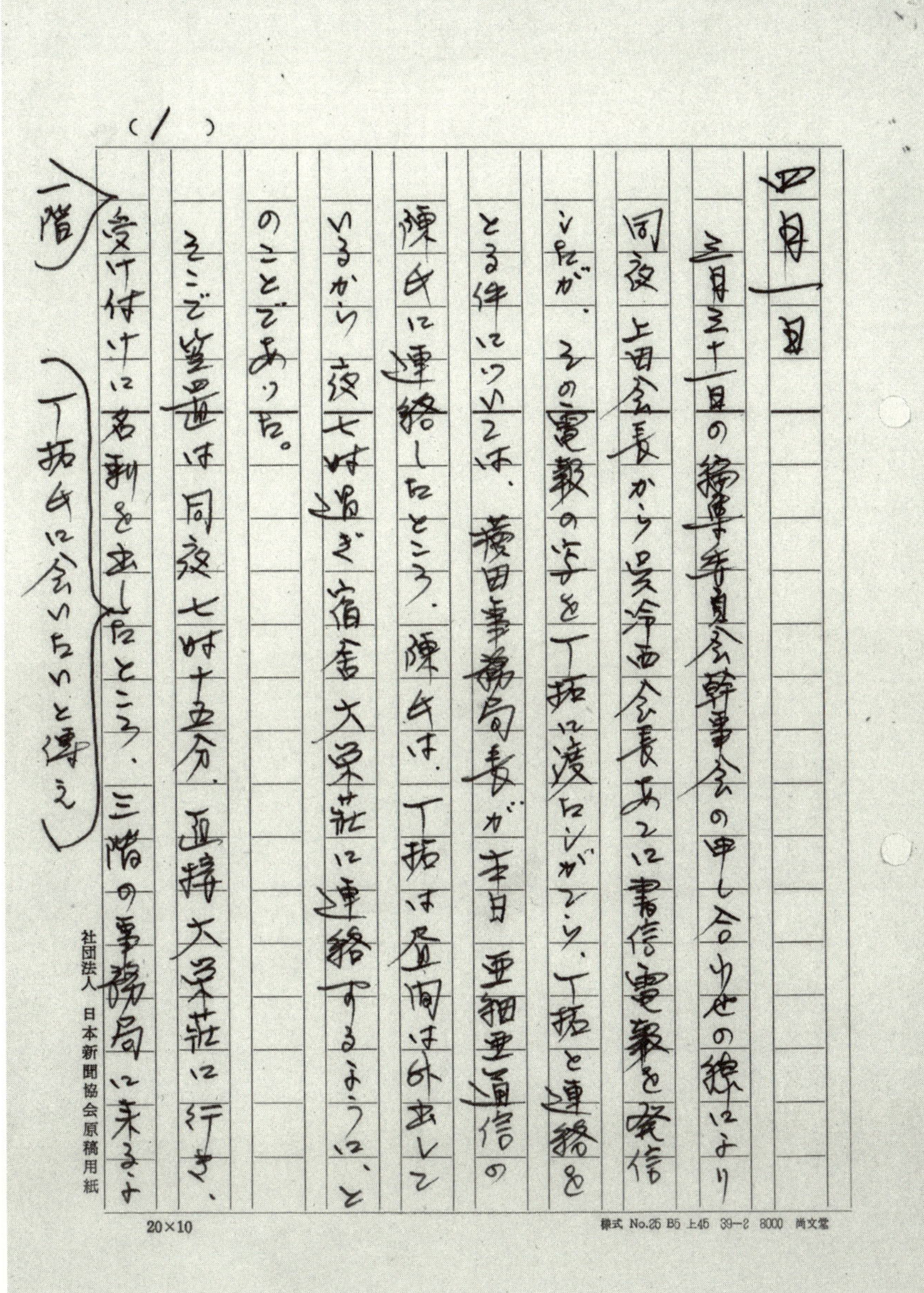

（1）

四月一日

三月三十日の編集委員会幹事会の申し合わせの線により

同夜 上田会長から呉冷西会長あてに書信電報を発信

したが、その電報の写を丁拓に渡したいがこゝ、丁拓と連絡を

とる件については、森田事務局長が本日亜細亜通信の

陳氏に連絡したところ、陳氏は、丁拓は昼間は外出して

いるから夜七時過ぎ宿舎大栄荘に連絡するように、と

のことであった。

そこで笠置は同夜七時十五分、直接大栄荘に行き、

受け付け（一階）に名刺を出し（丁拓氏に会いたいと傳え）たところ、三階の事務局に来るよ

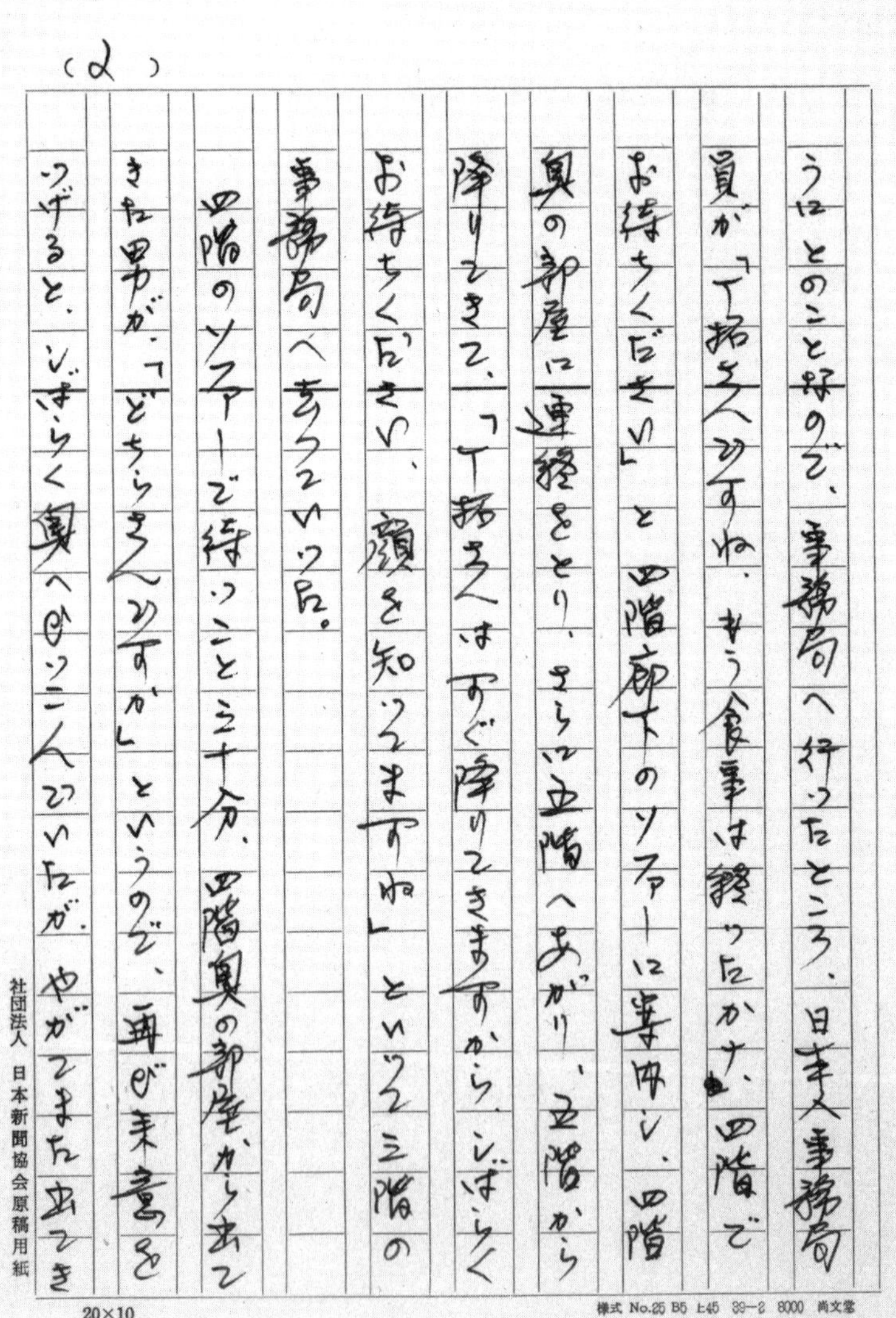

(2)

うにとのことなので、事務局へ行ったところ、日本人事務局員が「丁拓さんですね。もう食事は終ったか、四階でお待ちください」と四階廊下のソファーに案内し、四階奥の部屋に連絡をとり、さらに五階へあがり、五階から降りてきて、「丁拓さんはすぐ降りてきますからしばらくお待ちください。顔を知っていますね」といって三階の事務局へもどっていった。

四階のソファーで待つこと三十分、四階奥の部屋から出てきた男が、「どちらさんですか」というので、再び来意をつげると、しばらく奥へ入ったこんでいたが、やがてまた出てき

社団法人 日本新聞協会原稿用紙

20×10

様式 No.25 B5 上45 39-2 8000 尚文堂

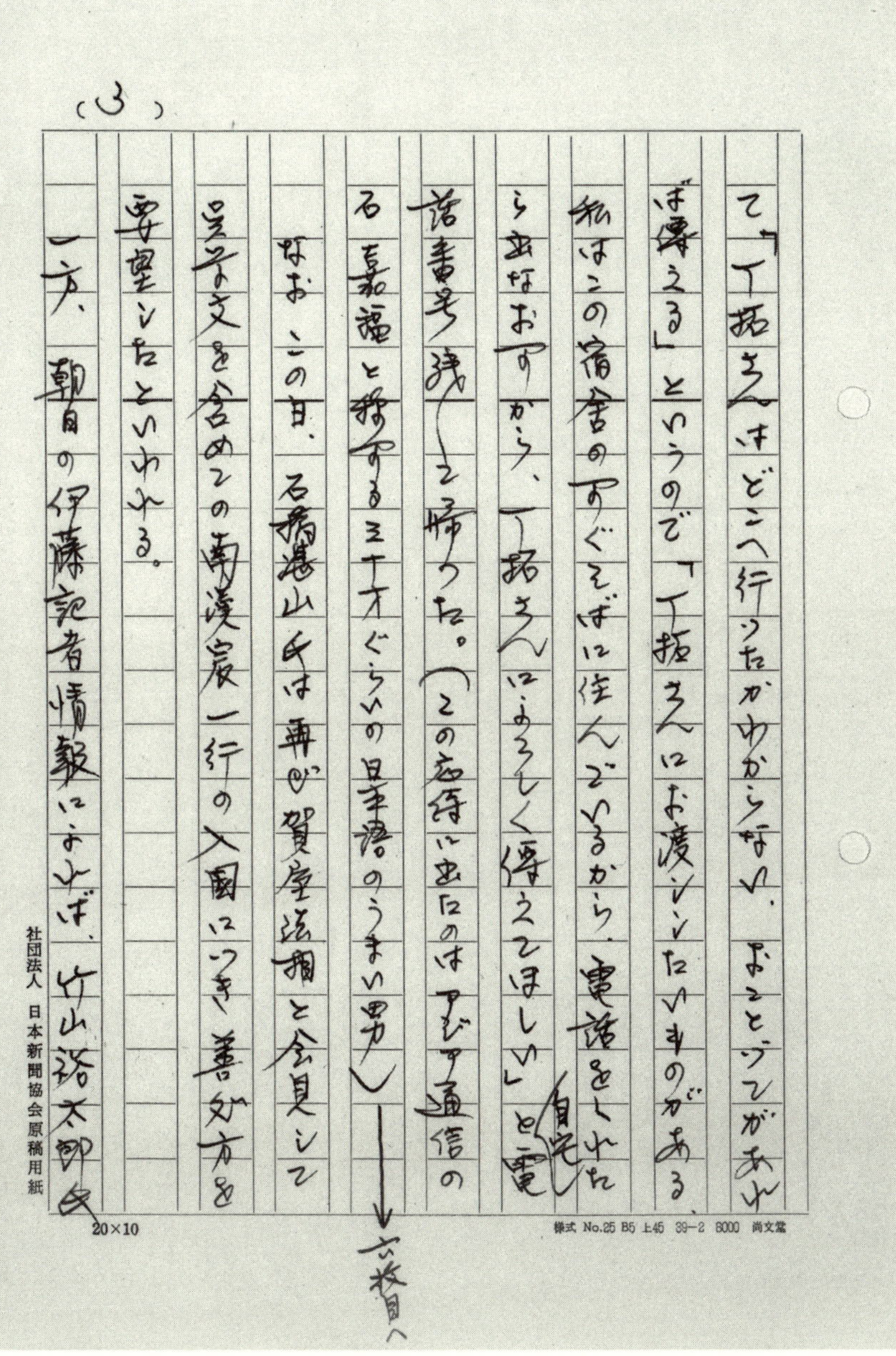

（3）

て「丁拓さん」はどこへ行ったかわからない。ことづてがあれば伝える」というので「丁拓さんにお渡ししたいものがある私はこの宿舎のすぐそばに住んでいるから、電話をくれたら出なおすから、丁拓さんによろしく伝えてほしい」と自宅の電話番号を残して帰った。（この応待に出たのはアジア通信の石嘉福と称する三十才ぐらいの日本語のうまい男）

→六枚目へ

なお、この日、石橋湛山氏は再び賀屋法相と会見して呉学文を含めての南漢宸一行の入国につき善処方を要望したといわれる。

一方、朝日の伊藤記者情報によれば、竹山祐太郎氏

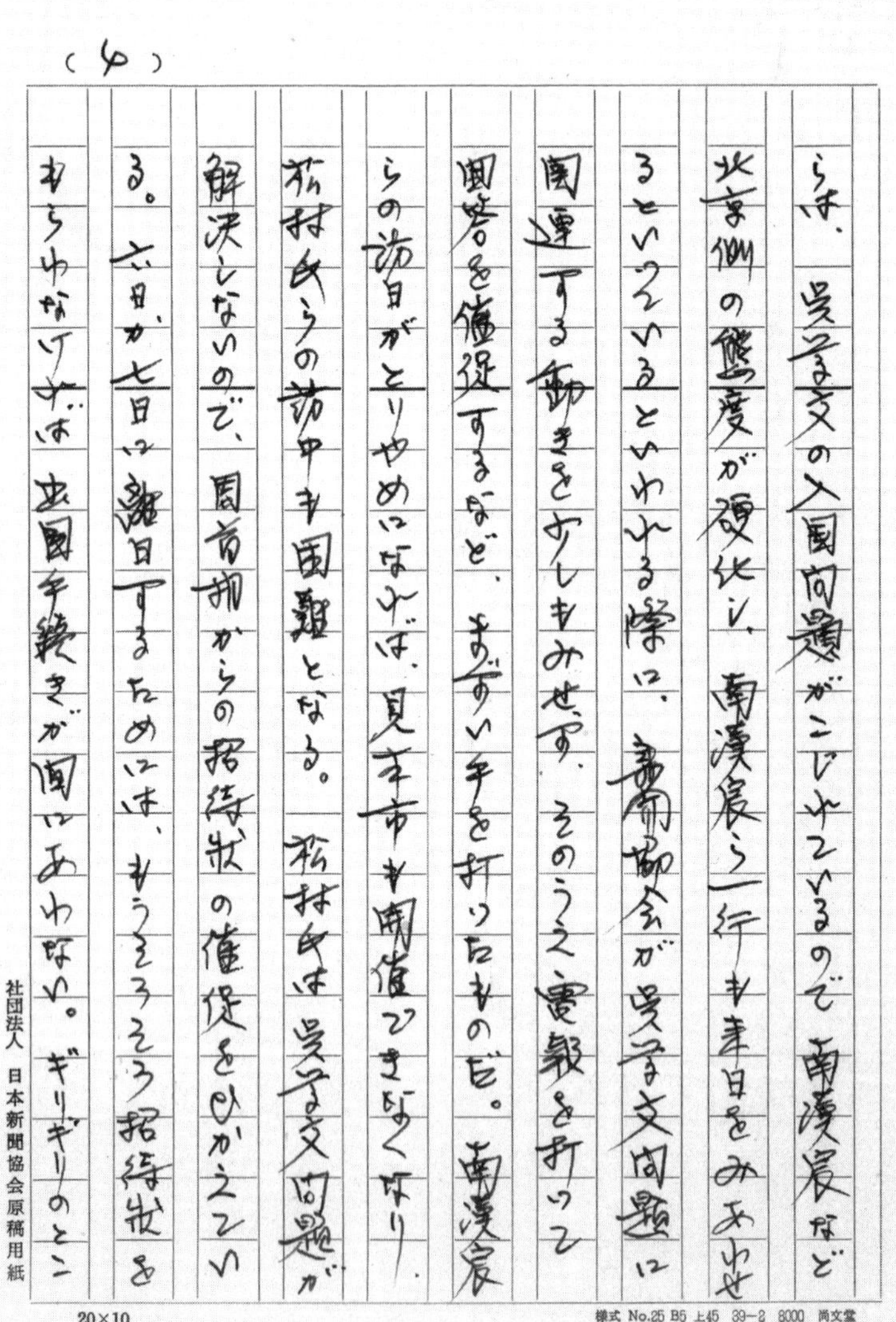

（6）

らは、呉学文の入国問題がこじれているので南漢宸など北京側の態度が硬化し、南漢宸ら一行も来日をみあわせるといっているといわれる際に、商協会が呉学文問題に関連する動きをすこしもみせず、そのうえ電報を打って回答を催促するなど、まずい手を打ったものだ。南漢宸らの訪日がとりやめになれば、見本市も開催できなくなり松村氏らの訪中も困難となる。松村氏は呉学文問題が解決しないので、周首相からの招待状の催促をひかえている。六日か七日に離日するためには、もうそろそろ招待状をもらわなければ出国手続きが間にあわない。ギリギリのとこ

社団法人　日本新聞協会原稿用紙

20×10　　様式 No.25 B5 上45 39−2 8000 尚文堂

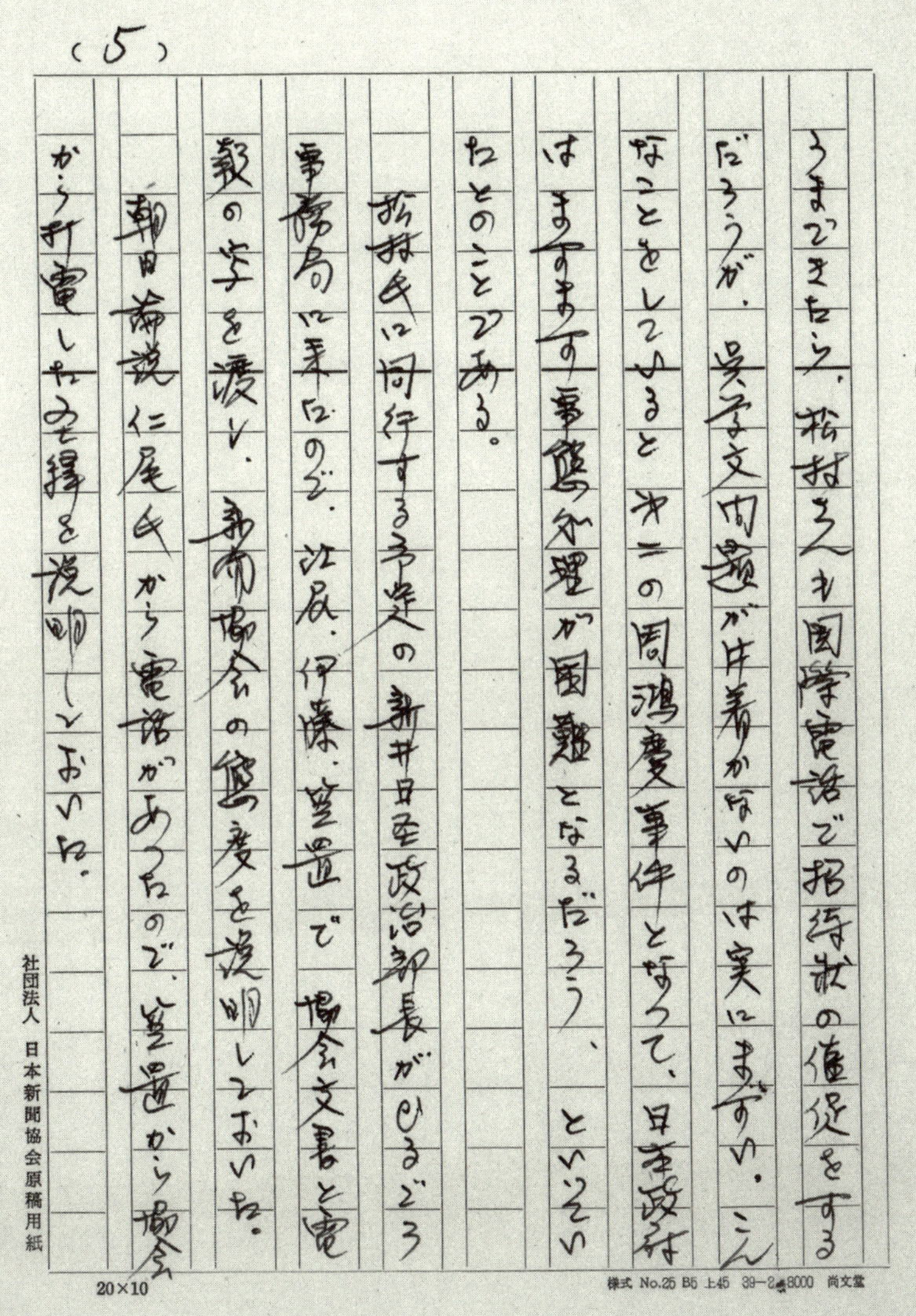
（5）

うまくできたら、松村さんも国際電話で招待状の催促をするだろうが、呉学文問題が片着かないのは実にまずい。こんなことをしていると第二の周鴻慶事件となって、日本政府はますます事態処理が困難となるだろう、といっていたとのことである。

松村氏に同行する予定の新井日経政治部長がひるごろ事務局に来たので、江尻、伊藤、笠置で協会文書と電報の写を渡し、新聞協会の態度を説明しておいた。

朝日論説仁尾氏から電話があったので、笠置から協会から打電した趣旨を説明しておいた。

社団法人　日本新聞協会原稿用紙

20×10

様式 No.25 B5 上45 39-2 8000 尚文堂

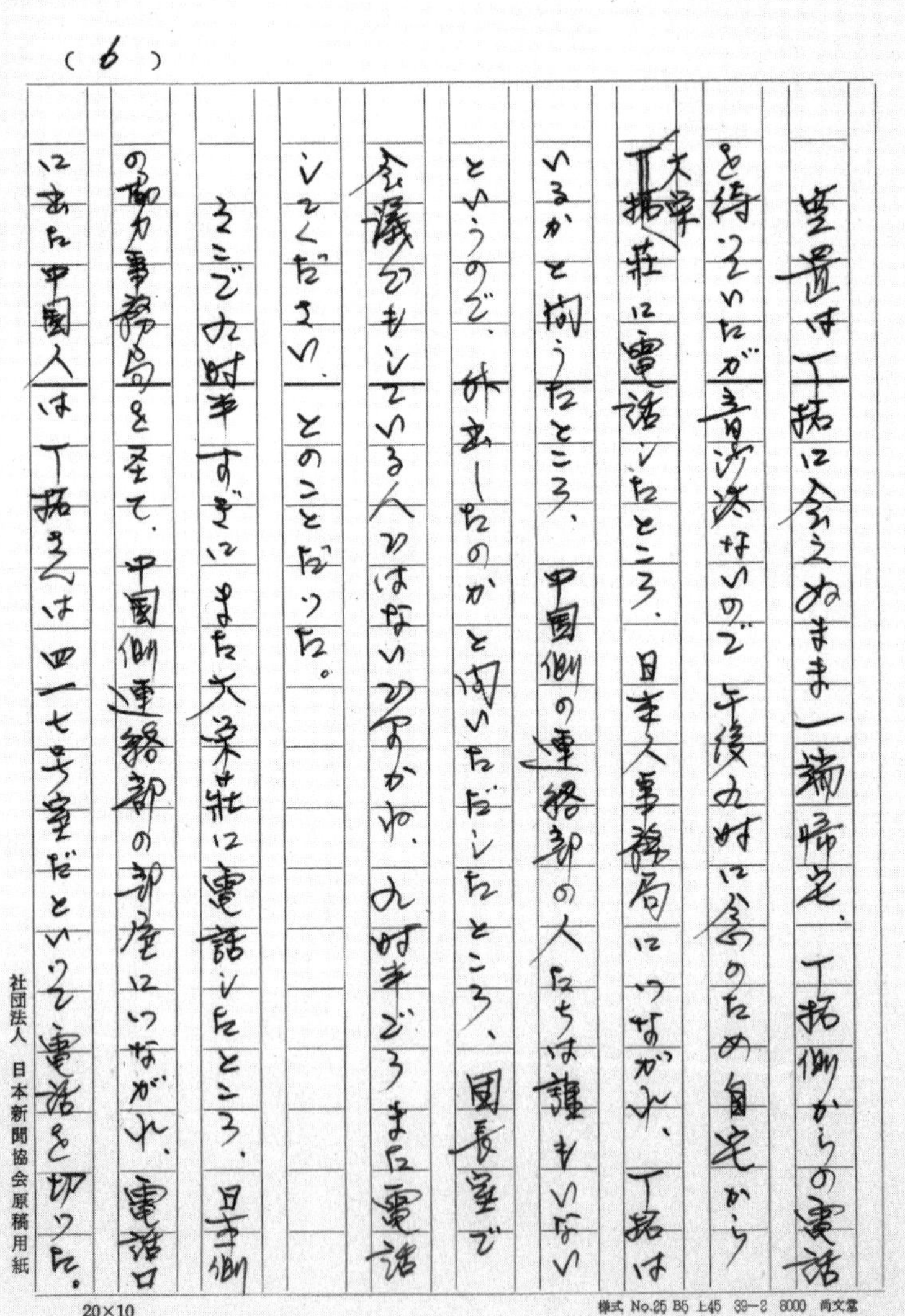

（6）

笠置は丁拓に会えぬまま一端帰宅、丁拓側からの電話を待っていたが音沙汰ないので午後九時に念のため自宅から大栄荘に電話したところ、日本人事務局につながれ、丁拓はいるかと問うたところ、中国側の連絡部の人たちは誰もいないというので、外出したのかと問いただしたところ、団長室で会議でもしている人ではないのですかね、九時半ごろまた電話してください。とのことだった。

そこで九時半すぎにまた大栄荘に電話したところ、日本側の協力事務局を経て、中国側連絡部の部屋につながれ、電話口に出た中国人は丁拓さんは四一七号室だといって電話を切った。

社団法人　日本新聞協会原稿用紙

20×10　　様式 No.25 B5 上45 39-2 8000 尚文堂

K0104

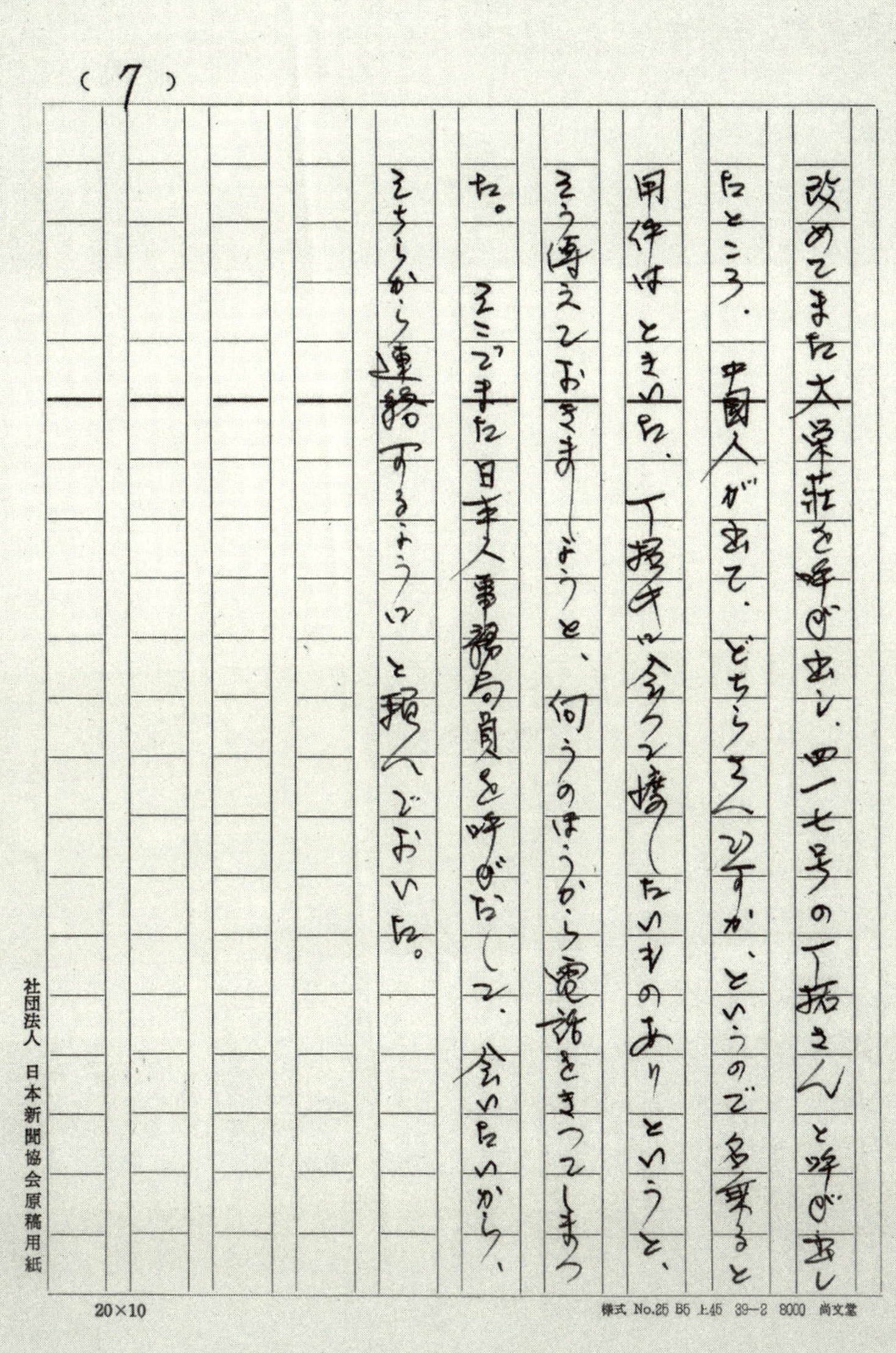

（7）

改めてまた大栄荘を呼び出し、四一七号の丁拓さんと呼びだしたところ、中國人がでて、どちらさんですか、というので名乗ると用件はときいた、丁拓さんに会って話したいものありというと、そう伝えておきましょうと、向うのほうから電話をきってしまった。そこでまた日本人事務局員を呼びだして、会いたいから、こちらから連絡するようにと頼んでおいた。

社団法人　日本新聞協会原稿用紙

20×10　　様式 No.25 B5 上45 39—2 8000 尚文堂

国をいまだに許可しておりません。この国家的賓客である南漢宸主席の入国を拒否し続けることは、中国に対する侮辱であり、日中間に築かれた友好と貿易を根本的に破壊することにもなりかねないものであります。また、同時に北九州市で開催される中国経済貿易展覧会をいまだ承認をしないばかりか、既に来日した中国経済貿易展覧団団長張化東氏および副団長李文学氏が到着の際、外交官旅券を所持しているにもかかわらず、羽田税関は、国際慣例を破り、荷物の検査を強要、翌日まで留置するという非礼きわまりない取扱いを敢えて行つております。われわれは、国家的な賓客に対するこのような措置に憤激せざるをえません。

現在まで、日本側からは数千人の友好商社、各方面の代表団が訪中し、中国側の極めて友好的な歓待を受けております。日工展には新聞記者を含む多数の参観団の訪中も実現いたしました。これらの人事交流と貿易の発展が、現在、新聞記者交換、航空機の相互乗入れを含む新しい展望をきりひらいております。また、われわれは、当面、中国展の成功と南漢宸主席歓迎の実現と同時に、広州における交易会に二百数十人が参加し、その成功のため力をつくしております。

このように、日中貿易が、長期、安定、正常化の方向を辿り日中国交回復が、現実の課題となつている時期に、何故日中貿易の拡大

要　　望　　書

われわれ日中貿易関係業界はこれまで、日中政府間貿易協定と、日中国交回復の実現、友好を基礎とした貿易の拡大発展のために絶えず努力を続けてきました。この努力は、日中友好貿易に関する議定書とＬＴ覚書の二つを軸として北京・上海日本工業展覧会を成功させ、ビニロンプラントの輸出を実現し、遂に昨年には戦後最高の成約高を記録して、今後の飛躍的な発展を展望しうる段階に到達いたしました。

今年の日中貿易はこれまでつみ重ねた基礎の上に、昨年の倍以上の取引高が見込まれております。特に、４月に東京で開催され、ひきつづき６月大阪、９月北九州において予定されている中華人民共和国経済貿易展覧会および中国国際貿易促進委員会南漢宸主席を団長とする中国経済友好代表団の来日は、日中貿易の拡大発展にとつて非常に大きな意義をもつていると同時に、日中両国関係の改善をも一層促進するものであります。このため、われわれ日中貿易業界は、関係各界と一致協力して中国経済貿易展覧会協力会、後援会、ならびに中国経済友好代表団、中国経済貿易展覧会歓迎委員会を作り、業界をあげて展覧会の成功と南主席代表団の歓迎のため準備を進めております。然るに、われわれのこの期待にもかかわらず、政府当局においては南漢宸主席を団長とする中国経済友好代表団の入

を阻止し、また、日中貿易そのものを破壊しようとするのでしょうか。われわれ日中貿易業界は、われわれの期待に反したこの政府の措置を容認することはできません。

われわれは、広汎な国民各層と提携し、南漢宸主席を団長とする中国経済友好代表団の即時入国の実現、外国の賓客にたいする非礼な取扱いの即時中止、あわせて北九州市における中国経済貿易展覧会開催の承認を政府に強く要望するものであります。

１９６４年４月１日

友好企業懇談会緊急集会

庄司

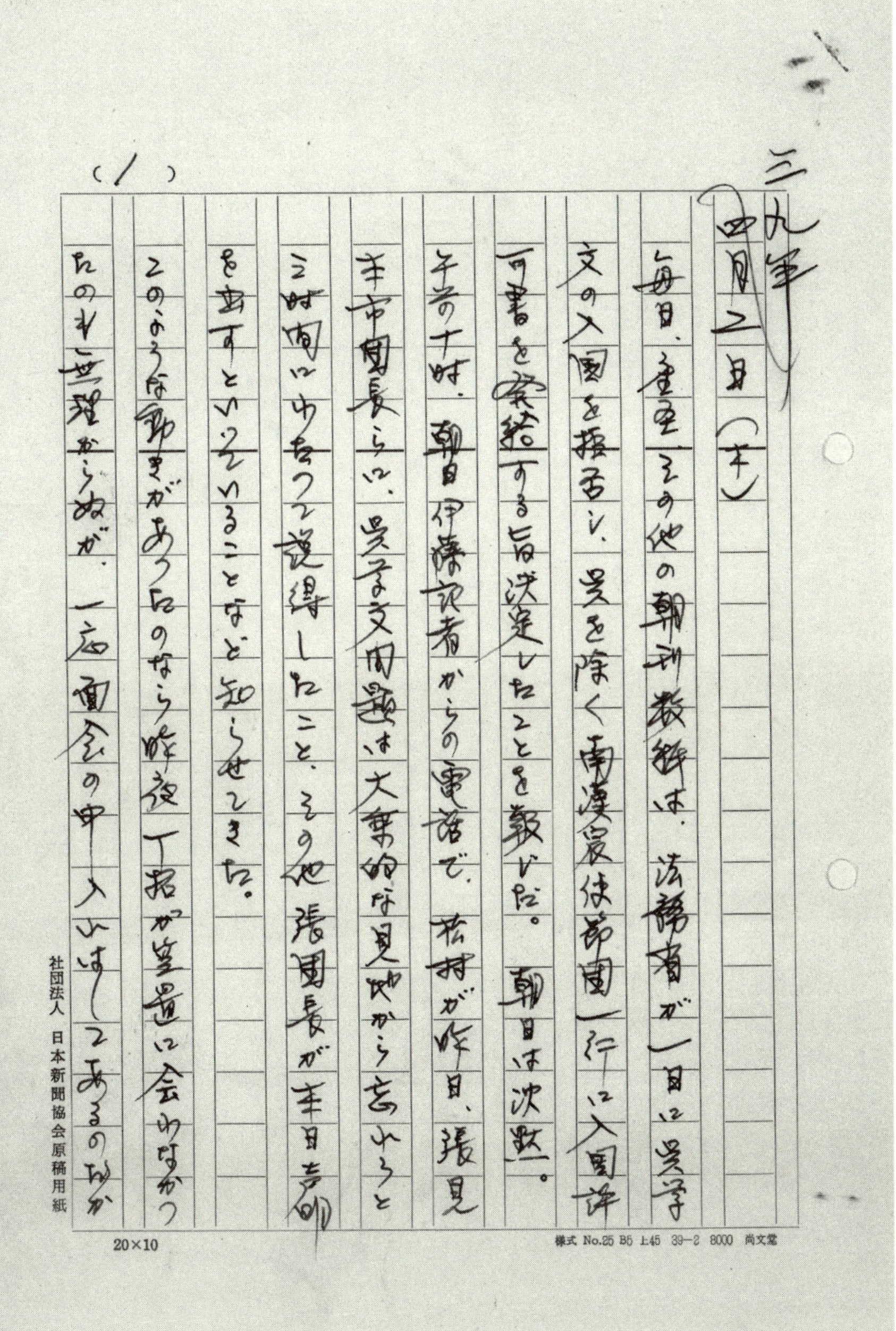

（1）

三九年

四月二日（木）

毎日、産経その他の朝刊各紙は、法務省が一日に呉学文の入国を拒否し、呉を除く南漢宸使節団一行に入国許可書を発給する旨決定したことを報じた。朝日は沈黙。

午前十時、朝日伊藤記者からの電話で、松村が昨日、張見本市団長らに、呉学文問題は大乗的な見地から忘れろと三時間にわたって説得したこと、その他張団長が本日声明を出すといってきていることなど知らせてきた。

このような動きがあったのなら昨夜、丁拓が笠置に会わなかったのも無理からぬが、一応面会の申入れはしてあるのだが

社団法人　日本新聞協会原稿用紙

20×10

様式 No.25 B5 上45 39-2 8000 尚文堂

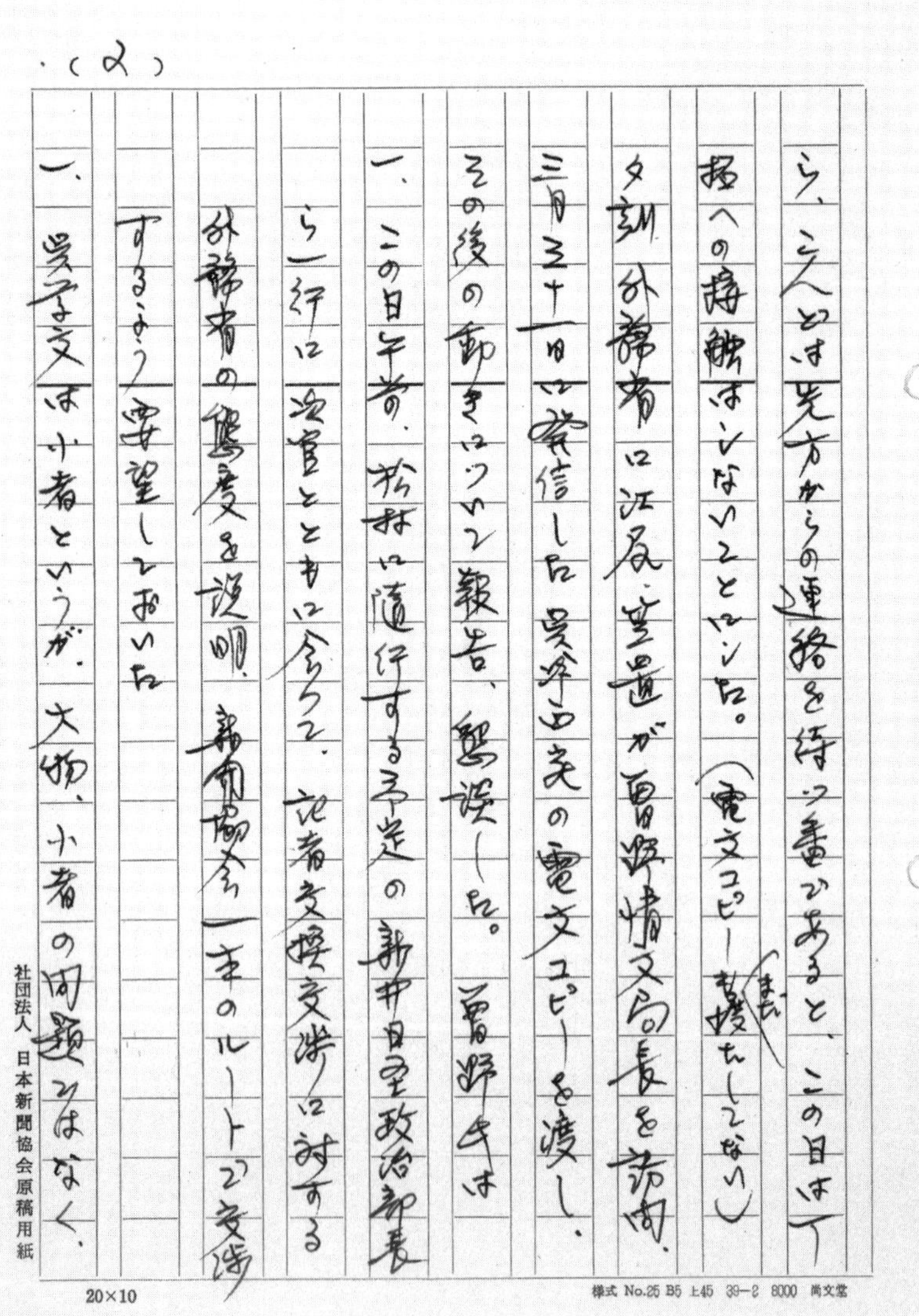

（2）

ら、こんどは先方からの連絡を待つ番であると、この日は丁摺への接触はしないことにした。（また電文コピーも渡していない）

夕刻外務省に江尻、笠置が曽野情文局長を訪問、三月三十一日に発信した吳冷西先生の電文コピーを渡し、その後の動きについて報告、懇談した。曽野氏は

一、この日午前、松村に随行する予定の新井日産政治部長ら一行に治官とともに会って、記者交換交渉に対する外務省の態度を説明、新聞協会一本のルートで交渉するよう要望しておいた

一、吳学文は小者というが、大物、小者の問題ではなく、

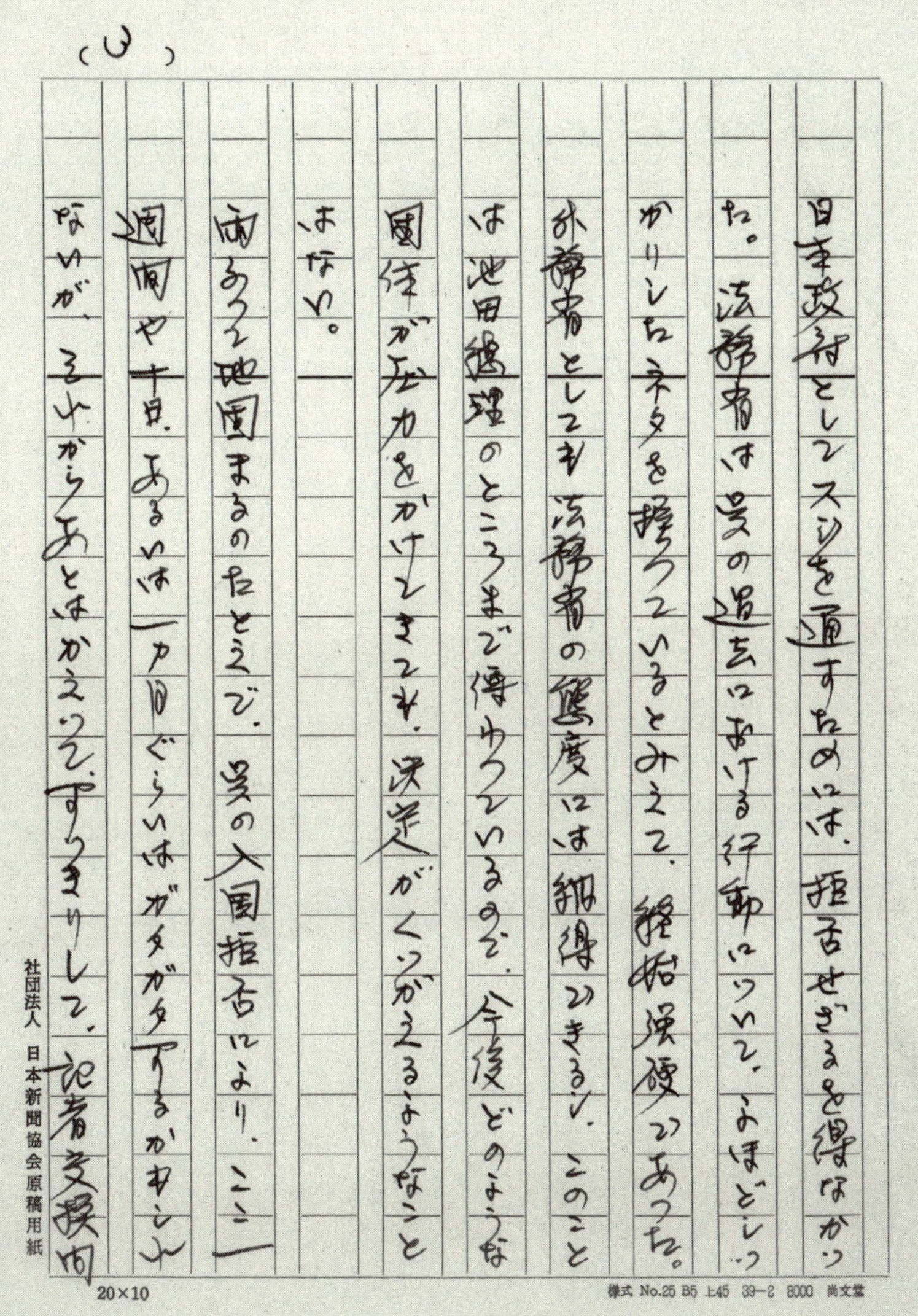

（3）

日本政府としてスジを通すためには、拒否せざるを得なかった。法務省は呉の過去における行動について、よほどしっかりしたネタを握っているとみえて、終始強硬であった。外務省としても法務省の態度には納得できるし、このことは池田総理のところまで伝わっているので、今後どのような団体が圧力をかけてきても、決定がくつがえるようなことはない。

雨ふって地固まるのたとえで、呉の入国拒否により、ここ一週間や十日、あるいは一カ月ぐらいはガタガタするかもしれないが、それからあとはかえってすっきりして、記者交換問

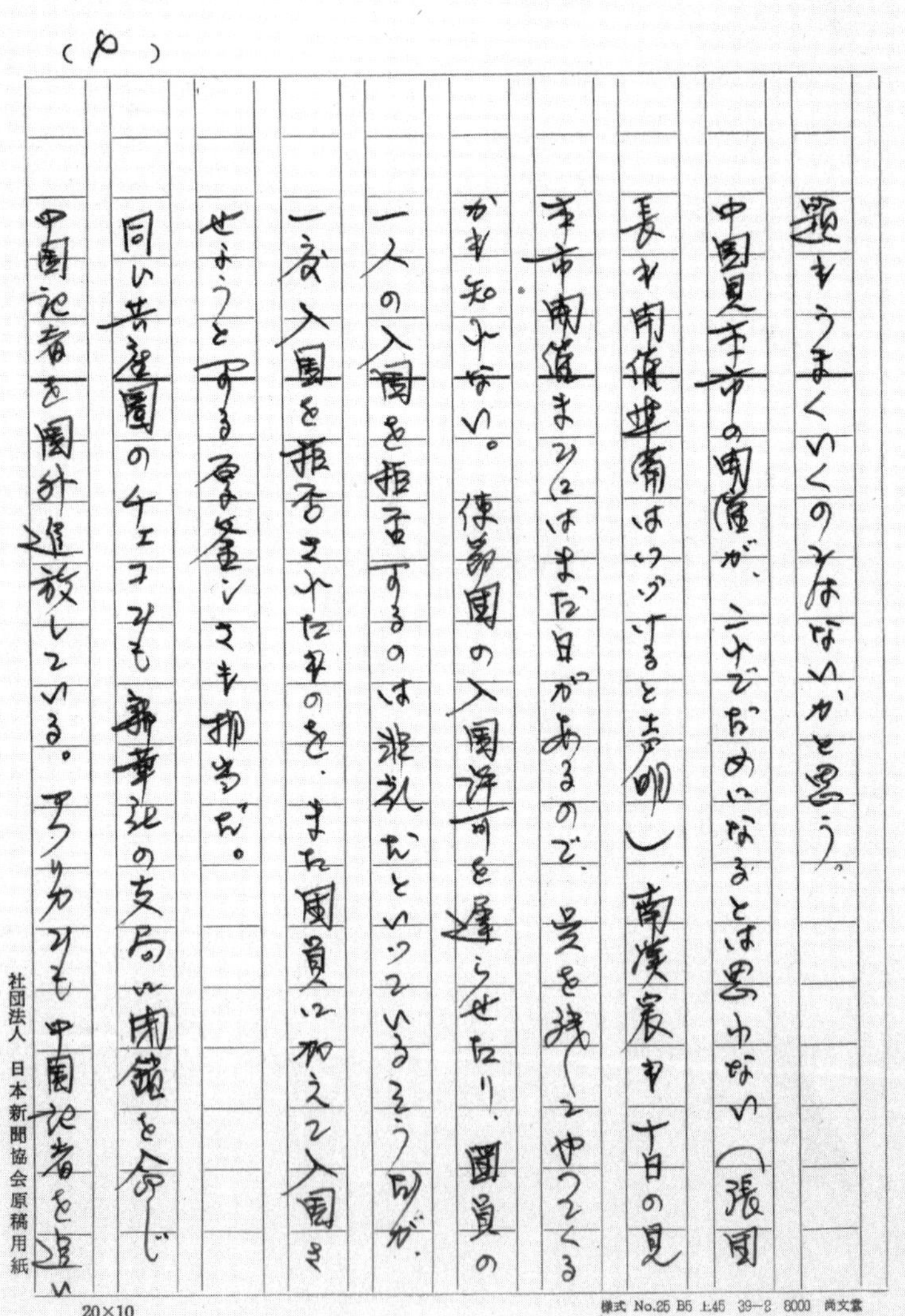

（10）

題もうまくいくのではないかと思う。

中国見本市の開催が、これでだめになるとは思わない（張団長も開催準備は続行すると声明）南漢宸も十日の見本市開催まではまだ日があるので、望みを残してやってくるかも知れない。使節団の入国許可を遅らせたり、団員の一人の入国を拒否するのは非礼だといっているそうだが、一度入国を拒否されたものを、また団員に加えて入国させようとする厚釜しさも相当だ。

同じ共産圏のチェコでも新華社の支局に閉鎖を命じ中国記者を国外追放している。アフリカでも中国記者を追い

社団法人　日本新聞協会原稿用紙
20×10
様式 No.25 B5 上45 39－2 8000 尚文堂

K0106

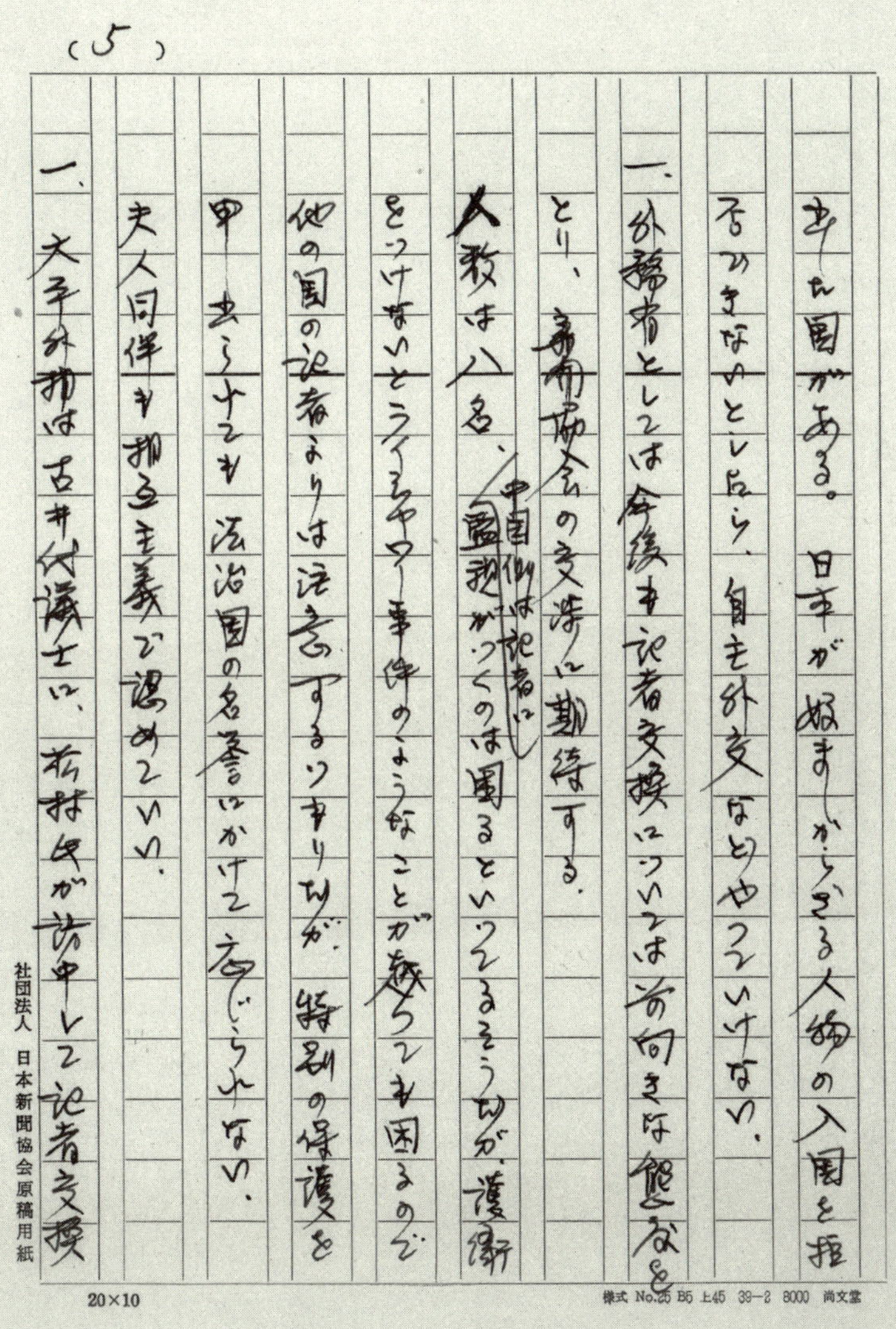

（5）

ませた国がある。日本が好ましからざる人物の入国を拒否できないとしたら、自主外交などやっていけない。

一、外務省としては今後も記者交換については前向きな態度をとり、新聞協会の交渉に期待する。

人数は八名、中国側は記者に監視がつくのは困るといっているそうだが、護衛をつけないとライシャワー事件のようなことが起っても困るので他の国の記者よりは注意するつもりだが、特別の保護を申し出ることも法治国の名誉にかけて応じられない。

夫人同伴も相互主義で認めていい。

一、大平外相は古井代議士に、松村氏が訪中して記者交換

社団法人　日本新聞協会原稿用紙

20×10　　様式 No.25 B5 上45 39−2 8000 尚文堂

（6）

問題を話題にするなら、この線でという外務省案三点を伝えた。（①新聞協会を通じて支持する。②政治活動は許さない ③とりあえず人数は八名ですすめる）松村氏らは訪中できるか？、中国側は報復措置として松村氏らは入国させても、記者団は入れないかもしれない。などと語った。

この日、ジャーナリスト会議機関紙発行、日中国交回復運動の一環として記者交換問題を推進し、四月二十三日のA・A・ジャーナリストデーまでに運動を盛りあげるとのこと。

社団法人　日本新聞協会原稿用紙

20×10　　様式 No.25 B5 上45 39−2 8000 尚文堂

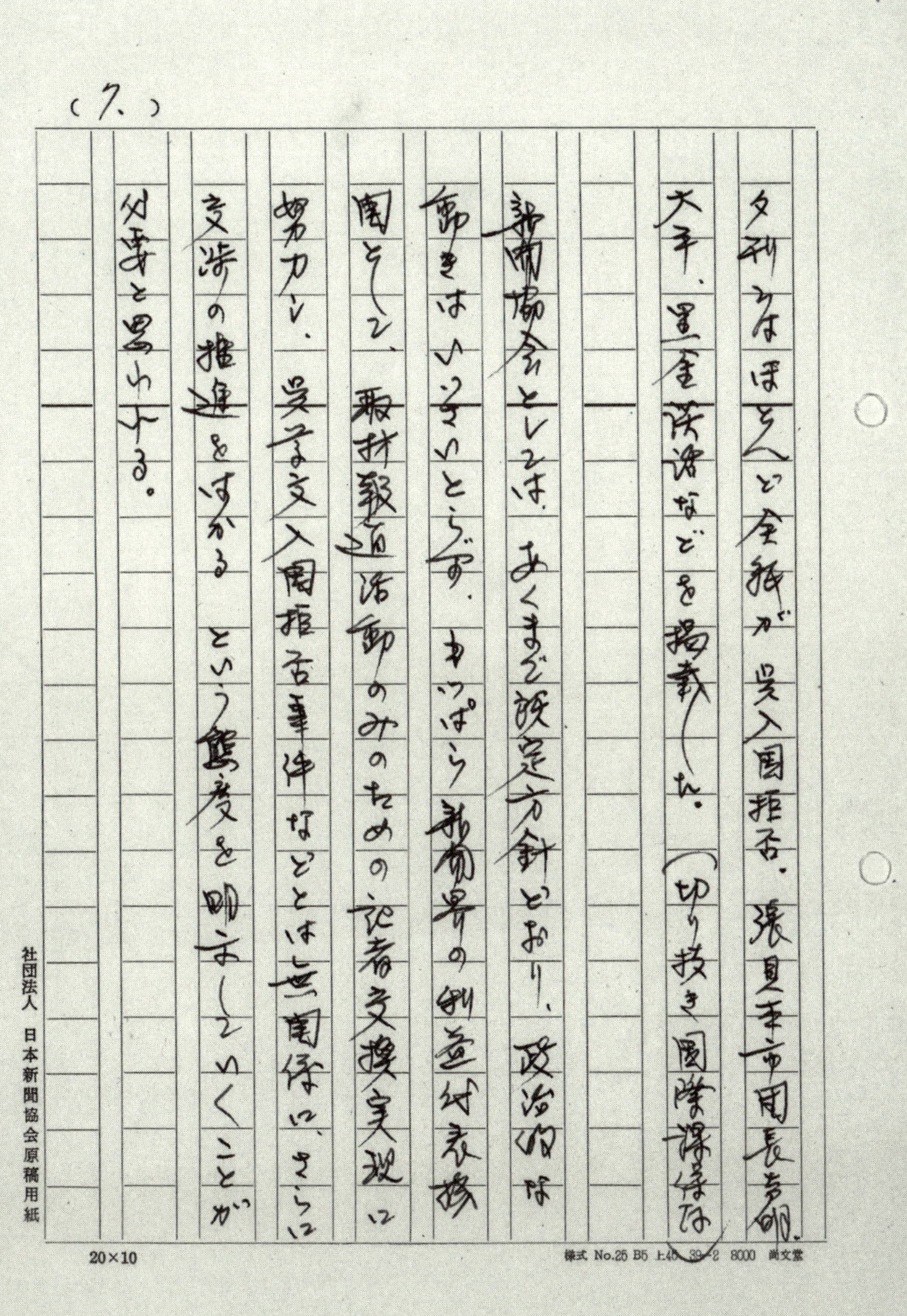

（7.）

夕刊各紙はほとんど全紙が、呉入国拒否、張夏事務局長声明、大平、黒金談話などを掲載した。（切り抜き国際課保存）

新聞協会としては、あくまで既定方針どおり、政治的な動きはいっさいとらず、もっぱら新聞界の利益代表機関として、取材報道活動のみのための記者交換実現に努力し、呉学文入国拒否事件などとは無関係に、さらに交流の推進をはかる　という態度を明示していくことが必要と思われる。

社団法人　日本新聞協会原稿用紙

20×10

様式 No.25 B5 上45. 39. 2 8000 尚文堂

中国経済友好代表団南漢宸団長一行の入国ならびに中国経済貿易展覧会にたいする妨害を排除し、成功を保証する決議（案）

南漢宸中国国際貿易促進委員会主席を団長とする中国経済友好代表団を迎え、四月十日、晴海で開幕を予定されている中国経済貿易展覧会にたいして、わが国民は、日中貿易の発展、日中友好の高まりの絶好の機会として、熱烈に歓迎するとともに大きな期待をもつております。

しかるに、日中貿易の発展と日中友好の高まりを願わない内外の反動勢力は、卑劣な手段によつて事ごとにこれを妨害し、破壊しようとしております。

これは、中国経済貿易代表団南漢宸氏一行の入国妨害によつて最も悪質な段階に達しております。すなわち、代表団員の一人、中国新聞工作者協会国際部副部長である呉学文氏に理由のない難グセをつけて、入国を拒否しているため、三月二十五日　東京着の予定であるにもかかわらず、いまだに北京をたつことができないでおります。これは明らかに、呉学文氏の拒否を口実とする経済友好代表団の来訪を不可能にする陰謀であります。中国国際貿易促進委員会が三月三十日付宿谷栄一氏宛の電報において、日本側関係当局の極めて非友好的かつ極端に無礼な態度にたいする抗議の意を表明したのは当然であります。

日本側関係当局の中国にたいする非友好的な、非礼な態度は、たび重つております。たとえば、日本側関係当局は、中国経済貿易展覧会の北九州開催を未だに承認せず、日中両国の貿易促進団体が相互に締結した展覧会開催の議定書にもとづくとりきめを破壊しようとしております。

さらに、去る三月二十三日、中国経済貿易展覧団団長張化東先生にたいして、羽田税関は荷物の検査を強要し外交旅券携帯者にたいして前例のない措置として翌日まで領置するという非礼の行為をあえて行いました。

このような非友好的、非礼な態度は、昨年わが国が中国でおこなつた北京・上海日本工業展覧会にたいする中国側の全面的な協力と友好的な態度と比べると、雲泥の相違であります。

事態はきわめて深刻かつ切迫しております。四月十日の開幕を前に、南漢宸氏一行の入国が、日本側当局の藤謀によつて、不可能なことにでもなれば、影響ははかりしれないものがあります。

われわれ中国経済貿易展覧会後援会に結集する諸団体は、傘下数百万会員の総力をあげて躍起し、日本側関係当局に抗議し、中国にたいする非礼な妨害をやめさせ、中国経済友好代表団全員にたいする入国ビザを即時、無条件に発行することを要求します。と同時に、あらゆる妨害を排除して、中国経済貿易展覧会の成功のために全力をつくして奮斗することを誓います。

右決議します

一九六四年四月二日

中国経済貿易展覧会援援会緊急拡大会議

K0107

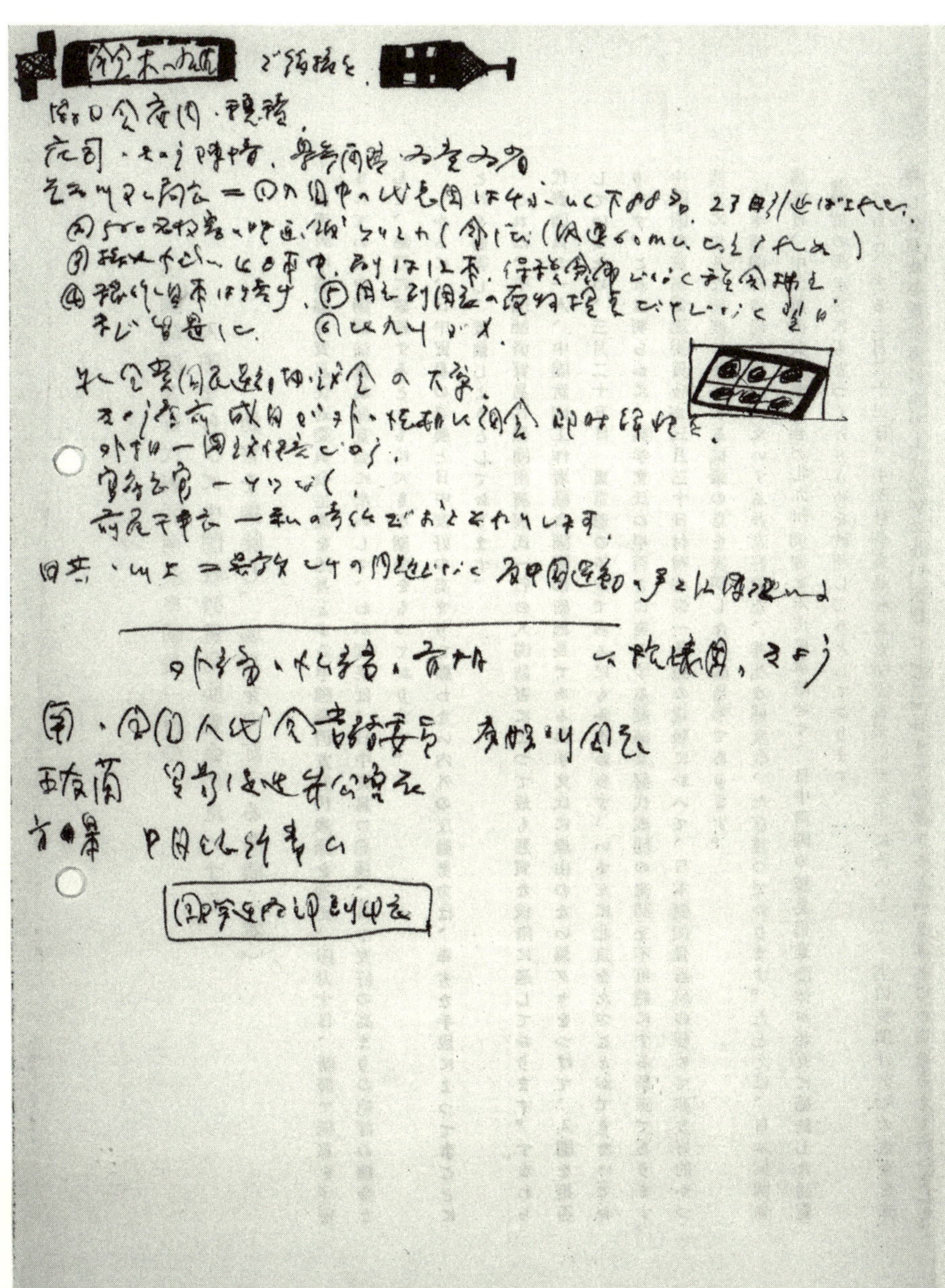

四月三日 午后3時半 お揃き後と

声　明

上田会長あて

政府は、南漢宸中国国際貿易促進委員会主席を団長とする中国経済友好代表団の団員新華社記者呉学文氏の入国を不当にも拒否しました。

これは、両国関係者および広範な国民の支持によつて進められてきた経済友好代表団の来日と中国経済貿易展覧会の開催を妨害するばかりでなく、日に日に高まつている国民の日中国交回復に対する熱望を破壊しようとするものにほかなりません。このような非友好的かつ無礼な措置をとるならば、日中関係はこれまでにない重大な事態に立至ることは明かであります。

またわれわれは言論報道の任務に携るものとして、両国民の間の理解を深め、友好を促進するために、両国記者の自由な往来を望み、常駐する記者の交換の話合いが始められようとしていることに重大な関心をもつものであります。呉学文氏に対する入国の拒否は、われわれ及び国民のこの願いをふみにじるものと考えざるを得ません。

これまで日本から中国を訪問した記者は多数にのぼつていますが、いずれも中国から手厚いもてなしをうけてきました。われわれは呉学文氏を終始一貫、日中友好のために努力しているよき友人であると考えています。

しかるに政府は、昨年夏以来二回にわたり、名指しで呉学文氏の入国を拒否しました。これは日本の言論界のみならず、政、財界はじめ

CCPO

各界の多数の人々が、呉学文氏と親交のあることを逆用し、同氏を誹謗することによって、言論報道の自由に不当な干渉をおこない、日中両国の記者交換を阻み、両国国民の友好の発展をさまたげようとする策謀といわざるを得ません。われわれはこのような策謀に断固反対し、平等互恵の原則にもとづく記者交換の実現のために闘い抜く決意であることを改めて表明します。

われわれは、日中正常化を破壊し、アジアの平和をおびやかし、日本の独立を損う政府のこのような措置に対し強く抗議するとともに、政府が中国経済友好団全員の入国を直ちに、無条件で認めるよう要求します。

日中国交回復をめざす国民の力は、もはや何者によっても阻むことはできません。

1964年4月2日

アジア、アフリカジャーナリスト協会日本協議会
マスコミ関連産業労組共闘会議

日本ジャーナリスト会議
日本新聞労働組合連合
日本出版労働組合協議会
日本放送労働組合
日本民間放送労働組合
映画、演劇労働組合総連合
日活労働組合
全国印刷出版産業労働組合連合会

CCPO

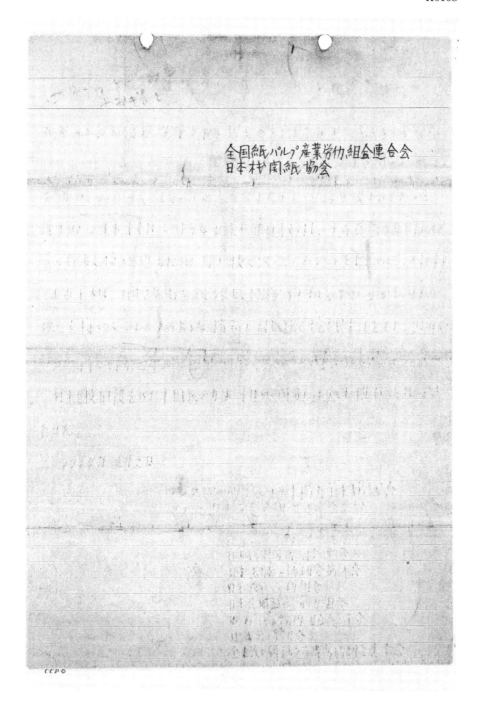

全国紙パルプ産業労仂組合連合会
日本機関紙協会

覚え書き貿易に関する会談メモ

日本側高碕事務所の代表岡崎嘉平太先生と竹山祐太郎先生は、一九六四年四月松村謙三先生に同行して北京を訪問した際、中国側の廖承志先生委托の卢緒章先生並びに廖承志事務所代表劉希文先生と覚え書き貿易に関する事項につき会談を行い、下記の如き意見の一致を見た。

一、双方は覚え書き第三年度の貿易交渉を一九六四年九月初めに東京で行う事に同意した。これが為、双方は高碕事務所と廖承志事務所が密切な連絡を取り、充分な準備を進める事を約束した。

二、日本の中国向化学肥料の輸出につき、双方は一九六五年から一九六七年にわたる三ケ年長期取決めを行う事に同意した。毎年の最低輸出数量は、一九六四年に日本が中国に輸出する化学肥料の数量を下らない事とする。これが為、日本側は積極的準備をすすめる。日本側が年間供給可能数量と取引き条件を決定次第、双方は再び具体的話し合いを行う事を約した。この交渉は九月初めの覚え書き第三年度の貿易交渉以前に行ってもよいし、覚え書き第三年度の貿易交渉と同時に行ってもよい。交渉の場所は双方で連絡協議の上決定する。

三、日本側は中国からの石炭と鉄鉱石の輸入増大の成否が日中貿易の発展に重要な部分を占めるものであるとの観点から出発し、日本側鉄鋼業界は、積極的提案を考慮し、中国側の関係者が必要な資料を準備して出来るだけ早く日本を訪問する事を要請した。同時に日本側の専門技術者を中国の海南島、中興等に派遣し、実地調査を進めたい旨強く希望した。

中国側は日本側の熱意をみとめ、日本側の提案を慎重に研究の上、結論が出次第速かに日本側に回答し、その実現を促進する事を約束した。

四、本会談メモは日本文と中国文によって作成され、両国文は同等の効力をもつものとする。高碕事務所と廖承志事務所はそれぞれ日本文と中国文の本会談メモを一部ずつ保有する。

一九六四年四月十九日　北京にて

連絡事務所の相互設置並びに代表の相互派遣に関する
高碕事務所と廖承志事務所の会談メモ

一九六四年四月十四日より十八日まで、高碕事務所と廖承志事務所は、代表の相互派遣と連絡事務所の相互設置の件について会談をおこなった。会談には、日本側から竹山祐太郎、岡崎嘉平太、古井喜実、大久保任晴の諸先生が参加し、中国側から孫平化、王暁雲の諸先生が参加した。双方はつぎの諸問題についてとりきめをおこなった。

一、高碕事務所が中国駐在のために派遣した代表の事務機構は、高碕事務所北京駐在連絡事務所と称する。廖承志事務所が日本駐在のために派遣した代表の事務機構は、廖承志事務所東京駐在連絡事務所と称する。

二、双方が連絡事務所に派遣する人員は暫定的に代表三名、随員二名計五名とし、仕事の必要によっては、双方の話し合いと同意をへて増員することができる。

三、双方の人選について、日本側は高碕事務所が責任をもって決定し、中国側は廖承志事務所が責任をもって決定する。

四、双方の代表の一回の滞在期間は、一年以内と定める。

五、双方は相手側人員の安全を責任をもって保護する。

六、双方の代表と随員は六月上旬までに相手国に到着することを定める。双方はまた責任をもって相手側人員の入国手続をとる。

七、本会談メモは日本文と中国文によって作成され、両国文は同等の効力をもつものとする。高碕事務所と廖承志事務所はそれぞれ日本文と中国文の本会談メモを一部ずつ保有する。

一九六四年四月十九日　北京にて

日中双方の新聞記者交換に関する高碕事務所と廖承志事務所の会談メモ

一九六四年四月十四日より十八日まで、高碕事務所と廖承志事務所は、日中双方の新聞記者交換問題について会談をおこなった。会談には、日本側から竹山祐太郎、岡崎嘉平太、古井喜実と大久保任晴の諸先生が参加し、中国側から孫平化、王暁雲の諸先生が参加した。双方はつぎのとりきめをおこなった。

一、松村謙三先生と廖承志先生の会談の結果にもとづき、日中双方は新聞記者を交換することを決定した。

二、新聞記者交換に関する具体的な事務（注一）は、高碕事務所と廖承志事務所を窓口として連絡し処理する。

三、交換する新聞記者の人数はそれぞれ八名以内として　新聞社（または通信社、放送局、テレビ局）につき一名の記者を派遣することを原則とする。（注二）

四、第一回の新聞記者の派遣は一九六四年六月中に実現することをメドとする。

五、双方は同時に新聞記者を交換する。

六、双方の新聞記者の相手国における一回の滞在期間は一年以内とする。

七、双方は相手側新聞記者の安全を保護するものとする。

八、双方は相手側新聞記者の取材活動に便宜をあたえるものとする。

九、双方の記者は、駐在国の外国新聞記者に対する諸規定を遵守するとともに、駐在国が外国新聞記者にあたえるのと同じ待遇を受けるものとする。

十、双方は相手側新聞記者の通信の自由を保障する。

十一、双方が本とりきめを実行するなかで問題にであった場合、高碕事務所と廖承志事務所が話し合いによって解決する。

十二、本会談メモは日本文と中国文によって作成され、両国文は同等の効力をもつものとする。高碕事務所と廖承志事務所はそれぞれ日本文と中国文の本会談メモを一部ずつ保有する。

（注一）入国手続をふくむ。

（注二）必要な場合、双方は各自の情況にもとずき八名のわくのなかで適当な調整をくわえることができる。

一九六四年四月十九日　北京にて

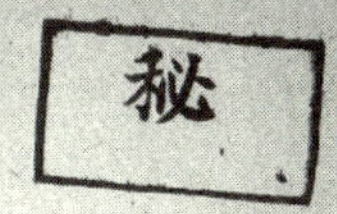

ア中速報 39〜21

中共における外国人出入国条例の公布について

39. 4. 24
中国課

1. 4月19日北京放送によれば、中共政府は4月13日、「外国人出入国、通過、居留、旅行管理条例」(以下「条例」と略称)を公布、即日施行し、同時に、従来の関係法規たる「外国人居留民出入国、居留暫定規則」(以下「規則」と略称)(51.11.28公布)および同規則に基ずく居留、旅行および出国の細則を規定したる弁法(以下「弁法」と略称)(54.8.10公布)を廃止した。

(1) 今回公布された「条例」については、その具体的細目規定を外交部、公安部が別に制定することになっている趣のところ内容未発表のため現在これを詳細に検討しえないが、とりあえず従来の「規則」、「弁法」と比較すると、「条例」には主管機関の明確化、居留、旅行禁止区、査証免除協定該当外国人、通過査証、処罰等従来なかつた新しい規定が見られる。しかしかかる条項についても、その大部分は、従来から事実上中共において実施

(1)

されている旨伝えられていたところであり、今回この事実上の取扱を「条例」上に成文化したものであつて、特別に取扱いを変更したものとは考えられない。

(2) 他面この時期に本条例を公布した意味は、中共の現下の外交政策の反映として、アジア、アフリカのみならず西欧諸国その他よりの中共訪問外国人が増加する趨勢にあり、一方パキスタン航空機の乗入れ実現が近い(5月2日といわれる)という情勢にも鑑み、かつまた数年来の国内経済困難を脱却した中共が、国内旅行のある程度の緩和、例えば最近訪中した日本人に対する東北、西北の一部地区への旅行許可、中共駐在外交団の武漢、成都広州等への集団旅行許可等の措置に応じ、従前の「規則」公布後13年間の情況の変化を加味して、国内法令を明確化する必要があつたものと考えられる。

(3) しかるに、中共の国内体制上無理からぬこととはいえこの「条例」を、わが国の出入国管理令に比べれば、極めて厳重な規制であり、ソ連の実際上の取扱いに類似しつつも部分的にはソ連より厳格な点も見られる。

問題となる点は、中共の「条例」が、外国人の国籍に

(2)

よって異なる取扱いをするかどうかという点であり、この点は例えば松村、廖記者交換メモ（44.19）において、「駐在国が外国新聞記者に与えると同じ待遇を与える」とする取極めにも拘わらず、実際上これが実行されるかどうか疑問なしとせず、今後注目の要があろう。

2. 今回の「条例」は、(1)総則、(2)出入国、通過、(3)居留、(4)旅行、(5)処罰、(6)付則の6章に分れ、全文19条の簡単なもので、別に制定される細目規定未発表のため、具体的に如何なる手続措置がとられるか不明な点が少なくないが、その特徴と認められるところは次のとおりである。

(1) 総則について

(イ) 申請受理の主管庁の規定が設けられ、(A)国外では中共の外交代表機関、領事機関、(B)国内では公安局、(C)中共駐在の外交官、領事官、公務員は外交部、関係地区の外事処、(D)外交、公用旅券所持者は外交部、外事処または公安局がそれぞれ申請を受理することとなった（4条）。

従来は、中共駐在の外交官、領事官、公務員は「規

(3)

則」の適用外であつたが、今回は「条例」の適用をうけることとなつたと見られる。（但し具体的には外交部が別に制定する細目規定によることになるであろう）。

国交未回復国外国人の入国申請受理機関については特別の規定が見当らないが、(ロ)により中共国内においていわば代理申請という従来の方法がとられるものと考えられる。例えば日本人は、中共へ渡航する場合、中共側招請機関に氏名、生年月日、旅券番号を通報し、入境地で公安局から入境証の発給をうけるのが通例であつた。

(ロ) 申請受理機関は、査証、証明書の発給を拒否し、既発給査証、証明書を取消し、無効にする権限がある（5条）旨新たに明示された。

従来においても、正当な出境証なく、債務未済、納税未了等の場合は出国を阻止する旨の規定があったので、今後も同様の規定は別に制定される具体的細目規定に示されるものと思われる。従来から問題となつていることは、例えば出国手続きに長期間を要したことであり、中共に長期居住する日本人が一時里帰りまた

(4)

は引揚げを希望する場合、出境および再入境許可証を入手するまでに半年ないし3年位を要するのが通例であつた。また華僑の妻として戦後渡航した日本婦人が出境申請で拒否された事例は特に1960年以前に多い。

(ハ) 国防要地、禁止区には外国人の居留、旅行を禁止する（6条）規定が新たに設けられたが、これが従来の事実上の取扱いを変更するものとは見られない。

昨年、日本工業展覧会取材のため訪中した日本人記者団は、西北地域および長春の視察を希望したが、国防上の理由で許可されなかつた例がある。

ソ連の場合は旅行禁止区域は予め外国人に通報されているので、中共も少なくとも部分的には禁止区を明示することが考えられるが、外国人に対する居留、旅行開放地区は当分の間は極めて局限されたものになると考えられる。

(2.) 出入国、通過について

(イ) 外国人が入国、出国、通過の場合には、査証に明記された指定出入国港、交通機関、路線による。途中では許可なく停留してはならない（8条）とする規定は

(5)

従来入国の場合に規定がなかつた以外は、「弁法」の規定と同様である。入国の外国人は査証に明記された目的地に行くことのみ許される（8条）との文言が新たに設けられた。

この第8条は、実際上ソ連の取扱いと類似している規定であるが、わが国の入管令には見られない厳格な規定である。

通過査証の規定は、「規則」にはなかつた新しい規定である。しかしこれも例えば香港、ビルマ、パキスタンから中共を経由して北鮮北越、モンゴル、ソ連等へ行く場合これらの逆の場合等のルートがあるので、事実上従来から実施されてきたことを成文として掲げたものと考えられる。1959、60年に香港、中共を経由してモンゴルを訪問した日本人が、中共通過査証を申請した際、許可までに約3週間を要したケースがある。

(ロ) 査証免除協定該当国人は、対外的に開放した港を通り、（出入国港が指定されない）入国後は国境検問所で目的地を説明すべきである。途中では許可なく停留

(2)

してはならない（9条）との規定が新たに設けられた。

ソ連においても、査証免除協定を締結している国の存在は明らかでないので、現在ソ連よりも出入国規制の厳格な中共が、多くの国と査免協定を結んでいると は考えられず、また開放の港、地点はすべてが明示されていないが、この規定は将来起りうる事態をも見込んだものと見られる。

(3) 居留について

(イ) 居留外国人は規定の期間内に居留登録申請をしなければならない（10条）点は、従来と同様であるが、目的地到着後何時までに登録手続を必要とするかが問題であるといえよう。従来の「弁法」では、目的地に到着後3日以内に申請しなければならないと規定されており、この規定が今後も変更されないとすれば、わが国の外国人登録法が上陸の日から60日以内に登録申請という規定をしているのに比べはるかに厳しい規定となろう。しかし反面、中共側には長期居留者に対しても指紋押なつの規定はない。

(7)

(ロ) 居留場所変更の場合、転居証明書の交付を申請(13条)するとの規定は従来と同様である。

(ハ) 国内旅行について

外国人は、市、県が画定した旅行区域以外に旅行する場合、旅行証明書の下付を申請し(14条)、旅行証明書に明記された場所、交通機関、路線を通り、途中許可なく停留してはならない(15条)との規定は従来同様である。従来、いわゆる「日僑」として居留していた日本人は、居留地を24時間離れて旅行する場合、当該地区公安局の許可を必要とした(引揚者談)。

ソ連の場合においては、モスクワ居留外国人は40キロ以外(以内にも禁区がある)への旅行は許可申請を要し、不許可の場合には通告があるので、実際上の取扱いにおいて中共の規定と大差ないと見られるが、旅行証明書を発給しない点は中共と異なる措置である。

(5) 処罰について

「条例」違反の一般外国人に対しては、警告、罰金、

(8)

拘留、追放等の処罰を加えるか、または法によって刑事責任を追及する（17条）との規定が新たに設けられた。従来の「弁法」において、旅行、出境規定違反者は処罰する旨規定されていたので、実際上新しい規定とは見られず、罪刑が運用如何によると解せられることは一つの問題点であろう。

(9)

国务院命令

公布施行外国人入境出境过境居留旅行管理条例

新华社十九日讯 中华人民共和国国务院命令，全文如下：

中华人民共和国国务院命令

外国人入境出境过境居留旅行管理条例，已經一九六四年二月十二日国务院全体会議第一百四十一次会議通过，并經同年三月十三日第二屆全国人民代表大会常务委員会第一百一十四次会議批准，現在公布施行。

国务院总理 周恩来

一九六四年四月十三日

外国人入境出境过境居留旅行管理条例

新华社十九日訊 外国人入境出境过境居留旅行管理条例

一九六四年三月十三日第二屆全国人民代表大会常务委員会第一一四次会議批准

第一章 总 则

第一条 外国人入、出、通过中华人民共和国国境和在中国居留、旅行，都依照本条例的規定办理。

本条例的規定也适用于无国籍人。

第二条 外国人在中国，应当遵守中国的法令。

第三条 外国人入境、出境、过境、居留、旅行，应当經中国政府主管机关的許可。

第四条 中国政府在国外受理外国人入境、出境、过境申請的机关是中国的外交代表机关、領事机关。

中国政府在国内受理外国人入境、出境、过境、居留、旅行申請的机关是有关地区的公安局。外国駐华外交代表机关和領事机关的外交官、領事官、公务人員的申請，由外交部、有关地区的外事处受理；其他持有外交、公务护照的外国人的申請，由外交部、有关地区的外事处或者公安局受理。

第五条 受理外国人入境、出境、过境、居留、旅行申請的机关，有权拒发签証、証件；对已經发出的签証、証件有权吊銷或者宣布作廢。

第六条 中国的国防軍事要地和禁区，禁止外国人居留和旅行。

第二章 入境、出境、过境

第七条 外国人入境、出境、过境，应当申請办理签証。

第八条 外国人入境、出境、过境，应当在签証內注明的有效期限內，按照指定的入境出境口岸、交通工具和路綫通行。入境的外国人只許前往签証內注明的目的地。入境、出境、过境中途，非經許可，不得停留。

第九条 在中国政府同外国政府签訂的互免签証协議范圍內的外国人，应当从中国政府对外开放的口岸通行。入境后应当向国境檢查站說明目的地，并且按照国境檢查站指定的路綫、交通工具前往。入境、出境、过境中途，非經許可，不得停留。

第三章 居 留

第十条 外国人在中国居留，应当在規定的时間內，申請办理居留登記。

第十一条 外国人在中国居留，应当遵守戶口管理制度，依照規定申报戶口。

留宿外国人的机关、学校、企业、团体、旅店和居民，应当依照戶口管理制度的規定申报戶口。

第十二条 居留在中国的外国人，应当在公安机关指定的时間內，到指定的公安机关繳驗証件。

第十三条 外国人在中国境內变更居留地点，应当申請办理迁移証件。

第四章 旅 行

第十四条 外国人前往所在市、县人民委員会划定的旅行区域以外的地区旅行，应当在規定的时間內，申請办理旅行証件。

第十五条 外国人旅行，应当在旅行証件內注明的有效期限內，按照批准的旅行地点、交通工具和路綫旅行，不得自行变更，旅行中途，非經許可，不得停留。

第十六条 公安机关在必要的通行地点設立外国人檢查站，或者派出民警，檢查外国人遵守本条例規定的情况。外国人应当接受檢查。

第五章 处 罰

第十七条 对违反本条例規定的外国人，当地公安机关应当根据情节輕重，分别給予警告、罰款、拘留、限令出境、驅逐出境等处罰，或者依法追究刑事責任。

享有外交豁免的外国人违反本条例規定的事件，通过外交途径处理。

第六章 附 则

第十八条 外国人入境、出境、过境、居留、旅行的具体管理办法，由公安部、外交部制定。

第十九条 本条例自公布之日起施行。一九五一年十一月二十八日中央人民政府政务院公布的“外国侨民出入及居留暫行規則”和中央人民政府政务院批准、一九五四年八月十日公安部公布的“外国侨民居留登記及居留証签发暫行办法”、“外国侨民旅行暫行办法”、“外国侨民出境暫行办法”同时廢止。

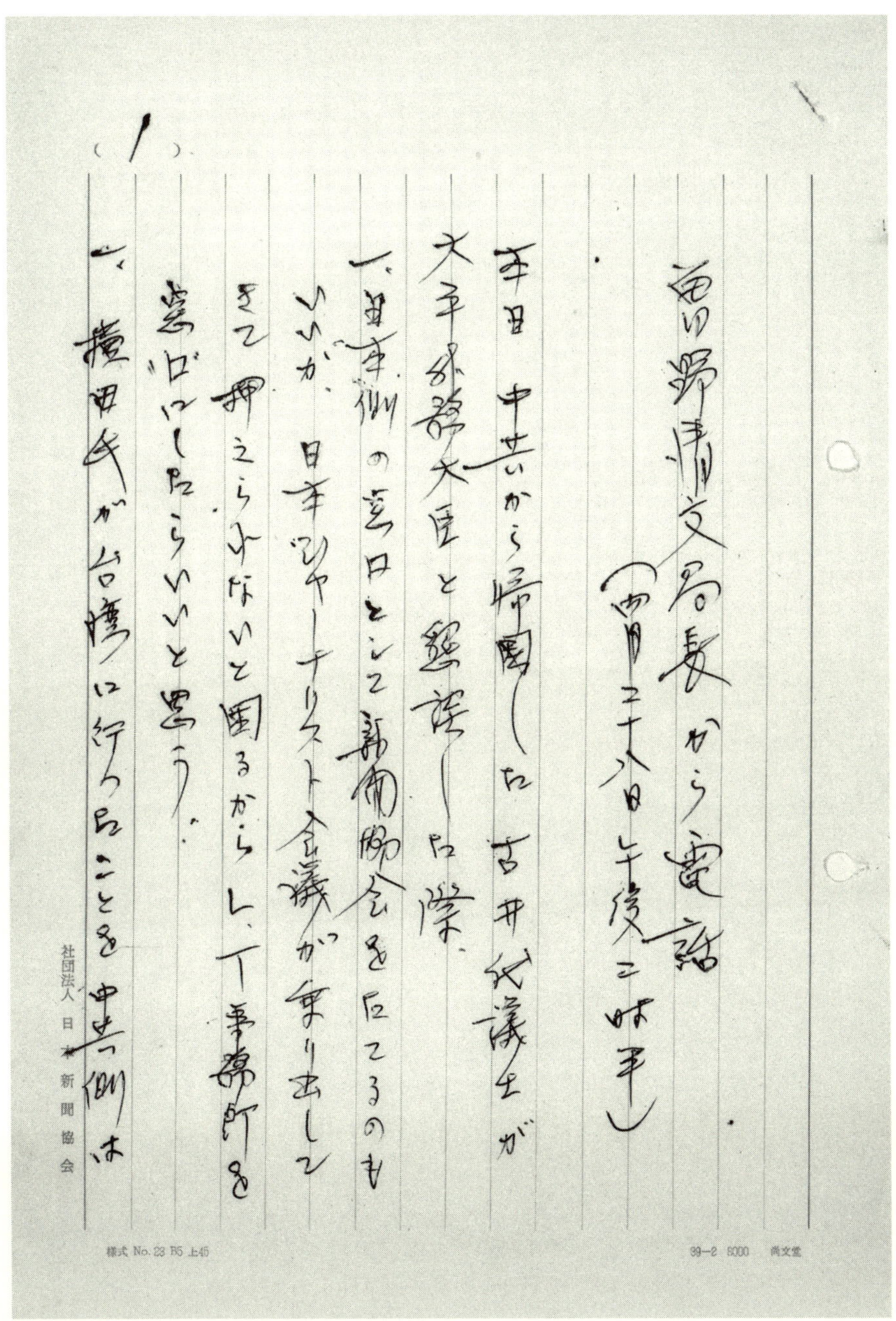

（1）

西山野情文局長から電話（四月二十八日午後二時半）

・本日中共から帰国した古井代議士が大平外務大臣と懇談した際、

「日本側の窓口として新聞協会をたてるのもいいが、日本ジャーナリスト会議が乗り出してきて押えられないと困るから、事務所を窓口にしたらいいと思う。」

・横田氏が台湾に行ったことを中共側は

社団法人　日本新聞協会

様式 No.23 B5 上45　　39-2 8000 尚文堂

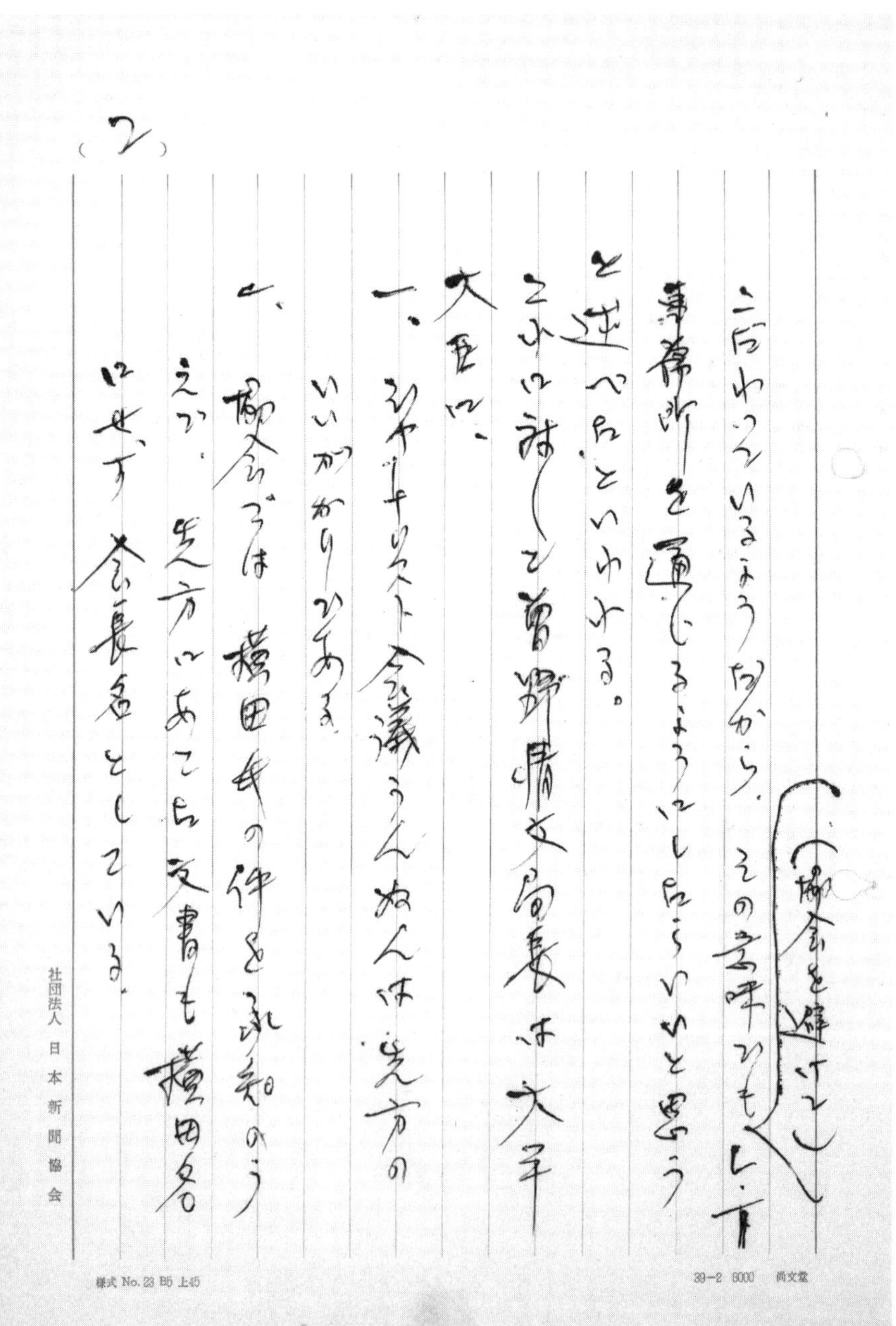
（2）

こじれているようだから、その意味でも（協会を避けて）L・T事務所を通じるようにしたらいいと思うと述べたといわれる。

これに対して曽野情文局長は大平大臣に、

一、ジャーナリスト会議うんぬんは先方のいいがかりである。

二、協会では横田氏の件を承知のうえで、先方にあてた文書も横田名にせず、会長名としている。

社団法人　日本新聞協会

様式 No.23 B5 上45　　39—2 8000　尚文堂

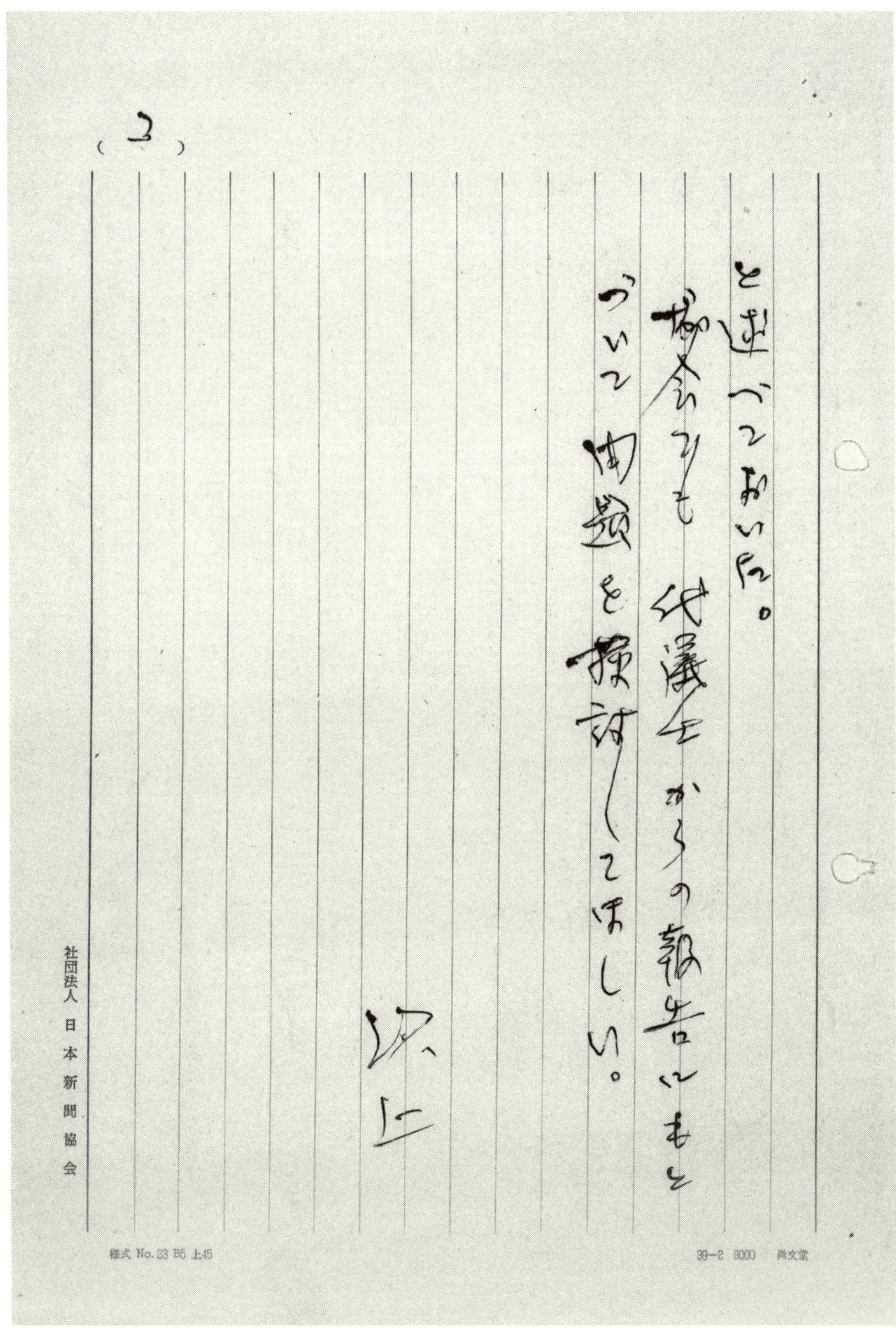
(2)

と述べておいた。
都合よりも代議士からの報告にもとづいて問題を検討してほしい。

渋江

社団法人　日本新聞協会

様式 No. 23 B5 上45　　39−2 8000 尚文堂

昭39

古井喜実氏との懇談（四月二十八日午後四時　役員室）

出席者：岩佐、狩野、岩立

横田、江尻、前田、伊藤、笠置

古井氏説明要旨

松村謙三氏一行の訪中にさいし、総理、外相に会い、

松村氏から、今回の訪中で、貿易問題をはじめ懸

案の問題にケリをつけてくるから了承してほしい、旨

意向を伝えて出かけた。

（1）

（2）

日中記者交換の実現という問題については、松村氏も
かねてから新聞協会と中国新聞工作者協会との
間で成立させたいと念願していたし、事実、現地
でもその線で尽力した。
しかし、実際の話しに移ろうとしても、この問題を
持ち出すと、中国側は一向にのってこない。半日
つぶして、この線での話し合いを強く主張したが、
どうしてものってこなかった。

社団法人 日本新聞協会

様式 No.23 B5 上45　　38-10 6000 尚文堂

（3）

どうしてのってこないのか、いろいろ聞いてみた結果、はっきりとはいわないが、こんなところではないか、と推量した。

その一は、中国側として従来のつきあいからいうと、新聞協会以上にジャーナリスト会議の方がつきあいが深い。また、新聞協会加盟社の中にも単独取り引きを望む社もあり、どれを相手にするかむつかしい。

もし、あるルートを決めてしまうと、かえってやり

（4）

にくいという面もある。

その二は、記者交換自体、もともと政府間協定で決めるのが筋と考えている。実際上の問題としても、記者の出入国、待遇など、政府と多少コネクションがあり、文句の一つもいえるようなものが仲介に入ってくれないともの足りない。

その三は、（はっきり指摘したというほどのものでないが）、新聞協会のなかに台湾の方に傾いている要素があるではないかという感じがあったらしい。

右の三点のうち、最後の点については、日本側から、協会の性格からいって、右とか左とかいうところではないことを強調し説明しておりたい——。

そこで、なんとか話し合いに入りたい、中味のある話し合いを行ないたい、ということで、中味の議論をすすめることになった。

（5）

その前に、双方で確認したのは、お互いに内政干渉的な

（6）

話しは止めよう、ということで、この原則を前にして中味の議論に移ったわけである。話し合いの経過はつぎのようなものである。

1. 交換記者数

松村氏は、最低八人を主張した。もちろん、多い方がいいが、こちらが十人といえば、相手も十人というだろうし、そうなると日本側では治安当局に難色がでてこよう。こんなことで八人の線を

（7）

確認した。そこで一社一人ということになってくるので、その原則で行くことになった。ただ、その原則に幅をつけようという話しになり、多少の調整は残しておくことになった。

2. 滞在期間

日本の現行入国管理令には問題が多いということは、ある面ではもっともな点があるが、これを問題にすれば話しはダメになる。そこで

社団法人 日本新聞協会

様式 No.23 B5 上15　　38-10 600　尚文堂

(8)

現行管理令下における問題として処理する、管理令の問題は今後別に研究しようということで、滞在は一年(略)とした。

3. 取材の便宜

双方とも、他の外国記者同様の便宜を与えること、検閲はしない、ということを確認し合った。身柄の保護もできるだけのことをし、互いに保証する、ということにした。

社団法人 日本新聞協会

様式 No.23 B5 上45　38-10 8000 尚文堂

以上のことを確認したわけだが、中国側が松村氏に、仲介に入れ、ということもあり、便宜的に窓口を、日本側は「高碕事務所」、中国側は「廖承志事務所」にした。このさい、松村氏は、実際の運用は新聞協会が中心となって行なう、ことを中国側に述べた。これは、国内問題であり、相手が文句のいえないことである。

（9）

もちろん、「高碕事務所」は貿易の仕事をするところ

(10)

である。そこで、貿易とは切りはなして、事務所とは関係なくして、必要なことは竹山祐太郎氏に担当してもらうことになり、中国側にも伝えておいた。これは、中国側が、高碕事務所を、高碕・松村を中心とした何人かの集まりとボンヤリ考えている程度の認識しかもっていないし、貿易の機構とははっきり異なる記者交換問題は竹山祐太郎氏に受けもってもらうことになったものである。

つまり、この前の遺骨収集のときも問題になったように、中国側は日本赤十字をさしおいて友好団体との交渉を主張し、結局、松村氏が相手になったケースもあり、松村氏を信じている結果とも思えない。

松村氏も新聞協会のルートを主張したが、右のような事情から、一応この問題について右のような取り決めを行ない、協会の了承をえて、運用を一任したいと考えたわけである。

（11）

社団法人 日本新聞協会

様式 No.23 B5 上15

（12）

なお、協会が出した手紙に工作者協会が返事を出さない事実について、松村氏も中国側に、返事を出す必要を説いていたが、松村氏が帰国するまでにはなんらかの返事があるのではないか。あるいは松村氏が返事の内容をもってくるかもしれない。

質疑の要点

（竹山祐太郎氏の役割）

様式 No.23 B5 上45　　38-10 6000 尚文堂

（13）

機械的な役割にすぎない。「トンネル」と思う。つまり、竹山氏は郵便局で、中味は協会が吟味してつくることである。

（交換記者数の幅）

記者数の八人（は動かないし）、一社一人の原則で行くわけだが、さきに述べた、その原則に幅をつけるという意味は、（中国側には）一社から二人ということも（日本では観念論にすぎないと思うが）ありえないことではないからで

(14)

ある。なお、八人ということになった根拠は、この
種の線なら、というようなことで、いつのまにかな
ってしまった。

(記者の身柄保障)

松村氏としては、日本における中国記者の保障は
竹山氏が中心になって高碕事務所が行なう
ということではなく、入国手続き上の問題を含
めて、新聞協会がやってもらいたいと考えて

社団法人 日本新聞協会

様式 No.23 B5 上45　　38-10 8000 尚文堂

いる。とにかく、この問題を実施する上で、円滑にいくことが最終の目的なので、事務所としてもお手伝いはしましょうということである。

(取材の便宜)

日本と中国ではおのずから取材範囲も互恵というわけにはいかない。制度も法令も違うからだ。もしこの点について深くいっても、国交のない国では、仕方がない。民間ベースではこれ以

（16）

精いっぱいだろう。自由諸国とのケースを考えられると、困る。

（注記）

五月八日に松村氏とも懇談会を行なうことにした。

以上

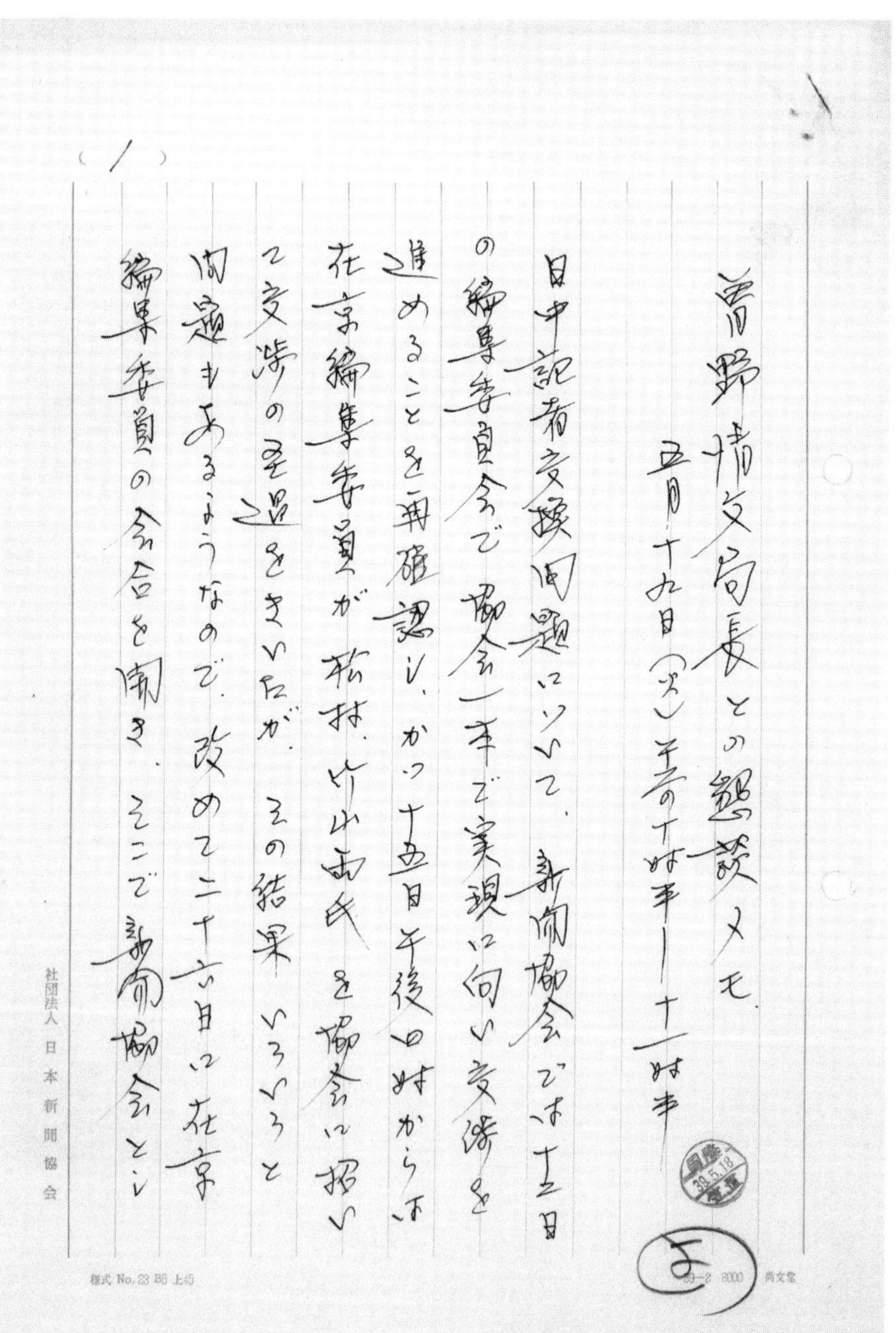

（1）

曽野情文局長との懇談メモ

五月十九日（水）午后十時半－十一時半

日中記者交換問題について、新聞協会では十三日
の編集委員会で協会一本で実現に向い交渉を
進めることを再確認し、かつ十五日午後四時から下、
在京編集委員が松村、片山両氏を協会に招い
て交渉の経過をきいたが、その結果いろいろと
問題もあるようなので、改めて二十六日に在京
編集委員の会合を開き、そこで新聞協会として

社団法人　日本新聞協会

様式 No.23 B5 上45　　39-2 8000 尚文堂

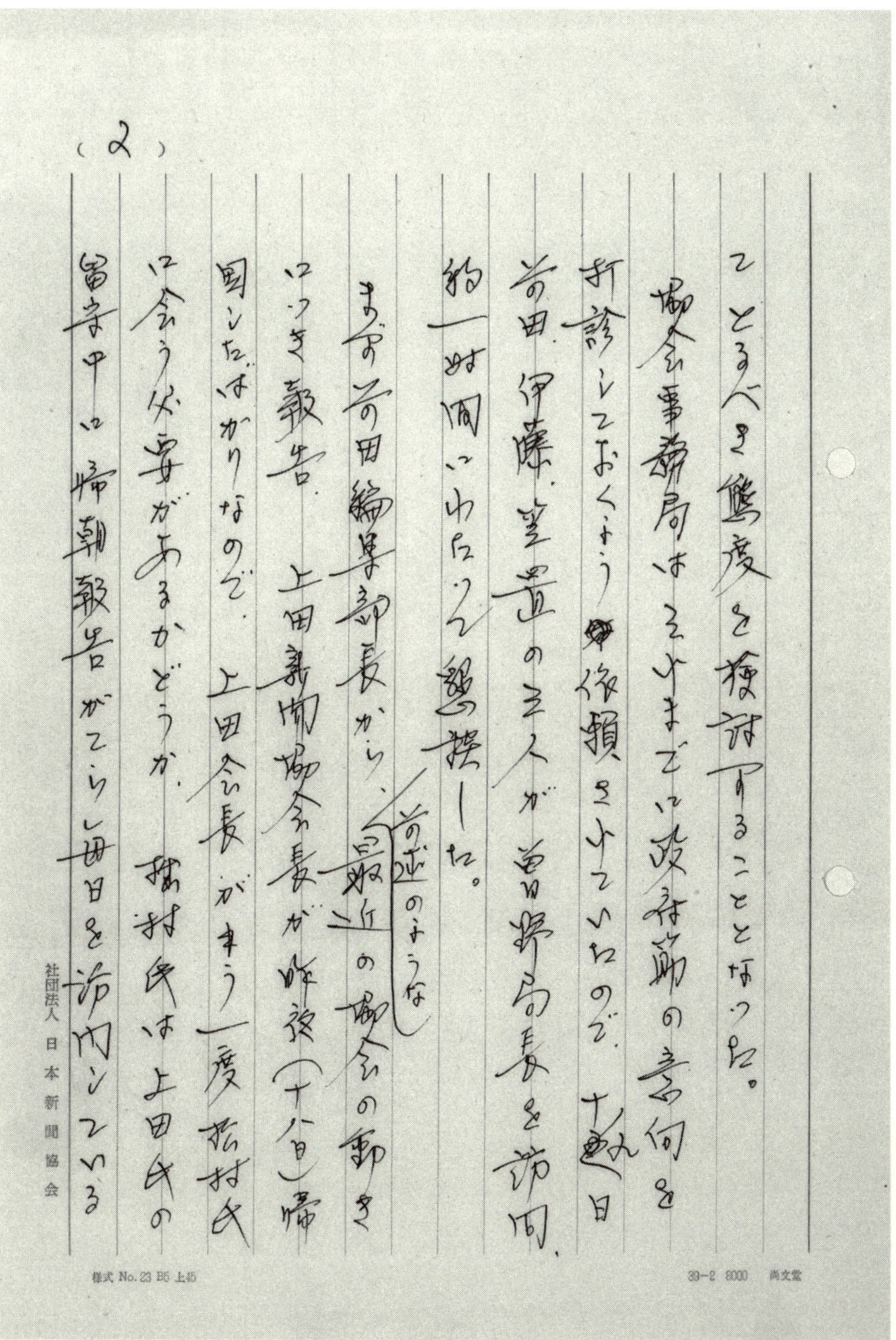

（2）

ことすべき態度を検討することとなった。
協会事務局はそれまでに政府筋の意向を
打診しておくよう依頼されていたので、十九日
前田、伊藤、笠置の三人が首相秘書官を訪問、
約一時間にわたって懇談した。
まず前田編集部長から、前述のような協会の動き
について報告、上田新聞協会長が昨夜（十八日）帰
国したばかりなので、上田会長がもう一度松村氏
に会う必要があるかどうか、松村氏は上田氏の
留守中に帰朝報告がてら毎日を訪問している

社団法人　日本新聞協会

様式 No.23 B5 上45　　39-2 8000 尚文堂

（3）

ので、協会としてはそれで了解したということになる
かどうか、いまのところまだわからないが、とにかく
新聞協会から新聞工作者協会あての文書に対
する書簡の返事は、一応廖氏から松村氏
への口答の言傳てになって当方に傳えられた形
になっている。これに対し新聞協会としては、再び
呉冷西氏宛の書簡を送り、こちらの意向は
わかったから、今後は廖承志事務所を相手に
記者交換の話を進めると通告するかどうか、
そういう点についても二十六日の在京編集委

社団法人日本新聞協会

様式 No.23 B5 上45　　39−2 8000　尚文堂

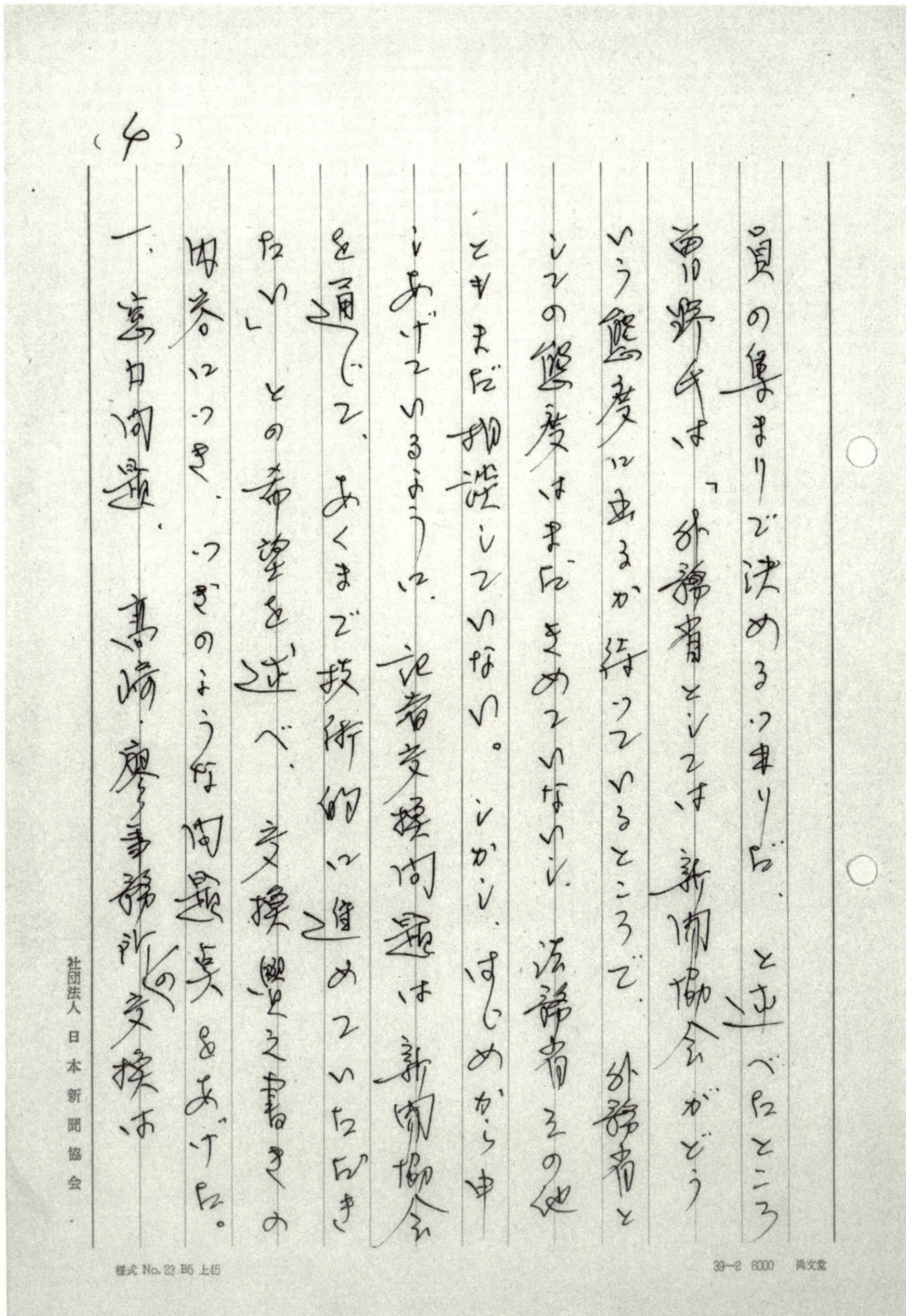

（4）

員の集まりで決めるつもりだ、と述べたところ東郷氏は「外務省としては新聞協会がどういう態度に出るか待っているところで、外務省としての態度はまだきめていない。法務省その他ともまだ相談していない。しかし、はじめから申しあげているように、記者交換問題は新聞協会を通じて、あくまで技術的に進めていただきたい」との希望を述べ、交換覚え書きの内容につき、つぎのような問題点をあげた。

一、交換問題。高崎・廖両事務所の交換は

社団法人 日本新聞協会

様式 No.23 B5 上45　　39−2 8000 尚文堂

（5）

貿易拡大上必要だという点で通産省も強硬しているし、外務省としても駐在員が五名入国して来ることには反対していない。ただし看板をかかげられては困る。貿易以外の問題も取りあつかう対日事務所的なものになることは認めない。はっきりいうと、ああいう形はいやだ。しかしいずれ政府としても、この問題に対する態度をきめることになろう（加川報道課長の話では、そう遠くないうちにきめるらしい）松村謙三なり竹山氏なりが新聞協会と先

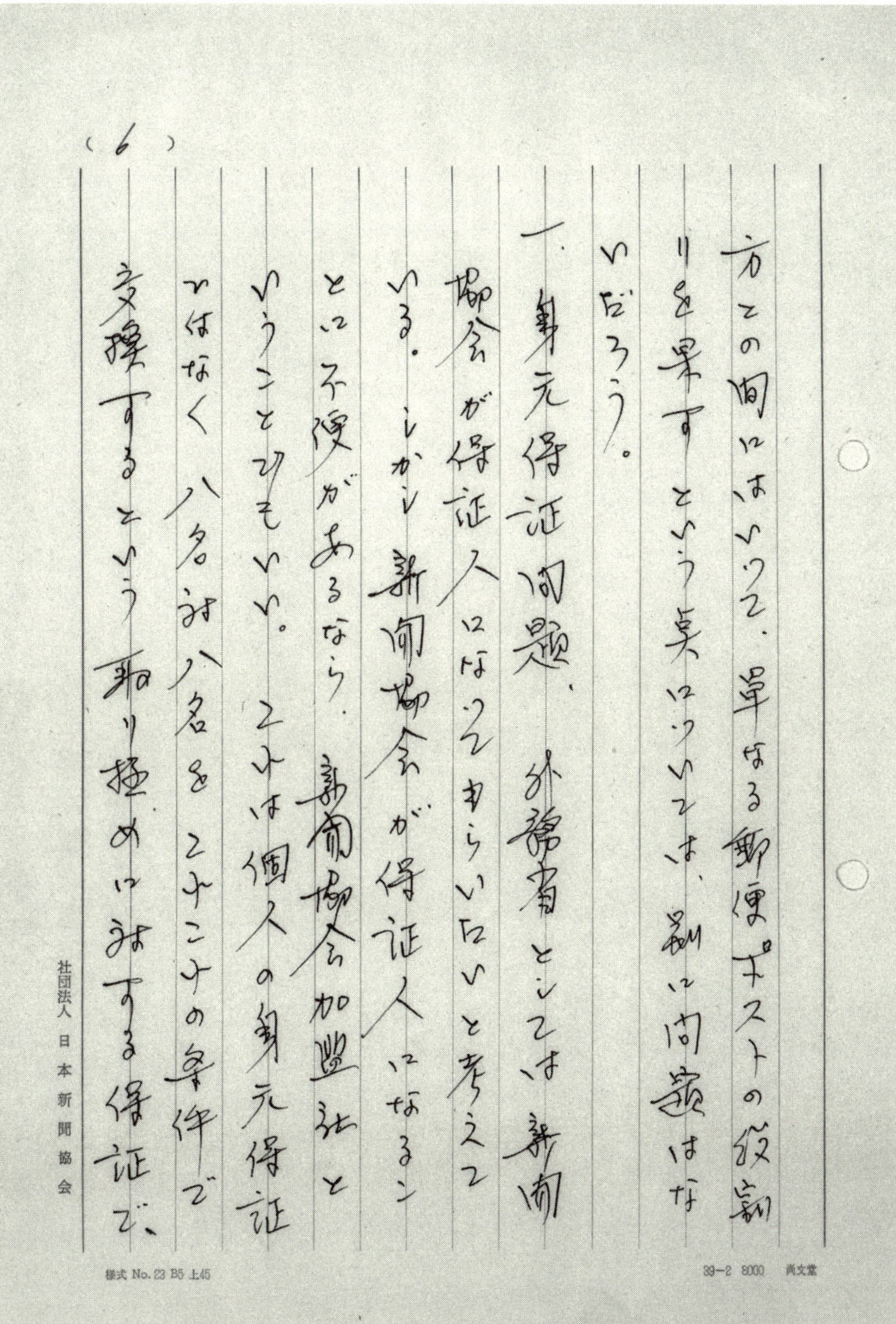
(6)

方との間にはいって、単なる郵便ポストの役割りを果すという点については、別に問題はないだろう。

一、身元保証問題、 外務省としては新聞協会が保証人になってもらいたいと考えている。しかし新聞協会が保証人になることに不便があるなら、新聞協会加盟社ということでもいい。これは個人の身元保証ではなく、八名対八名をそれぞれの条件で交換するという取り極めにみあう保証で、

社団法人 日本新聞協会

様式 No.23 B5 上45　　39-2 8000　尚文堂

(7)

その取り極めは、新聞協会がおやりになることに対して外務省はそれを認めようとしているのであって、新聞協会以外がなさるというなら、また話は別である。

保証人になってもらったからといって、別に大した責任はない。また法務当局と相談したわけではないが、本人との交換は取材が目的であるから、情報の配布はやらないという一項目は保証書に加えるかもわからない。

保証人には、もしも政治活動を派手にやる

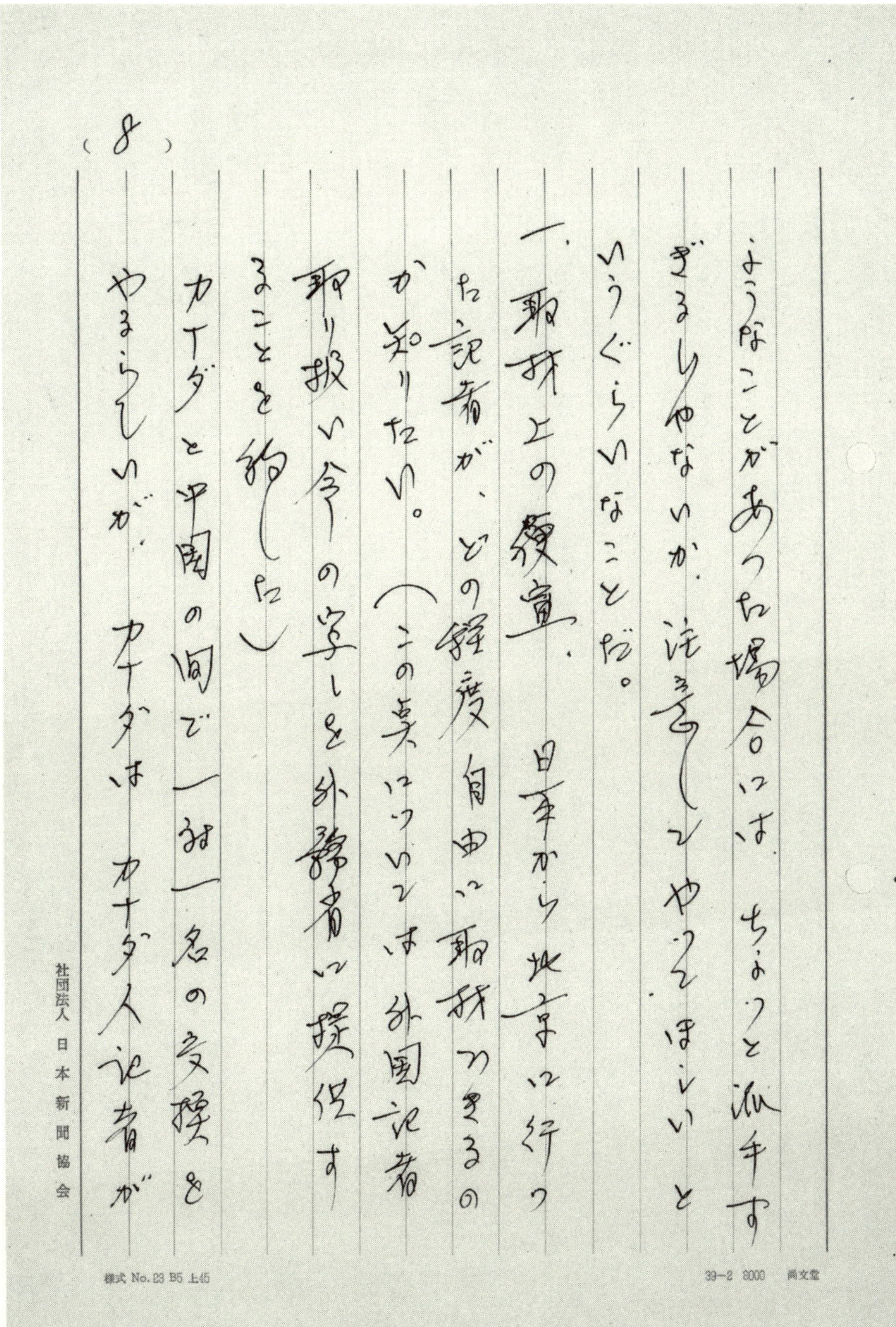

（8）

ようなことがあった場合には　ちょっと派手すぎるじゃないか。注意してやってほしいというぐらいなことだ。

一、取材上の便宜。　日本から北京に行った記者が、どの程度自由に取材できるのか知りたい。（この点については外国記者取り扱い令の写しを外務省に提供することを約した）

カナダと中国の間で一対一名の交換をやるらしいが、カナダはカナダ人記者が

（9）

北京で受ける待遇と全く同一の待遇をカナダに来る中国人記者に適用する方針らしい。日中記者交換については、各国が注目しているから、日本としてもみっともなくない線で交渉してほしい。

外務省としては、日本国内における中国記者取り扱い基準のようなものを作ったらどうかということも考えている。

[illegible]、身体の保護というようなことも先方では要求しているようだが、そん

社団法人 日本新聞協会

（10）

なことを要求するのは文明国として恥だし、
また実際にそれをやらなければならないと
すると人をつけなければできないし、そんな
ことは実際上不可能だ。

以上のようなことは別に毎日野手は、
招待、取材の記者交換覚え書きの受けとり
方は、向うとこちらとでちがうらしい。いま
取りきめをやらなければ半年以上さきにな
るぞといった圧力をかけ、政治的問題を

社団法人 日本新聞協会

様式 No.23 B5 上45　　39―2 8000 尚文堂

(11)

からませている。遣唐使を送ったときとは
ちがうのだから。こちらの主張も通して
いくようにやってもらいたいといっていた。

北京駐在の外人記者

一、外人記者の数

北京には現在約二十人の外人記者が駐在している。非共産圏からは英国（ロイター）、フランス（ＡＦＰ）とカナダ（トロント・グローブ・アンド・メール）の三人、ソ連、東欧諸国から約十五人、その他、北鮮、北ヴェトナム、インドネシア（アンタラ通信）の記者である。

中共政府は、英、仏、加の記者をその他の記者と比べて便宜供与の点で大した差別をしていない。たゞ「その他」の記者に対しては毎日世界各地のニュースを要約したものが配布されているのに対し、英、仏、加の三人の記者はこれが貰えない位のもである。

二、取材上の困難

(1)当局の許可なしで自由に動けるのは、北京市の中心から二十五マイルまでの地域である。

(2)陳毅など中共の要人は外国から訪れた記者にはかなり会見の機会を作つているが、北京常駐の記者が中共の要人と会見の約束をとりつけることは殆ど不可能である。

外人記者は外交部の新聞局を通じてしか中共側と接触を認められず、局長クラスとの会見も殆ど許されない。

(3)パーティには外人記者団も招待される。しかし中共要人には何人か付き人がいて、周恩来、陳毅らが外人記者と話をする機会を作らぬよう誘導している。

(4) しかし常駐記者は中共のなまの実態に触れる機会がある訳だし
中共の中央紙、地方紙も北京では香港より早く入手できる。

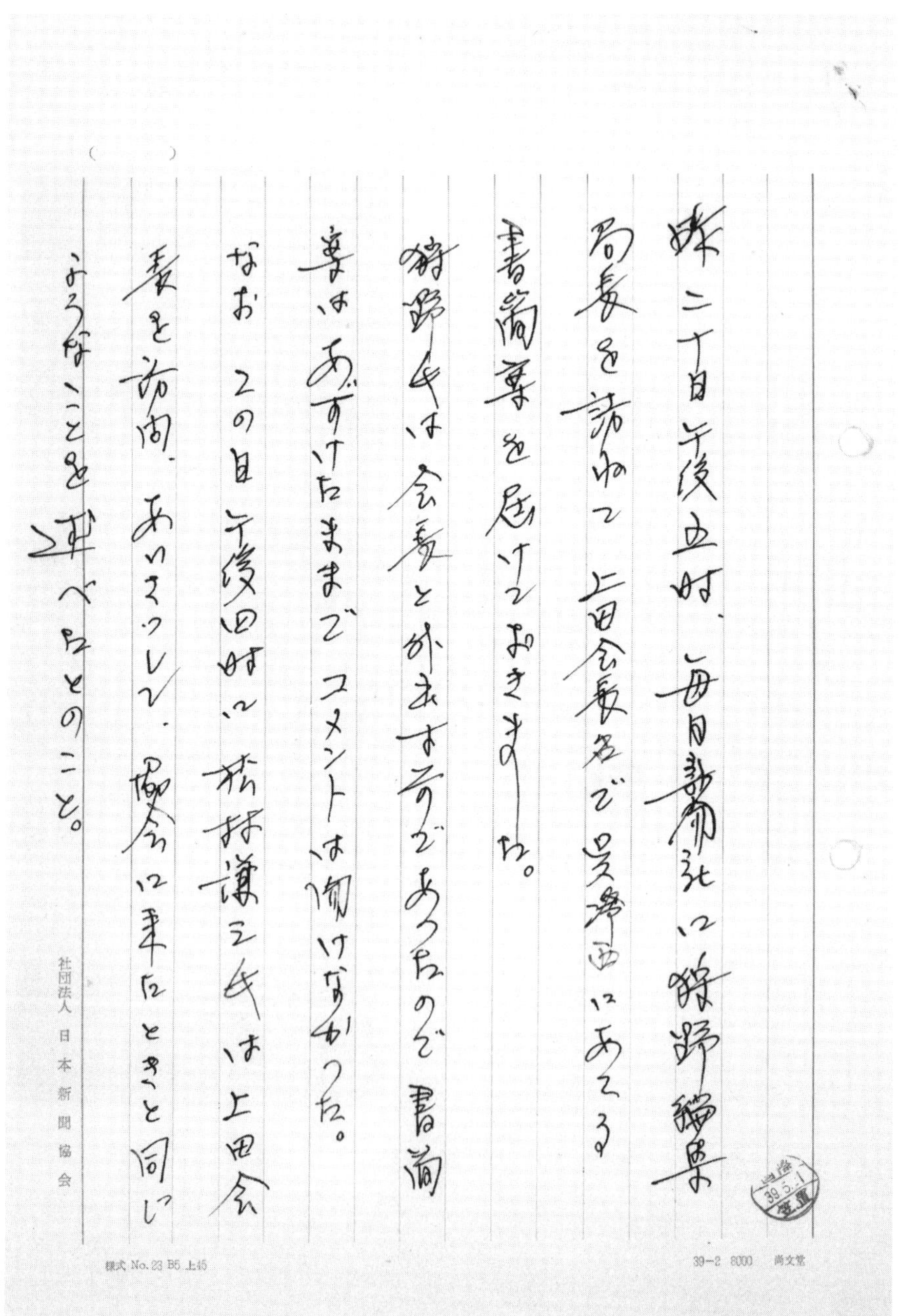

昨二十日午後五時、毎日新聞社に狩野編集局長を訪ねて上田会長名で呉冷西にあてる書簡等を届けておきました。

狩野氏は会長と外出する所であったので書簡等はあずけたままでコメントは聞けなかった。

なお、この日午後四時に松村謙三氏は上田会長を訪問、あいさつして、總会に来たときと同じようなことを述べたとのこと。

社団法人　日本新聞協会

様式 No. 23 B5 上45　　39−2 8000　尚文堂

本日正午少し前に務台氏から電話で
昨日は、田中香苗氏にしか書簡案をみせるこ
とができなかったが、あすで結構と思う。
明日の常任理事会で会長にみせてほしい。
なお、松村、上田会談で
松村氏から話をきいた。こちらの事情
で従来の新聞協会と工作者協会との
関りはなく、今後は貴殿と話しあ

いをすることになったそうだからよろしく
といった手紙を廖氏宛に出しておいてほしい、とのことだった。その文案も明日までに用意してほしいとのことでした。
本日午後一時半から小川人事局長に会ってきてから文案を作ります。

K0119

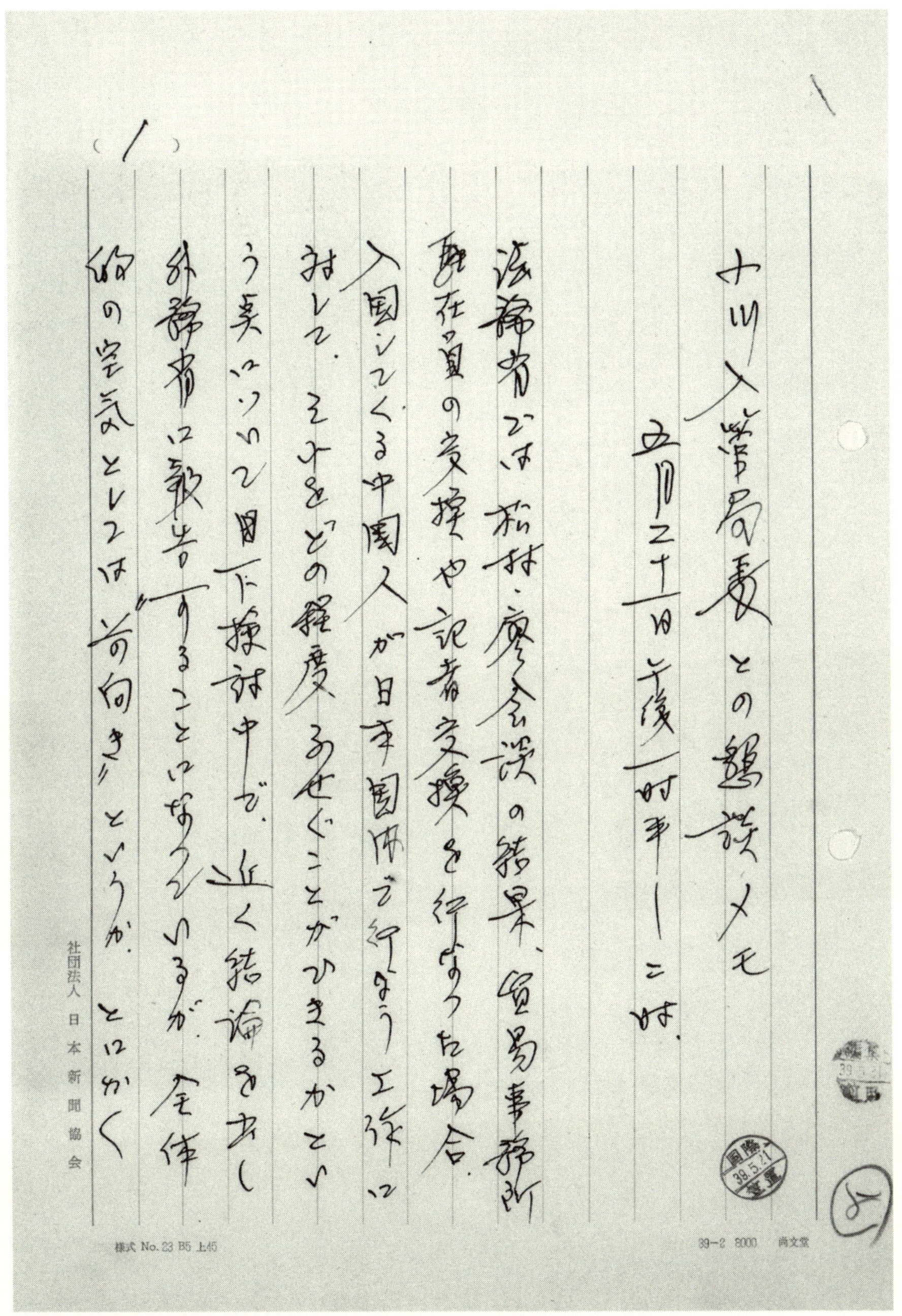
（1）

十川入管局長との懇談メモ

五月二十一日午後一時半―二時。

法務省では松村、廖会談の結果、貿易事務所駐在員の交換や記者交換を行なった場合、入国してくる中国人が日本国内で行なう工作においてどれほどの程度、防ぐことができるかという点について目下検討中で、近く結論を出し外務省に報告することになっているが、全体の空気としては"前向き"というか、とにかく

社団法人 日本新聞協会

様式 No. 23 B5 上45　　39-2 8000 尚文堂

（2）

駐在員の滞在を認めようではないかという態度である。

ただし、貿易拡大という線は結構だが、政治活動あるいは貿易以外の活動を行なうことについては反対である。

記者交換の問題は貿易事務所の問題とは別のようでありながら、実際には相互にからみあっているが、まず貿易駐在員の話から片づけていくことになろう。

記者交換の問題は実は窓口問題と

（3）

身元保証の問題が、私としては、新聞協会と工作者協会という民間団体がお互いに保証しあって実施することが一番いいと思っていた。

個人で入国してくる者の保証は個人がやっている例もあるが、団体で入国してくる場合は団体の理事長とか会長に保証人となってもらう方針でいる。

日本には中国の外国人管理令に相当するようなものがないので、一旦入国させたら、中国の

（６）

記者も他の外人記者と同様に取り扱わざるを得ない。政治活動はしないというような一項目を保証書に書き加えても、実際には取り締まる方法がないので、然るべき保証人を立てて、保証人を通じて注意を促すことも考えられる。（保証人の責任というのはその程度のもの）それでも反省しないような場合は、結局滞在期間が切れたときに再度の入国を拒否することぐらいしかできない。

社団法人　日本新聞協会

様式 No. 23 B5 上45　　39―2 3000　尚文堂

新協八二一号

昭和三十九年五月二十八日

松村謙三殿
竹山祐太郎殿

社団法人日本新聞協会
事務局長　横田実

先日はご多忙中にもかかわらず当協会においでくださり、在京編集委員一同のため、日中記者交換交渉の経緯を詳細ご報告くださいまして、まことにありがとうございました。上田当協会会長は、廖承志、呉冷西両氏あてに、同封のような書簡を用意いたしましたので、よろしく先方へご伝達くださるようお願いいたします。

以上

社団法人　日本新聞協会

38―8　16000

新協七六五号

昭和三十九年五月二十二日

社団法人日本新聞協会

会長　上田常隆

中華全国新聞工作者協会

会長　呉冷西殿

日本と貴国との相互理解を深めるために、両国間に常駐特派員を交換したいという念願から、日本全国で発行されている新聞社と主要通信社ならびに放送局を代表して、日本新聞協会では貴殿あてに、二月二十八日付当協会会長職務代行常任理事西村二郎発信の書簡をさしあげ、その後さらに私から四月三十日発信の電報で、そのご返答を求めましたが、このほど貴国を訪問して帰国した松村謙三氏から、同氏と廖承志氏との間で、記者交換についての話しあいが行なわれたとの報告をうけました。

その際松村氏は、当協会から貴殿にさしあげた書簡に対する回答を、廖氏から口頭で受けた旨、私に伝えました。とくに貴殿の側面的ご協力を感謝いたします。

当協会といたしましては、日中両国間の常駐特派員交換問題につき、今後さらに検討のうえ、実現のための努力をかさねていきたいと存じます。貴殿におかれても、その点ご

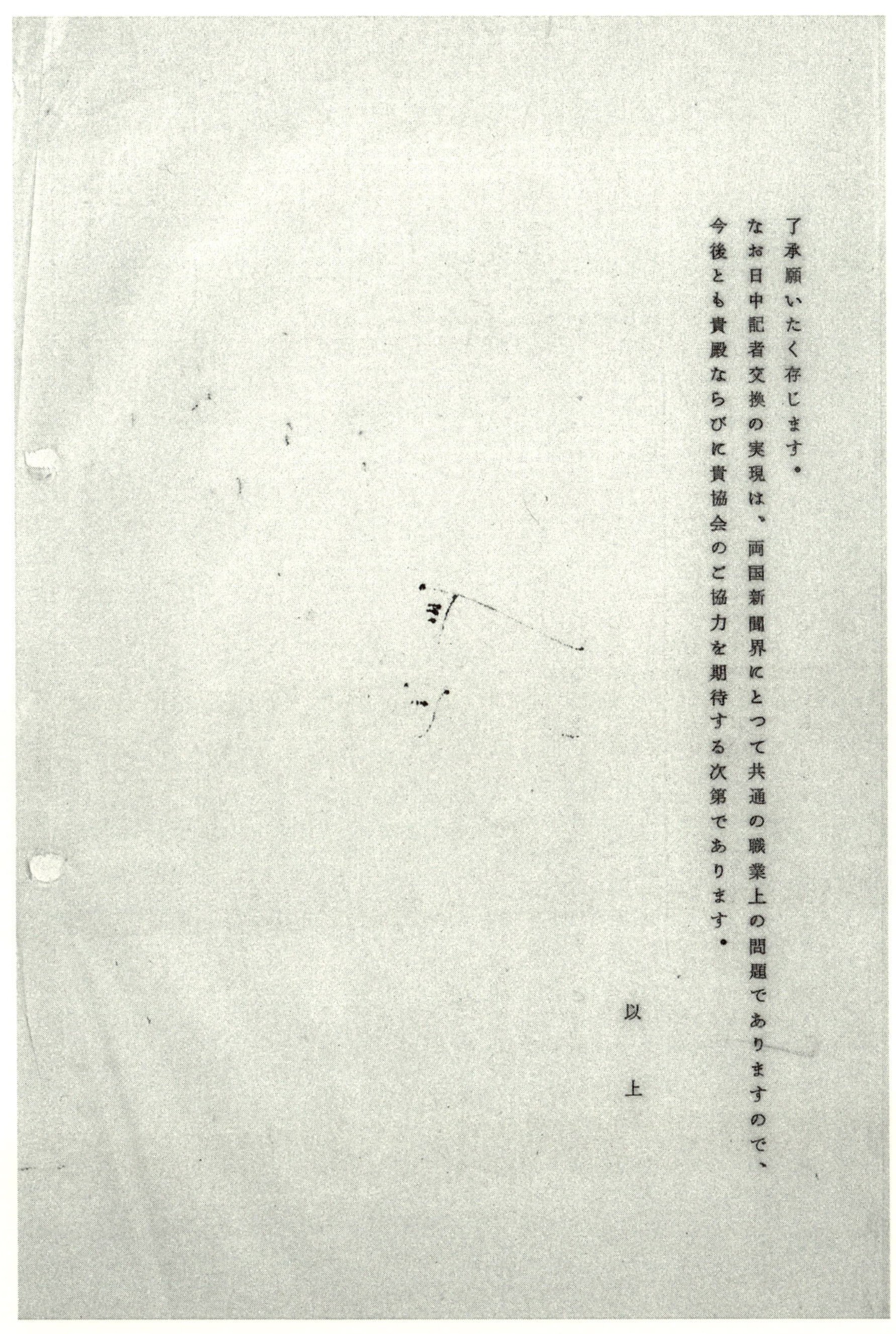

了承願いたく存じます。

なお日中記者交換の実現は、両国新聞界にとって共通の職業上の問題でありますので、今後とも貴殿ならびに貴協会のご協力を期待する次第であります。

以　上

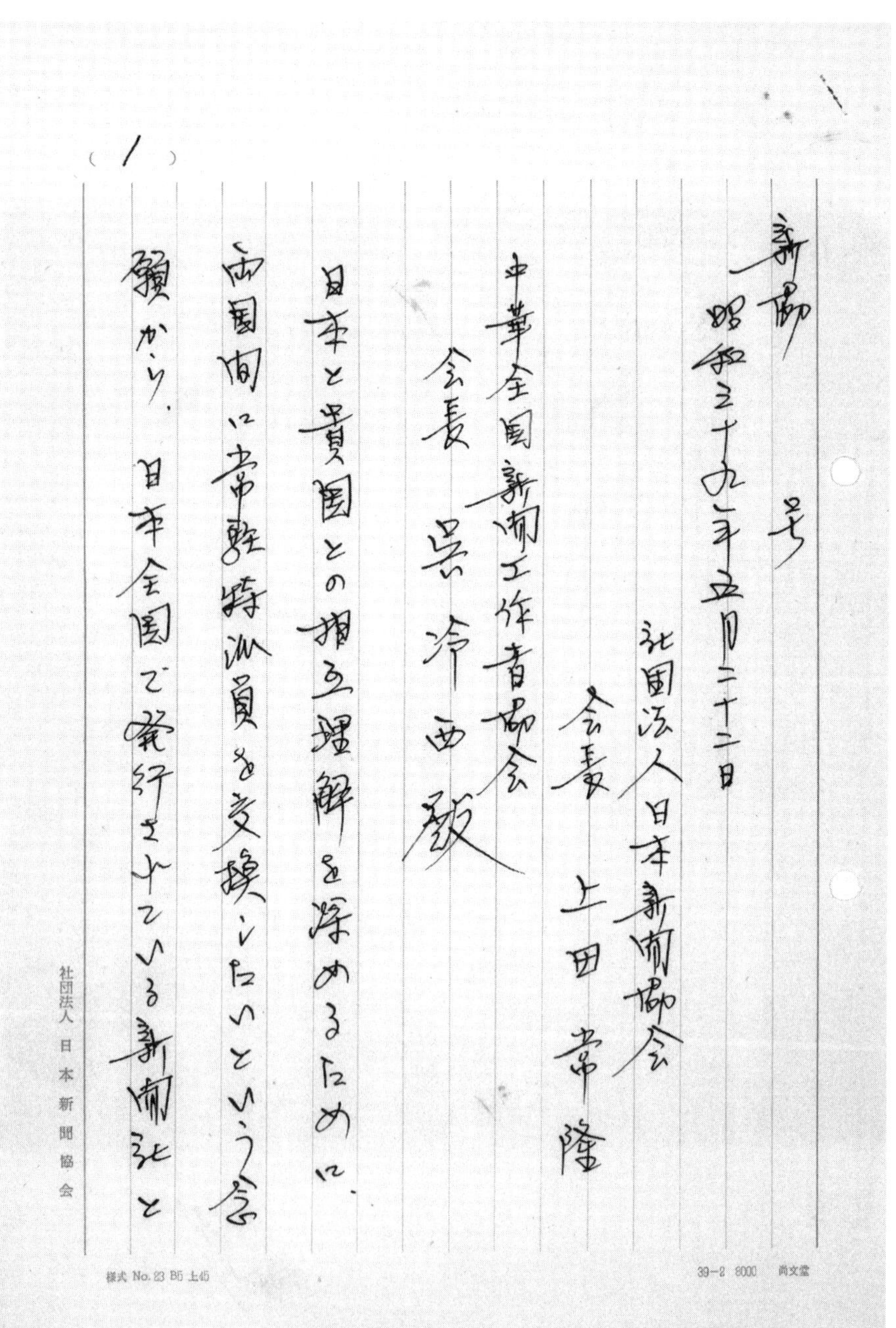

（1）

新協 号

昭和三十九年五月二十二日

社団法人日本新聞協会
会長 上田常隆

中華全国新聞工作者協会
会長 呉冷西 殿

日本と貴国との相互理解を深めるために、両国間に常駐特派員を交換したいという念願から、日本全国で発行されている新聞社と

社団法人 日本新聞協会

様式 No.23 B5 上45　　39-2 8000 尚文堂

（2）

主要通信社ならびに放送局を代表して、日本新聞協会では貴職あてに、二月二十八日付当協会会長職務代行常任理事西村二郎発信の書簡をさしあげ、その後さらに私から三月三十日発信の電報で、そのご返答を求めましたが、このほど貴国を訪問して帰国した松村謙三氏から、同氏と廖承志氏との間で、記者交換についての話しあいが行なわれたとの

（3）

報告をうけました。
その際松村氏は、当協会から貴殿にさし
あげた書簡にたいする回答を、廖氏から口
頭で受けた旨、私に伝えました。ここに
貴殿の側面的ご協力を感謝いたします。
当協会といたしましては、日中両国間の
常駐特派員交換問題につき、今後さらに
検討のうえ、実現のための努力をかさね

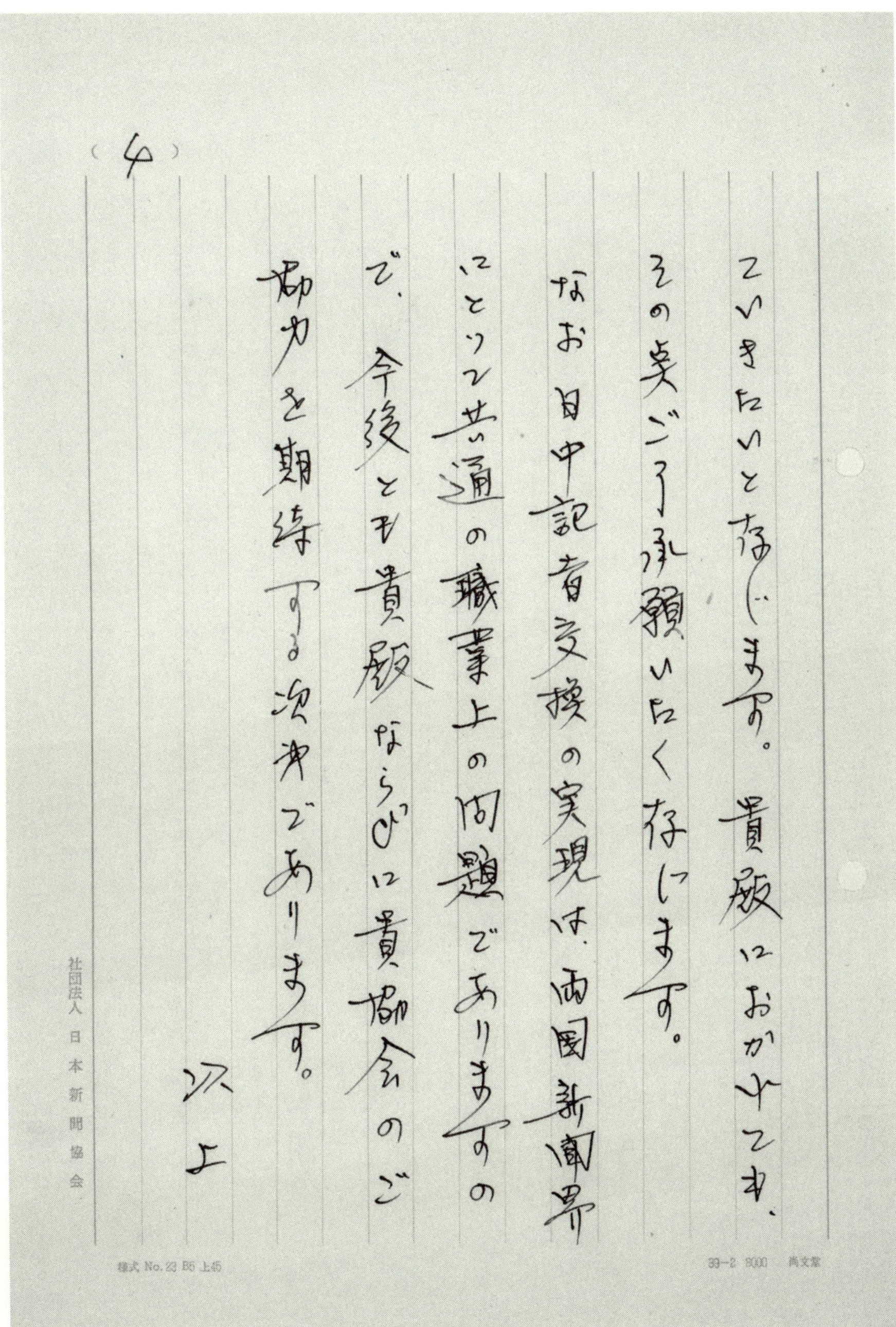
（4）

ていきたいと存じます。貴殿におかれても、
その点ご了承願いたく存じます。
なお日中記者交換の実現は、両国新聞界
にとって共通の職業上の問題でありますの
で、今後とも貴殿ならびに貴協会のご
協力を期待する次第であります。

以上

社団法人　日本新聞協会

様式 No.23 B5 上45　　39-2 8000　尚文堂

このほど貴国を訪問して帰国した松村謙三氏から、同氏が貴国滞在中に貴事務所との間で行なった日中記者交換に関する会談の内容につき、私は詳細な報告をうけました。日中両国間の相互理解を深めるため、常駐特派員を交換したいという、私どもが長年もちつづけて

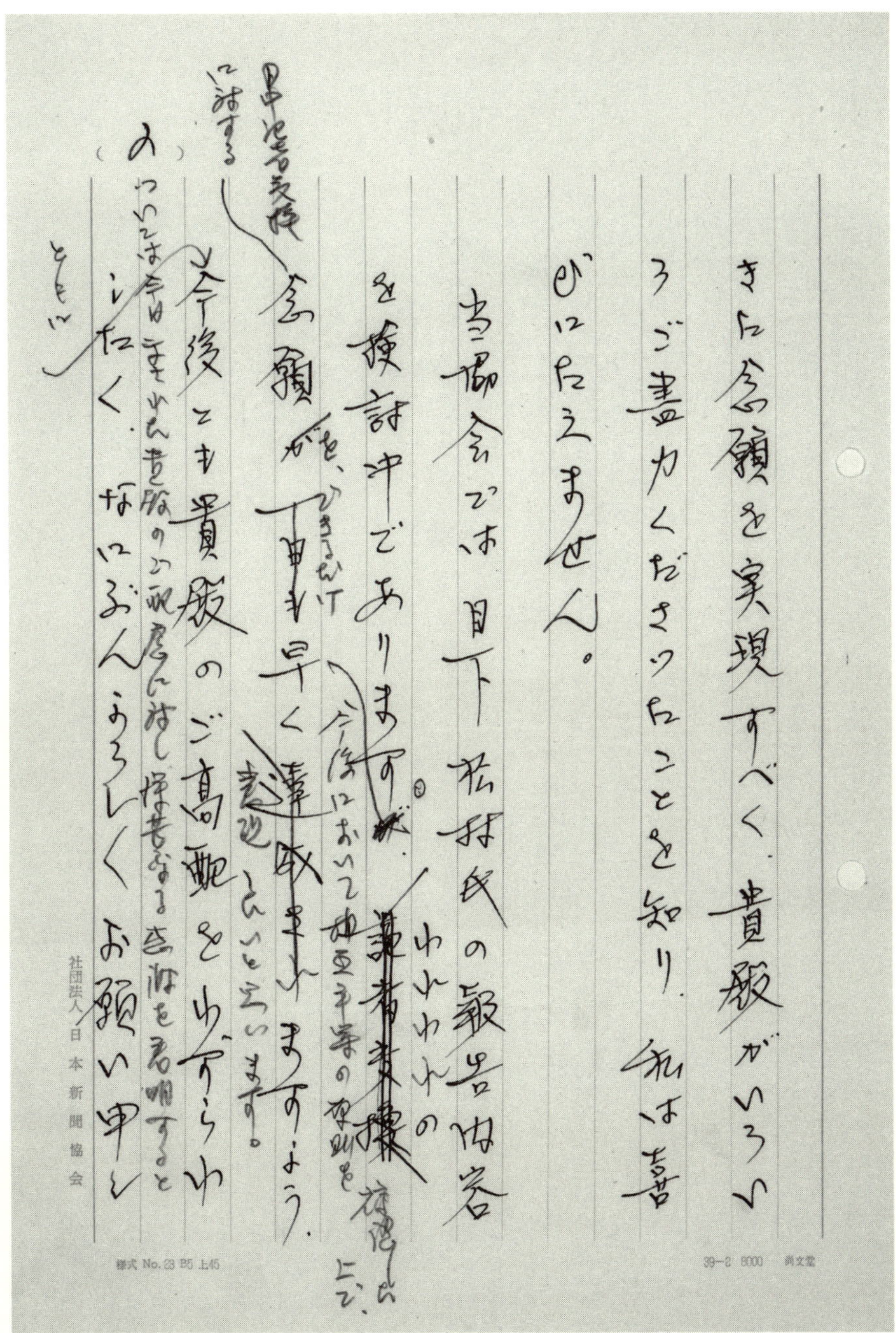

きた念願を実現すべく、貴殿がいろいろご尽力くださったことを知り、私は喜びにたえません。

当協会では目下、松村氏の談話内容を検討中でありますが、今後において[illegible]の交流を[illegible]上で、念願をひきつづけ一日も早く達成されますよう[illegible]と思います。

(ついては今日までの貴殿の公明な心に対し深甚なる意を表明するとともに)今後とも貴殿のご高配をわずらわしたく、なにぶんよろしくお願い申し

日中友好交流に資する

社団法人 日本新聞協会

様式 No.23 B5 上45

39-2 8000 尚文堂

（3）

あげます。

なお私は同封のような書簡を

呉[illegible]西氏にさしあげておきました。

以上

同封〃書簡一通

社団法人　日本新聞協会

様式 No. 23 B5 上45　　　33-2 8000　尚文堂

（1）

上田会長名

廖承志事務所
代表 廖承志殿

このほど貴国を訪問して帰国した松村謙三氏から、同氏が貴国滞在中に貴事務所との間で行なった日中記者交換に関する会談の内容につき、私は詳細な報告をうけました。日中両国間の相互理解を深めるため、常駐特派

（2）

貴会と交換したいという、私たちが長年もちつづけてきた念願を実現すべく、貴殿がいろいろとご尽力くださったことを知り、私は愉快にたえません。

また貴国側の事情で、記者交換問題は、従来のように中華全国新聞工作者協会ではなく、今後は貴事務所が話しあいの当事者となられるという点につき

社団法人　日本新聞協会

様式 No.23 B5 上45　　39-2 8000 尚文堂

(3)

まして、松村氏からの報告により了承いたしましたので、私は同封のような書簡を呉冷西氏へさしあげました。

日本国内においては、従来通り当協会一本で常駐特派員交換の実現をはかるべく、目下慎重にその方策を検討中でありますが、貴殿のご高配により、われわれのかねてからの念願が一日も早く達成

社団法人 日本新聞協会

様式 No. 23 B5 上45　　33—2 8000 尚文堂

(6)

さいますよう、何分よろしくお願い申

あげます。

同封り書簡写一通

江上

社団法人 日本新聞協会

様式 No.23 B5 上45

39-2 8000 尚文堂

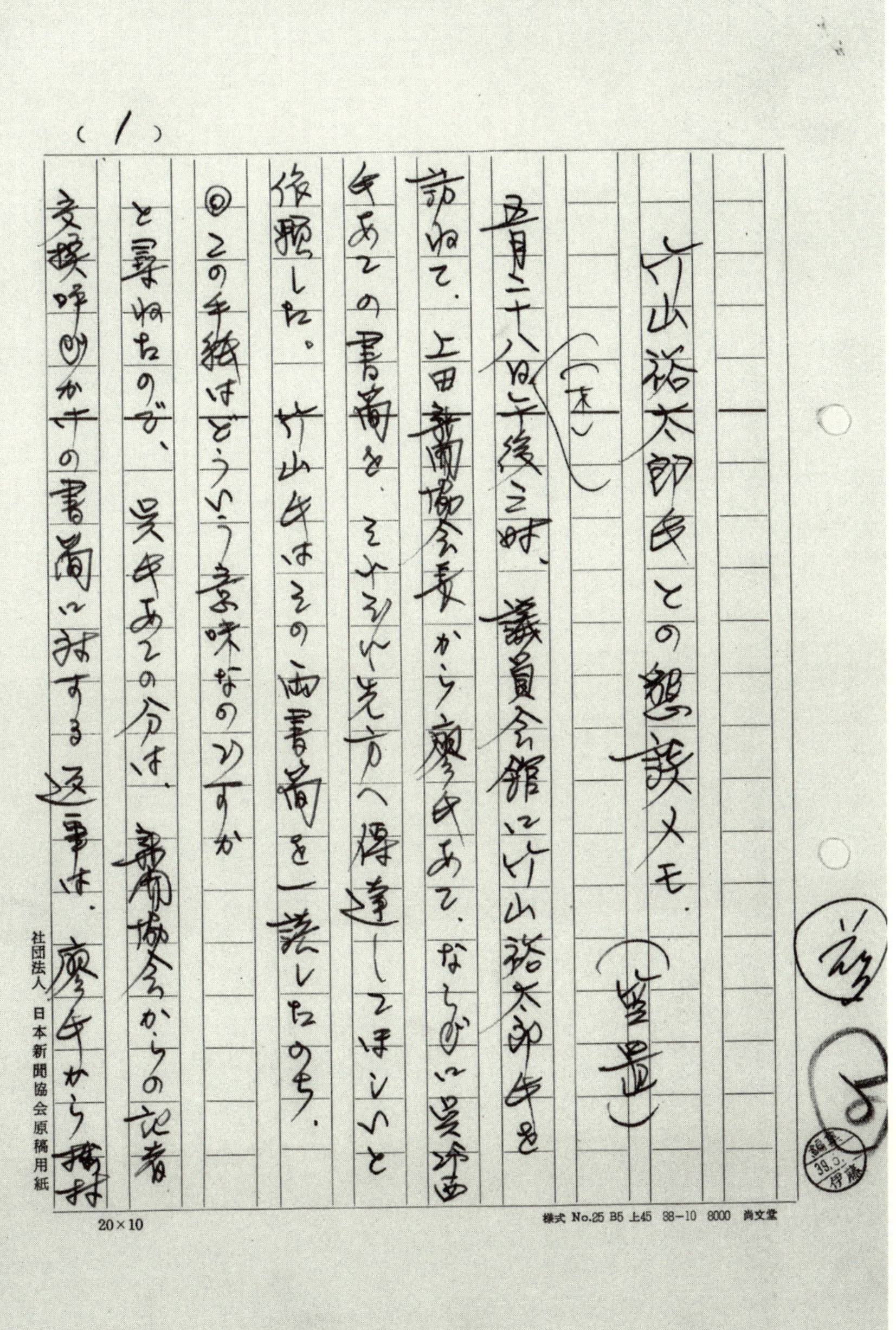

（1）

竹山祐太郎氏との懇談メモ．（笠置）

五月二十八日（木）午後三時、議員会館に竹山祐太郎氏を訪ねて．上田新聞協会長から廖氏あて、ならびに呉済西氏あての書簡を、それぞれ先方へ伝達してほしいと依頼した。竹山氏はその両書簡を一読したのち、

◎この手紙はどういう意味なのですか

と尋ねたので、呉氏あての分は、新聞協会からの記者交換呼びかけの書簡に対する返事は、廖氏から接

社団法人　日本新聞協会原稿用紙

20×10　　様式 No.25 B5 上45 38-10 8000 尚文堂

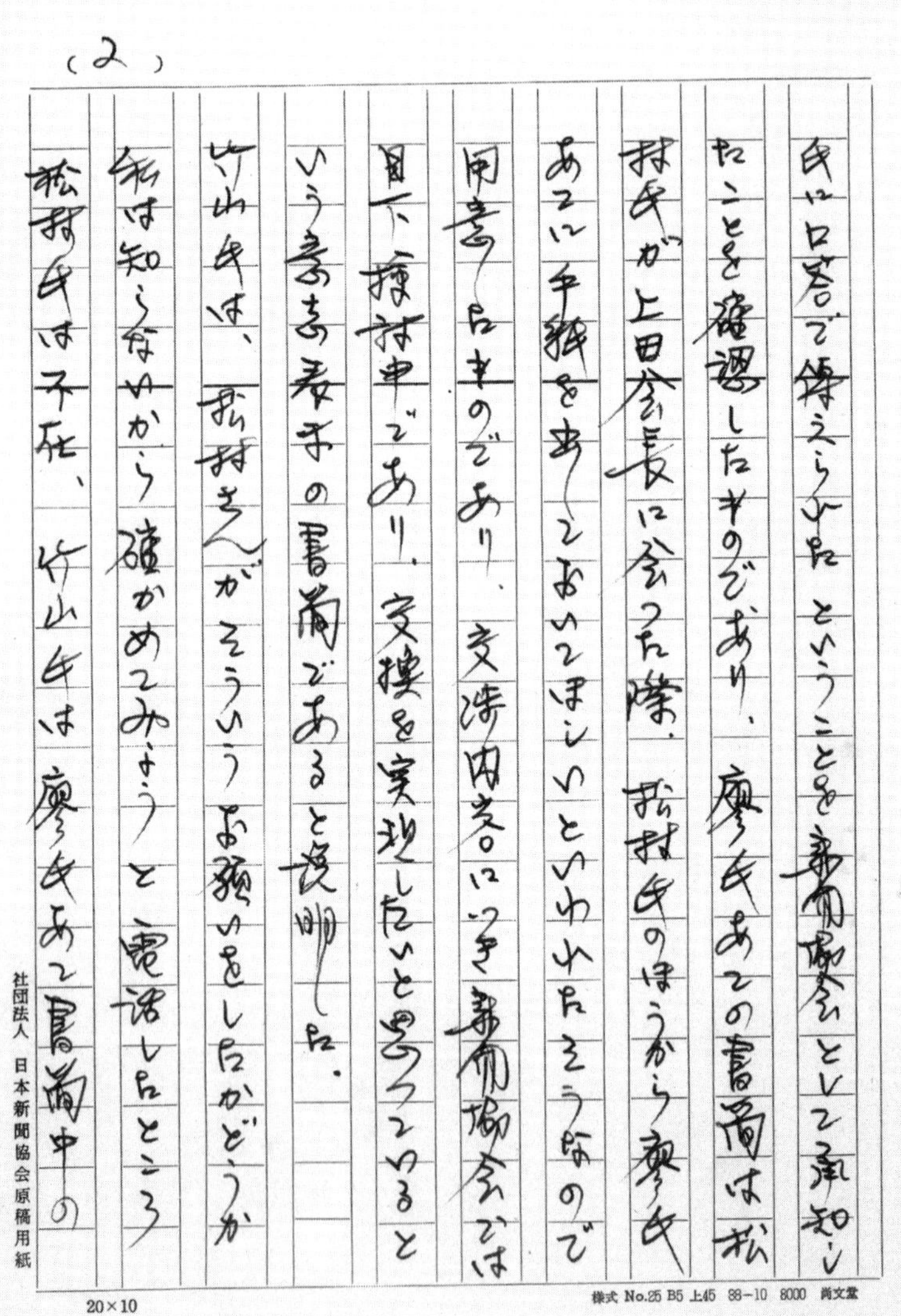

（2）

氏に口答で伝えられたということを新聞協会として承知したことを確認したものであり、廖氏あての書簡は松村氏が上田会長に会った際、松村氏のほうから廖氏あてに手紙を出しておいてほしいといわれたそうなので同意したものであり、交渉内容につき新聞協会では目下検討中であり、交換を実現したいと思っているという意志表示の書簡であると説明した。

竹山氏は、松村さんがそういうお願いをしたかどうか私は知らないから確かめてみようと電話したところ松村氏は不在、竹山氏は廖氏あて書簡中の

（3）

「抑止手段の表明を確かめたうえ」という点をとりあげて、こういうぼかしたいい方をすると、覚え書きの内容について不満であるように先方にとられるようなおそれがある。検討中なら検討中で、まだこのような手紙は出さないほうがよいのではないか、むしろ内容に疑問の点があるのなら、こういう点はどうなのかとはっきりいってくれれば それを私どもが先方へ伝えてもいいのだが、とにかく松村さんと連絡したうえで、ご返事申しあげましょう、とのことで、すぐ先方へ送るとはいわなかった。

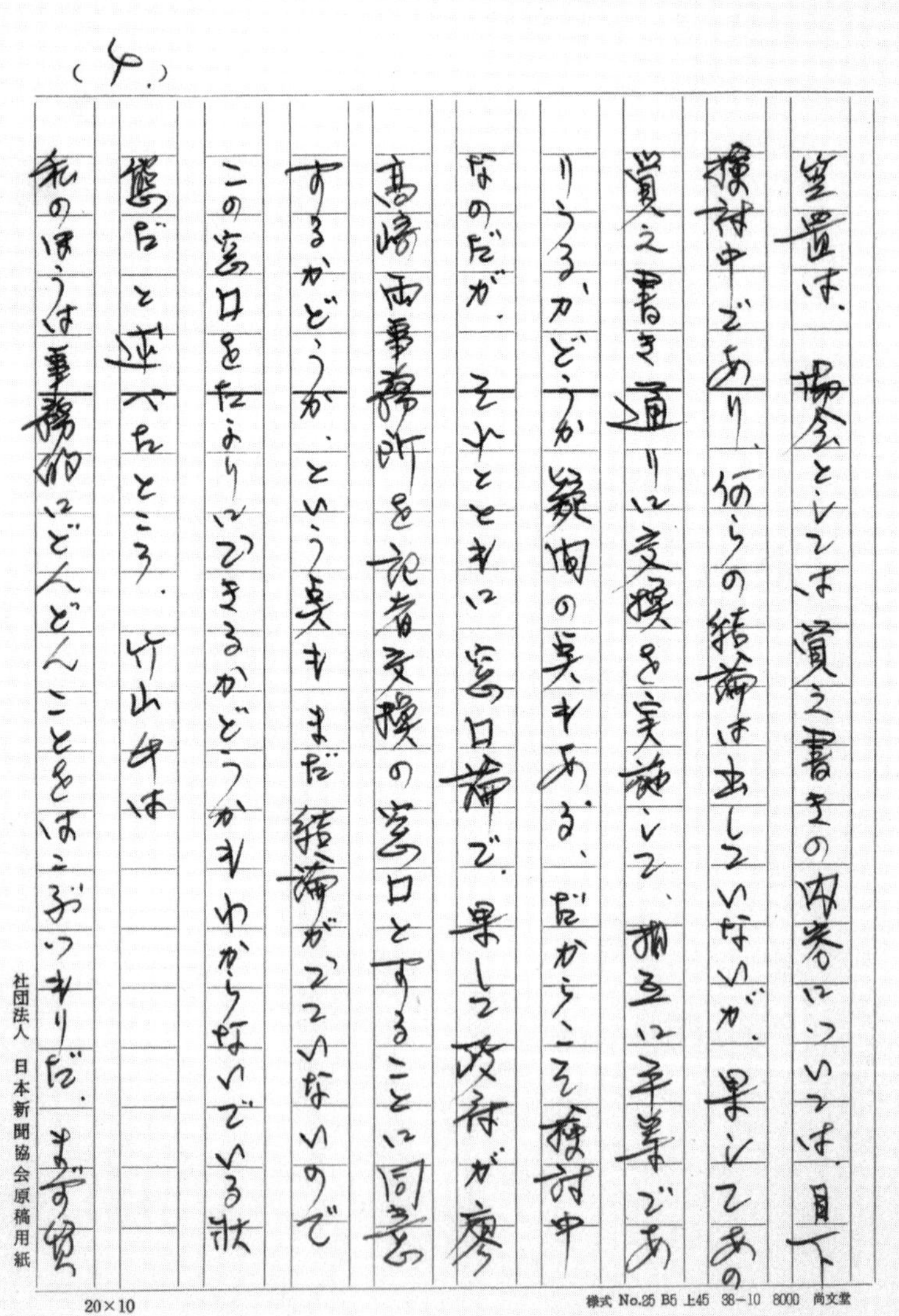

(4)

笠置は、協会としては覚え書きの内容については目下検討中であり、何らの結論は出していないが、果してあの覚え書き通りに交換を実施して、相互に平等でありうるかどうか疑問の点もある、だからこそ検討中なのだが、それとともに窓口論で、果して政府が廖高崎両事務所を記者交換の窓口とすることに同意するかどうか、という点もまだ結論がでていないのでこの窓口をたよりにできるかどうかもわからないでいる状態だと述べたところ、竹山氏は

私のほうは事務的にどんどんことをはこぶつもりだ。まず第

社団法人　日本新聞協会原稿用紙

20×10

様式 No.25 B5 上45　38−10　8000　尚文堂

（5）

易事務所の交換手続きをとる。政府としても私のほうから
これこれの人間を中国の貿易事務所代表として入国させてほ
しいという申請を出さなければ、態度を表明できないだろ
う。だから私のほうが手続きを近くとる。そうすれば政
府もそれに対して何らかの態度を示すだろう
ここでもしも政府が貿易事務所は貿易事務所だけに
限り、記者問題は取り扱わせないという態度をとれば
記者交換はゴハサンになるだろう。これをゴハサンにした
とすれば、それは政府の責任だ。
以上のようなわけだから、まず貿易事務所開設のほうが

社団法人　日本新聞協会原稿用紙

20×10　　様式 No.25 B5 上45 38−10 8000 尚文堂

（6）

先で、記者交換のほうはその次になる。身元保証については、新聞協会が身元保証をするというようなことでは、先方はのってこないかもしれない、覚え書きは高崎、廖事務所を窓口とするとはっきりうたっているのだから、この窓口を通さないとなると話は全く別になってくる。新聞協会とか協会加盟社とかが窓口を通さないで直接やるというのでは大前提を無視することになる。それでは話になるまい、やはり高崎、廖両事務所ということであるから、中国から入国してくる記者の身元保証は高崎事務所、

K0122

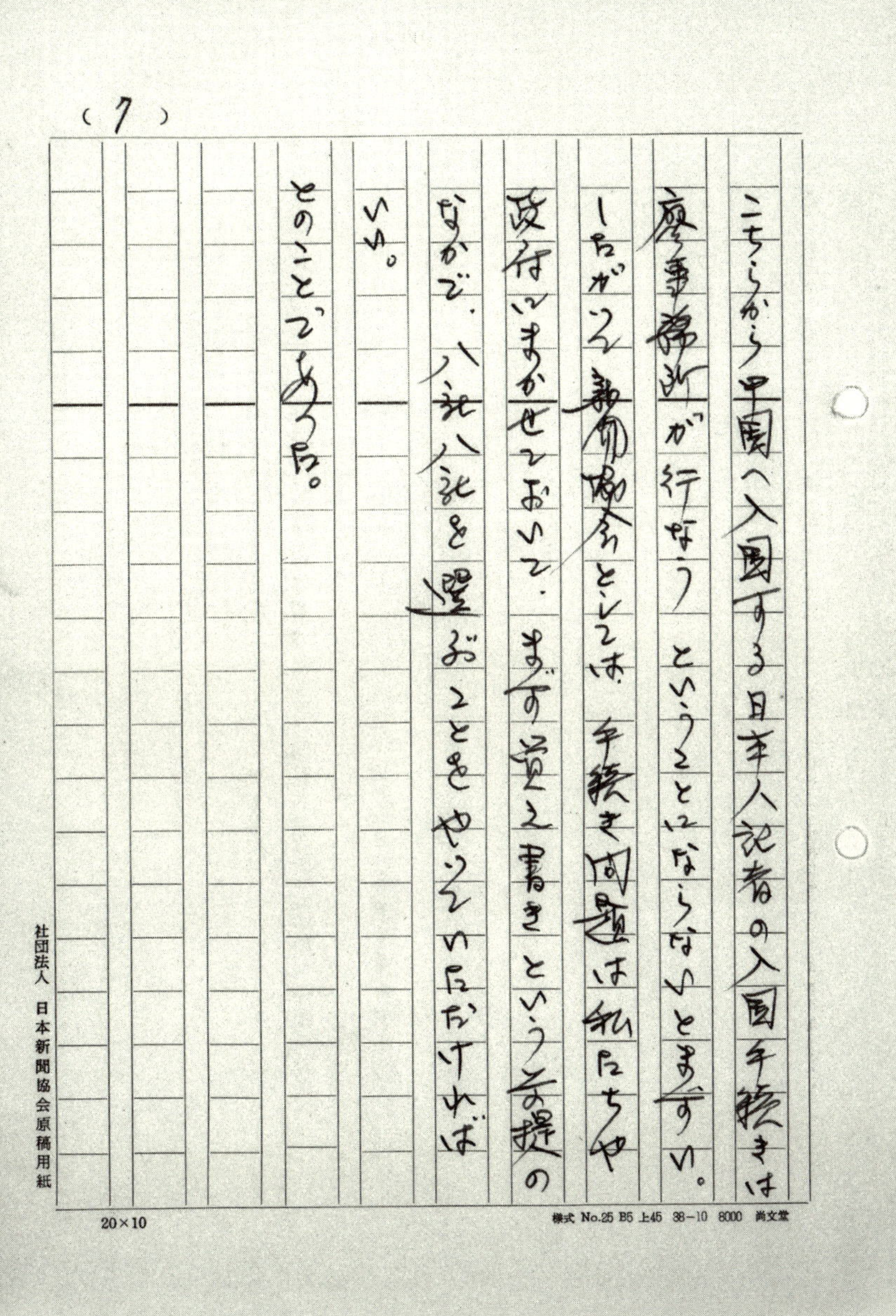
（7）

こちらから中国へ入国する日本人記者の入国手続きは廣事務所が行なうということにならないとまずい。したがって新聞協会としては手続き問題は私たちや政府にまかせておいて、まず覚え書きという前提のなかで、八社八記を選ぶことをやっていただければいい。

とのことであった。

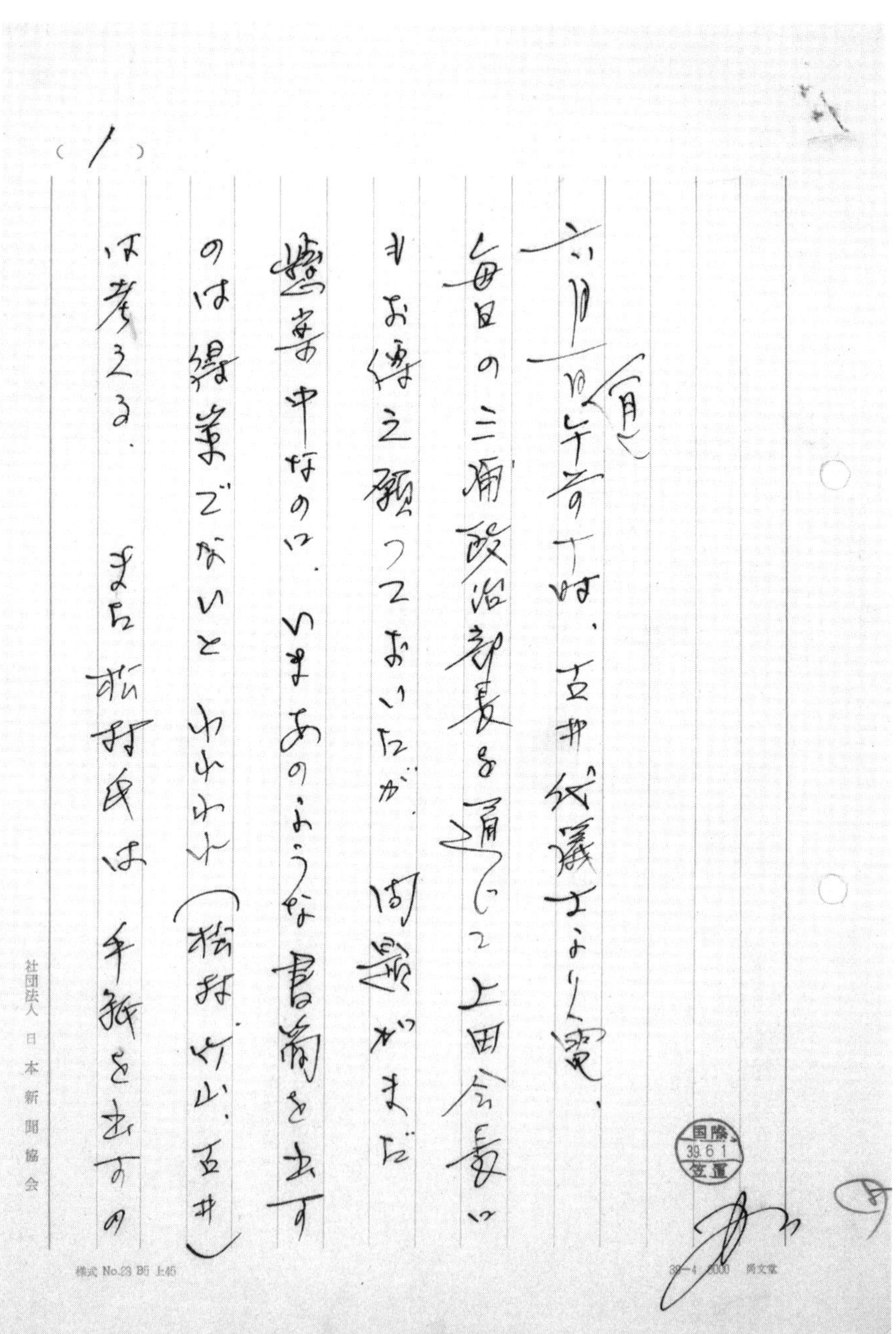

（1）

六月一日（月）午前十時、古井代議士より電、
毎日の三浦政治部長を通じて上田会長に
もお傳え願っておいたが、問題がまだ
懸案中なのに、いまあのような書簡を出す
のは得策でないとわれわれ（松村、竹山、古井）
は考える。また松村氏は手紙を出すの

K0123

（　　）

なら呉浮西家ではなく彦氏あてがよかろうといったまでで、手紙を出してほしいといったわけではない、したがって、手紙は竹山氏の手元に止めてあると連絡してきた。

（竹山氏本日不在なので明二日[illegible]が取りもどしに行くといっておいた）

社団法人日本新聞協会

様式 No.23 B5 上45　　39—4 8000 尚文堂

（ 1 ）

エマーソン米代理大使昼食会メモ

六月五日（金）十二時半―二時半

米代理大使エマーソン氏は上田新聞協会長と笠置を昼食（麻布の自宅）に招き、セイヤー情報官も同席して、四人で四方山話をしたが、招待の目的は新聞協会が検討中の日中記者交換問題についての情報を聞くことにあったように思われる。

上田会長が米側に伝えた日中記者交換問題に関する情報はつぎのとおり。

(2)

日中記者交換の話は、私が渡米する前からあった。松村氏が私のところへやってきて、中共へ行くが記者交換の話もあるだろう、というので、私は、この話は新聞協会がやるから、あなたは側面的に援助してほしいといっておいた。松村さんは私の気持ちをよく心得ていると信ずる。ところが松村さんに代議士が二人ばかりついて行った。この代議士どもが自分の手柄にしようと思っているらしい。

私の留守中は、田中主幹にこの問題を担当してもらった。私が帰国してから松村さんが私のところ

(3)

取材に来たが、先方では私たちが相手にしようとしている中国新聞工作者協会は、記者交換の話しあいをするだけの権威がないらしい。そこで廖承志、松村という線で話し合いをしてきたとのことである。

私は相手が中共のような国のことだから、新聞工作者協会がダメなら廖、松村の線でもいいと思うが、新聞協会の理事の中には、日本新聞協会はそういう政治や貿易のからまった線を使う必要はないじゃないか、という意見の人もいる。

（6）

私は秘密取材の線は電話線のようなものだと思っている。電話は使っても、話すのは、こちらは新聞協会があり、相手は新聞工作者協会が権威がないというなら秘密取材でもいい。

話し合いの原則はあくまで相互平等で、向うが旅行制限をするというのなら、こちらでもする。

また取材記者の交換だから、向うの連中がこちらへやってきて取材でなしに宣伝をやられては困る。その点は一札とっておきたいのだが、相手はそういうものには署名しないだろう。そこで然るべき

（5）

保証人を立てることになろう。
人数の点は日本はもちろんたくさん送りたいが、
そうすると向うからもたくさん来ることになる。八名
というのも女房を連れてくるだろうし、女房も共産
主義者だ。だから国家的な見地から八名に押
える必要がある。
八名となると、朝、毎、読、共同、NHKですでに
五名。産経も出したいだろうし、地方紙も民放も
ある。なかなかめんどうですよ！
とにかく新聞協会としては急いではいない。ゆっく

社団法人 日本新聞協会

様式 No.23 B5 1:45　　39—4 8000 尚文堂

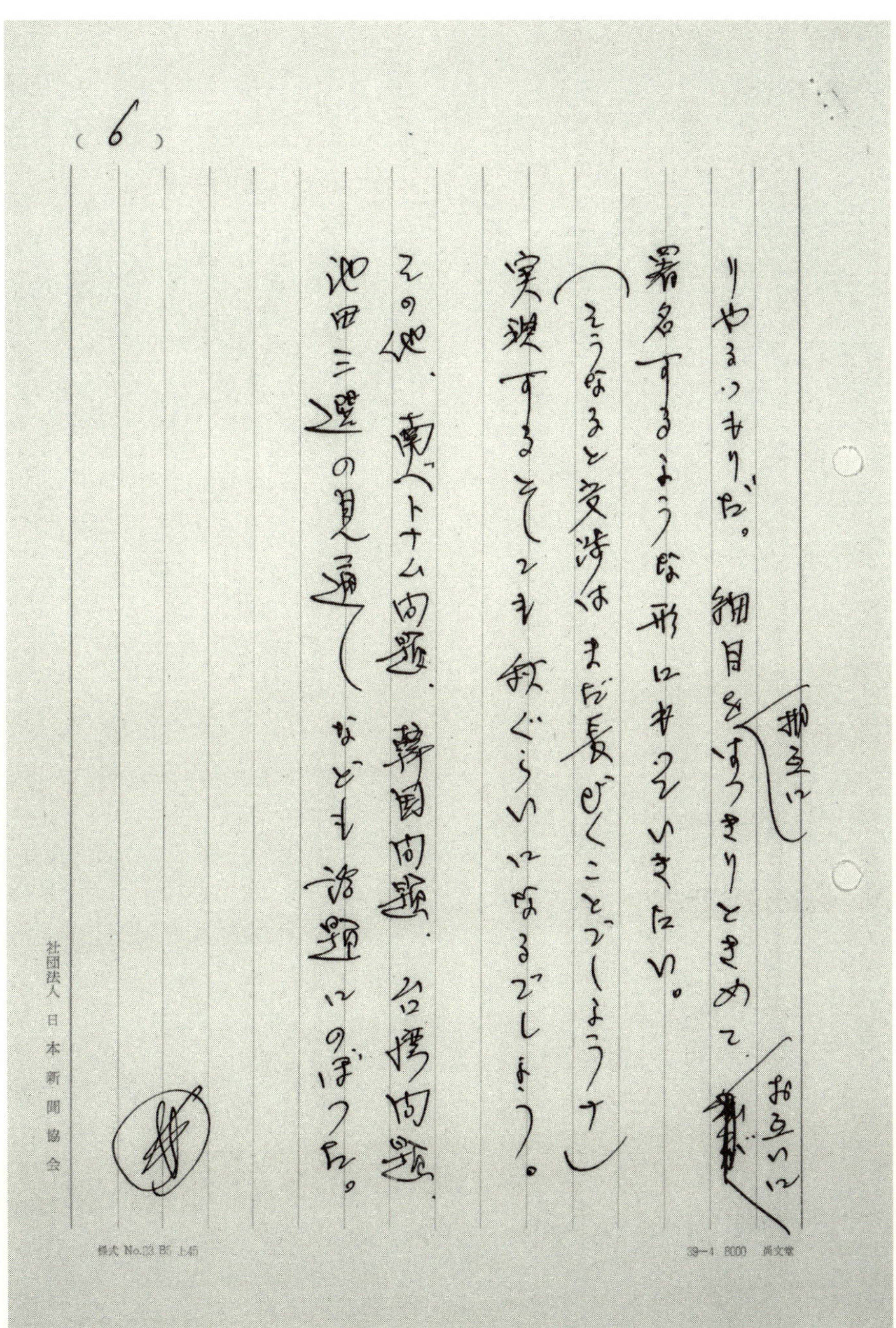

（ 6 ）

りやるつもりだ。細目を相互にすっきりときめて、お互いに署名するような形にもっていきたい。

（そうなると交渉はまだ長びくことでしょうナ）

実現するのも秋ぐらいになるでしょう。

その他、南ベトナム問題、韓国問題、台湾問題、池田三選の見通しなども話題にのぼった。

社団法人　日本新聞協会

様式 No.23 B5 上45　　39—4 5000 尚文堂

⑬

② 市場調査の道は全くない。

③ 窓口一本化で消費者（民衆）に直接触接することが不可能であるから民衆が何を欲しているかを知ることができない。

④ 中共の新聞、映画、テレビなどを利用する広告も全く不可能だ。

右のようなイギリス商人の経験は今後中共との貿易を拡大しようとする自由圏諸国、とくに最近の〃中日友好ムード〃に乗せられがちな日本の経済人にとっては、きわめて重要な参考資料であろう。

大陸旬報 6月下旬号

中共の新しい「外国人入国居留旅行管理条例」の特色

中共は去る三月十三日の第一一四回人代会常務委員会で批准された「外国人入国居留旅行条例」を四月十三日国務院命令で公布施行した。同時に一九五一年十一月二十八日公布した「外国人居留民出入国居留暫定規則」と一九五四年八月十日公安部が公布した「外国

(11)

人居留民登録および居留証発給暫定弁法」と「外国人居留民出国暫定弁法」を廃止することにした。

そこで新条例は今後日中記者交換や貿易駐在員の活動ともからんで、どんな内容のものか、また以前の暫定規則と弁法と比べてどうかを一応調べてみておく必要があろう。両者を比較してみていえることは、オ一に内容的にはほとんど変っておらず、特別厳しくなったとか緩和された点はないようである。ただ以前の暫定規則と暫定弁法を一本にして、以前の暫定弁法の中で指示していた事項を新条例に盛り込み、指定机関の名前やその権限、手続等をやや具体的に述べているにすぎない。旧規則は全文一四条であったが新条例は一九条にふえている。主として変った点は次の通り。

① 新条例オ六条で「中国の国防、軍事要地、禁区は外国人の居留、旅行を禁止する」と特にうたったこと。

② 新条例は入国の場合を出国同様に詳しく規定し、オ八条で「外国人の入国、出国、国境通過は、査証に明記された期限内に指定の出入国港、出入国地点、交通机関、路線によってする」とのべ、オ二条で「入国後は国境検問所で目的地を説明し、か

つ検問所の指定した路線、交通機関によって行くべきである」と定めている。

③ 居留の点では新条例第一一条で、外国人自身が戸口管理制度を遵守し、規定に従って戸数、人数を報告させよとのべているほかに、「外国人を留めておく機関、学校、企業、団体、旅館、住民も規定に従って戸数、人数を報告せよ」と追加している。

④ 旅行の場合は五四年八月十日の暫定弁法と大体同じ。

⑤ 新条例は第一七条で違反者に対する罰則を明記している。処罰は警告、罰金、拘留、追放、刑事責任追究の五段階に分れている。旧暫定弁法ではただ「法律によって処罰することができる」となっていた。

文面上の相違点は以上の諸点だが、新条例第一八条に「外国人の入国、出国、国境通過、居留、旅行の具体的管理方法は公安部、外交部が制定する」とある。この〝具体的管理方法〟がどのようなものか発表されていないが、おそらく一九五四年八月の暫定弁法より厳重になっているものと思われる。この暫定弁法は旅行に関するもの一三ヵ条、出国に関するもの一四ヵ条、居留登記に関するもの九ヵ条となっていた。

中共はソ連やインドと対立激化、国内情勢の不安定その他国際関係の激変によって従来以上に外国からの煽動分子やスパイが潜入することを恐れているので全体的にはやはり検向、監視、制限を厳重にしたものとみられる。

いま一つの記者交換による日本人記者が入国した場合を考えると、その旅行制限（県市以外には許可なく出られない、途中で停留できない、行先を変更できない）や取材活動の制限によって日本における場合とは天地の差があることを承知しておかねばならない。日本のように自由な取材活動は全然できないわけである。

中共農業貸付のコゲつき

中共の中国人民銀行と中国農業銀行（昨年十月に創立さる）の合同支店長会議が最近北京で開かれ、一九六四年度の農業貸付工作について討議した。

/

日中記者交換に関する
曽野外務省情文局長との懇談メモ
（七月二十四日）

中国からの貿易連絡員孫平化らの入国を政府が認めたとの新聞報道があった七月二十四日、福島新聞協会国際委員長、江尻事務局次長、笠置との懇談の席上で曽野情文局長は日中記者交換問題について、次のように語った。

(2)

外務省としては、新聞界をせきたてるつもりはないが、日中記者交換をやるつもりでいる。その実施にあたっては、従来からもあくまで政府分離の立ち場で、新聞協会がおやりになる、というから、しかも取材のためという目的がはっきりしているから、結構ですといっているのであって、その意味では入国してくる中国側記者の保証人は、新聞協会でやっていただきたい。

保証人にはなっていただくということは、~~要するに~~ ~~私どもがその保証人には~~

大して面倒なことではない。要するに政府としては、保証人に対して、中国の記者たちに取材活動以外のこと、たとえば政治活動などはしないようにお伝え願います、ということであって、もしも中国の記者がそれをきかないで政治活動をやっても、保証人の責任ではない。そういう場合には政府がその記者に対して再入国を拒否するというような措置をとる。その際保証人が政府に対して文句をいわないでくれればいい。

(4)

協会が保証人にならないなら、協会の加盟社でもいい。あるいは新聞界の先輩にでもおねがいして協会の外郭団体みたいな形なものを作って、それに保証してもらう手もあるかもしれないが、政党人などでは困る。

これは国府に対しても困る。国府に対してはあれは新聞界がやっていることで、政党がしていることではない。記者を交換すれば一時は中共の宣伝が日本に流れるかもしれないが、長期的にみれば日本人は中共の宣伝なん

（5）

がロ、そういつまでもひっかかっているわけはないし、結局は本当のことが傳わるようになるから国家としてもトクでしょう」と説得してある。外務省としては、中国側に対して、取材活動だけに限ってほしい。宣傳、PRや営業はオコトワリということだけはすっきり傳えてもらいたいと思っている。

また行動範囲は北京には制限があり、こちらは自由なのだが、対面上、東京、神奈川以外に旅行する場合には一応四十八時

（6）

間以外に通知してくれ　ということにする。これは貿易連絡員に対しても同じで、実は貿易連絡員の取り扱いをきめるときに、記者のことも考慮して定めた。これも通知してくれというだけであって、許可するとかしないの問題ではない。勝手に出ていかれて右翼にナグられたりもするといけないから、知らせてくれということだ。

日本から向うに行った記者の人たちから、向うでの日本人記者の待遇ぶりを報告して

（7）

もらえるような道もつけておいてほしい。こちらがそれに対応した待遇をする考えとしたい。

人数の点については、日本から何人いこうが多ければ多いほどいいと思っているが、向うから来る記者の人数は、ソ連より多くなると、ソ連がだまっていないだろうから困る。

現在ソ連は九名。それに対して中国からは八名ぐらいが丁度適当なところだ。

ソ連は日本が中国に接近することを

非常に気にしている。中国記者が日本で反ソ宣伝をしようものなら、ソ連は日本政府に抗議してくるだろう。西欧の国が相手なら新聞は自由だからといって抗議のホコ先をそらすこともできようが、ソ連が相手では新聞の自由なんていう説明では通用しないだろう。

新聞協会が記者交換はあくまで協会でやると直接廖承志にぶつかって、協会相手では交渉に応じられないというのなら交換は実現しなくてもしかたがない。ぐらいの強硬な態度をとるなら、中国側は三カ月もすれば折れてくるのではなかろうか。

記者交換のなり行きは各国で注目している。日本新聞界として、どこの国からみられてもはずかしくないよう、すっきりとしたスジを通してほしい。

社団法人 日本新聞協会

様式 No.23 B5 上45　　39—4 8000 尚文堂

竹山祐太郎殿

貴方から派遣される特派員名簿をたしかに受け取りました。大変ありがとうございます。

われわれは九名の記者、すなわち、朝日松野谷夫、毎日新井宝雄、読売西村忠郎、日経鮫島敬治、産経菅栄一、共同山田礼三、西日本宮田弘司、日本放送協会小林一夫、東京放送大越幸夫ら諸氏が常駐されることに異議ありません。

(　　　)

旅券番号、ならびに出発期日を至急お知らせいただければ、即刻入国手続きをとります。当方の常駐記者合計九名のうち、第一次七名の氏名をここにお知らせします。(略)

上記の七名は九月二十五日あるいは二十六日に東京に着きたい希望であります。入国手続をかわりにご尽力願えれば幸いです。なお写真は出来次第電送します。

廖承志

九月十五日

K0128

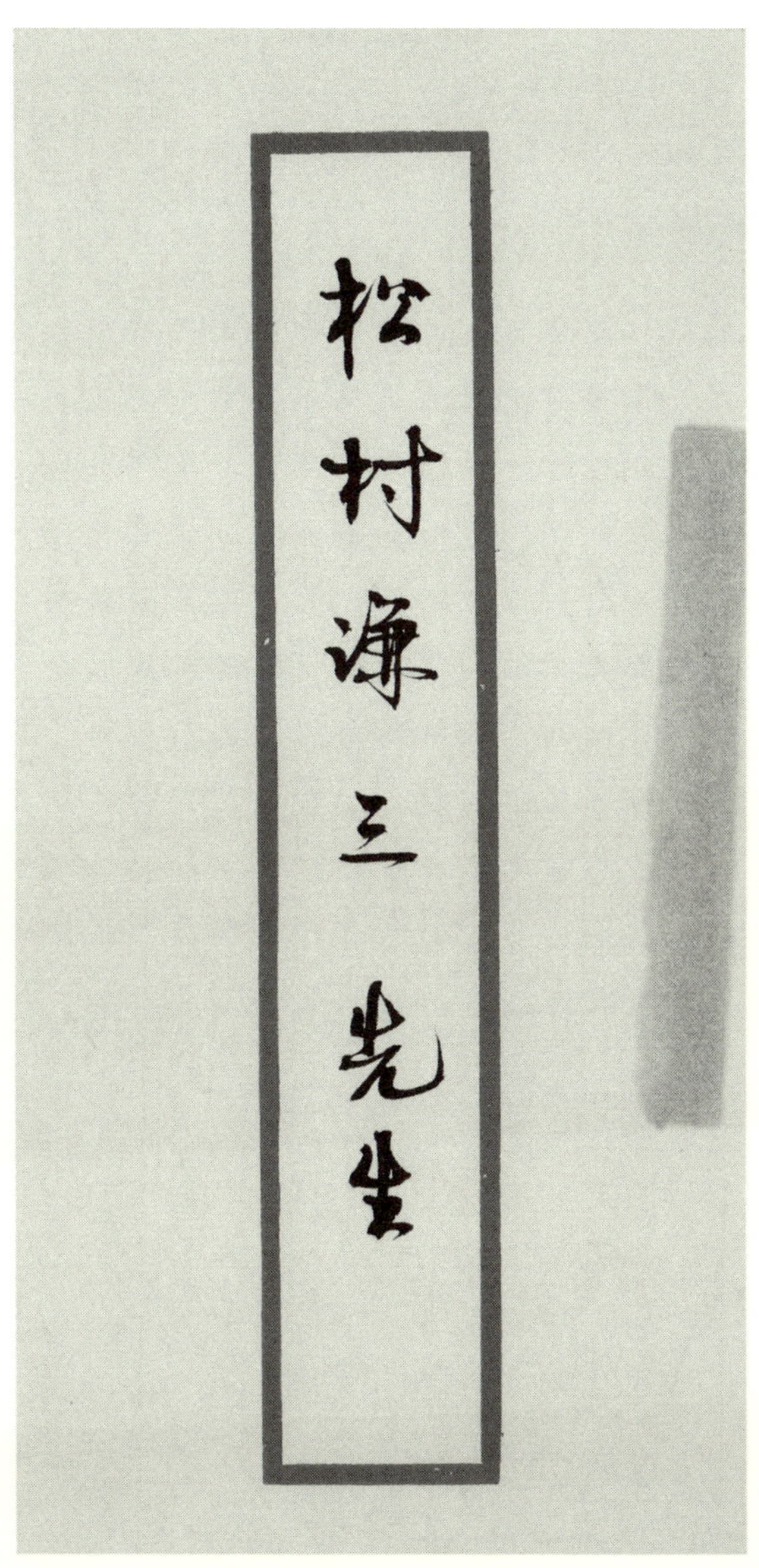

松村謙三先生：

我們高兴地看到，由于您和其他日本朋友的努力，中日两国交換常駐記者的会談記要終于实現。現在，我荣幸地先介紹新华社国际部副部长丁拓先生、人民日报記者李紅先生、光明日报記者刘德有先生、大公报記者刘宗孟先生、文汇报記者刘延州先生、中国新聞社記者李国仁先生、北京日报記者田家农先生，另两位先生，日后再介紹。我相信他們在工作上和办理有关手續方面將得到您和其他日本朋友的关怀和帮助，以便他們能夠圓滿地完成报道工作。对此，我深表謝意。深信丁拓先生等中国記者在貴国的报道工作，將有助于促进貴我两国人民之間的相互了解和友誼的增进。

謹致崇高的敬意。

廖承志

一九六四年九月二十日

K0128

No.……………

昭和　　年　　月　　日

松村謙三先生

この度、先生並びにその他の日本の友人の努力により、日中両国の常駐記者の交換に関する会談メモが、ついに実現するはこびとなりましたことを我々は非常に喜んでおります。

ここに私はまず新華社国際部副部長　丁拓氏、人民日報　李紅氏、光明日報　劉徳有氏、大公報　劉宗孟氏、文汇報　劉延州氏、中国新聞社　李国仁氏、北京日報　田家農氏を御紹介いたします。このほかに尚2人の記者について後日再び御紹介いたします。

これら中国の記者が仕事の面において、また関係手続を進める上において、先生並びにその他の日本の友人のお世話と御援助をえて、円滑に報道の仕事を達成することが出来るものと信じております。

この点に対し、私は深く謝意を示します。

そして丁拓氏等中国記者の貴国における報道活動は、貴我両国人民の間の相互了解と友誼を増進する為に寄與するものと深く信じております。

高碕事務所　東京都千代田区霞ヶ関3ノ3（鋼鈑ビル一階）
日中総合貿易連絡協議会　電話（591）8831番

No.

昭和　年　月　日

謹んで崇高の敬意を示します。

一九六四年九月二十日

廖承志

高碕事務所
日中総合貿易連絡協議会

東京都千代田区霞ヶ関3ノ3（鋼鈑ビル一階）
電話　(591)　8831番

論壇

日中記者交流の問題点

――すべて日本側の態度にかかる

山田 充彦

日本と中国の間の記者交換は日本側における障害のため遺憾ながら実現しておらず、これらの困難が解決しない限り前途は期待できない情勢である。八月中旬、北京駐在中の今村共同、松野朝日両特派員が滞在期限の延長を認められず帰国してから北京にはついに日本人の特派員が一人もいないという最悪の状態となっていたが、筆者は日本通商使節団が第四次日中貿易協定交渉のため中国を訪問したのを機会に入国を認められ、九月十七日から約五十日間滞在することができた。この機会に日中の記者交換について中国側と懇談することができたので、以下中国側の考え方や、今後の見通しについて報告しておきたい。

外交部新聞司、中国新聞工作者協会などの関係者から聞いた中国側の見解を要約すると、次の通りである。

一、記者の交換は互恵平等の立場から相互主義でなければならない。これは日本に対するだけでなく、あらゆる国に対する基本原則である。従来日本が中国記者の長期入国を拒否して来たにもかかわらず、日本の新聞記者に対しては特別の優遇を与えてきた。しかし現状ではこのような優遇を与え得ない情勢である。従って日本が中国人記者の入国と長期滞在を認めない限り日本の常駐特派員の入国を認めることはできない。

一、英国は国交関係があり、また日本のように指紋問題などという厄介な問題なしに中国人記者の入国を認めているので、北京にもロイター通信社デイヴィス・チップ記者の常駐を認めている。フランスとは国交関係がないが新華社とAFPの記者交換協定により新華社記者二名がパリにまたAFPのジャック・ロカン記者が北京に常駐している。西欧諸国との間でさえこのように記者交換が解決できるのに、日本はなぜ「人為的障害」を加えるのだろうか。新聞記者の交換はいまやひとえに日本側の出方いかんにすべてかかっている。この点では貿易協定と同じである。

一、八月に新華社の呉学文、丁拓両記者が原水爆禁止大会への中国代表として来日したさい、日本側が滞在期限の延長を拒否したので、そのため今村、松野両特派員が北京から「追出された」と日本側は考えている向きもあるようだ、事実はそうではない。今村記者は八ヵ月、松野記者は六ヵ月それぞれ滞在し記者の滞在期間としては長いほうに属する。

中国側の考え方は以上の通りだが、周恩来首相が九月十九日社会党訪ソ使節団に次のように語ったことを付記しておきたい。

一、米国政府は米国記者を中国に送るが、中国の記者が米国に行くのを拒否している。これでは相互主義でないから、中国は米人記者の入国を認めるわけに行かない。米国がこのように中国を恐れるのはおかしい。

一、日中間では速かに問題を解決し、相互主義の原則に基いて一日も早く日本の記者に来てもらいたいしまた中国からも日本に記者を送りたい。

なお中国側が記者交換に当って日本に「人為的障害」があると考えている点は、ひとえに指紋問題であり、これを利用して入国をなるべく抑えようとする考えが政府にあるからだとみている。指紋を拒否する理由は第一に中国では犯罪以外に指紋をとられぬこと、第二にたとえば新華社記者は形式上は民間人として入国するにせよ、身分は政府の通信社に勤務する国家公務員であるという点である。第二の点は滞在延期申請のさい、政府が要求する手続のやり方にも関連しているように感じられた。

次に通商使節団同行の記者は二名に制限され、結局筆者一人の同行ということになってしまったが、今後協定再開のとき、あるいは明春の広州武漢見本市のさいも短期滞在の記者入国が認められよう。しかし事態が進展しない限り、人数の制限は覚悟しておく必要があろう。

最後に十一月下旬李徳全女史とともに新華社の呉学文、丁拓両記者が再び来日する予定であるから、この入国および滞在延長について新聞界全体の協力を望みたい。（共同通信・経済部）

2 XII 57 協会報

週間メモ

日中記者交換問題に新照明

報道界の年末闘争たけなわ

○…大公報が日中両国間の常駐特派員交換の問題を取上げ、同問題に新たな照明がなげかけられているが（二面所載）、十一月二十八日午後、日本ジャーナリスト会議評議員会代表（本田良介氏ほか）および中国問題記者会代表（橘内武道氏ほか）が新聞協会横田事務局長を訪問ジャーナリスト会議評議会が去る十一月十五日に申し合せた「日中記者の相互交換について」の声明文にそえて、一日も早く交換の実現を見るよう新聞界の協力を得たいと要請、横田局長からもでき得る限りの努力を払いたい旨を答えた。

○…日放労（NHK労組）では一・八五の年末手当要求に対する協会側一・八〇の回答を不満として二十六、七の両日本館入口に坐りこみを行った。この額は両者さほど差はないが、組合側の闘争のねらいはむしろ〝査定廃止〟に重点がおかれているようで、「官公労を下回る内輪な要求を出しているのだから、公務員なみに査定のない純粋な年末手当をわれわれはほしいのだ」と委員長は述べている。

○…新聞関係の年末手当闘争は毎日、神戸、河北等が妥結したのをはじめ、大手各社も労使の要求、回答が接近しているので激化の見とおしはないが、十二月二十八日現在でスト権を確立したのは日経、産経（大阪）、共同などとなっている。

日本との記者交換を支持

中共紙論評

【ANS特約】二十六日発の北京放送によれば同日付の北京大公報は日中両国間の記者相互交換を要求する日本新聞界の呼びかけを支持する旨の論評を掲載している。要旨次の通り。

一、日本の新聞界は岸政府に対し日中両国間の新聞記者交換問題を速かに解決するよう要求した。われわれは日本新聞界の友人のこの呼び掛けを支持する。中国の新聞界は日中両国間の新聞記者交換が両国人民の理解と友情を深める上で大きな役割を果すものと考え、平等互恵の基礎のうえに互いに特派員を置けるよう一貫して主張してきた。一九五三年以来多くの日本の新聞社、通信社記者が中国を訪れ、かなり長期にわたって中国に滞在し取材活動を行った。

一、この間、中国から極く少数の記者が中国代表団に同行して日本を訪問したが、日本政府の妨害と拒否によって長期にわたり日本にとどまり取材活動を行うことができなかった。このようなことは平等互恵の原則に反し不公平なことであり、決して容認するものではない。共同通信はこのことについて去る十六日「日本政府が日中両国新聞記者の交換問題について米国と同様の措置をとらなければならない理由はなにもない」と言っている。

27 XI 57
東京（M.）

28 XI 57 朝日 (M.)

日中相互の常駐記者派遣を

北京紙主張

【RP＝東京】二十六日夜の北京放送によれば、北京「大公報」紙は同日の論評で、中日両国間の特派員派遣を主張して次のようにのべている。

中国の新聞界は中日両国の間で特派員を交換することが両国人民の理解と友情を深める上で大きな役割を果すものと考え、平等互恵の基礎に立って互いに特派員をおけるよう一貫して主張してきた。そしてそのために中国側はいろいろと積極的な措置をとってきた。一九五三年以来数多くの日本の新聞社や通信社の記者が中国を訪れ、かなり長い間中国に滞在し取材活動を行った。この間に中国からごく少数の記者が中国のある代表団に同行して日本を訪れたが日本政府の妨害によって長期にわたって日本に留まって取材活動をすることができなかった。日本政府は両国が国交を回復する以前に新聞記者を交換することはできないといっているが、このような口実が道理に合わないことは事実によって示されている。

28 XI 57 The Mainichi

Red China Paper Urges Sending Correspondents

United Press

A Communist Chinese newspaper said Tuesday it supported an appeal by Japanese journalistic circles for the exchange of resident correspondents between Japan and Communist China, New China News Agency reported.

The Communist Party newspaper Ta Kung Pao noted, according to NCNA, that on November 16 Kyodo News Agency released a commentary by Shunsaku Ushijima pressing for Chinese correspondents to be admitted to Tokyo and whose admission had been refused by the Japanese Government.

( )

29 XI 57
Japan Times

Scribes Here Urge Swap With Peiping

The Japan Journalist Congress yesterday issued a statement calling for the exchange of reporters between Japan and Communist China.

It said that exchange of newsmen between the two countries should be carried out for promotion of mutual understanding between the people of Japan and Communist China and for expanding the freedom of the press.

The Japan Journalist Congress said every effort would be made to bring about realization of the plan.

The statement was issued in accordance with a resolution adopted at a meeting of the congress held at the Josui Kaikan in Kanda, Tokyo, on Nov. 15.

The Ta Kung Pao newspaper in Peiping said last Tuesday that although Japanese reporters have come to Communist China, Chinese reporters have not been able to go to Japan to gather news because of "obstruction by the Japanese Government."

社団法人 日本新聞協会

2 XII 57 大公報

日本政府の態度を攻撃

大公報 日中記者交換問題で

【北京発新華社＝共同】二十六日付の大公報は日中両国の常駐特派員交換問題について大要次のような論説をかかげた。

「共同通信は十一月十六日、中国特派員の東京常駐を許可せよと主張する牛島俊作氏の論説を配信した。われわれはこの主張を支持する。

最近における中日両国民間の友好的な接触の増大は、常駐特派員交換が必要であり可能であることを示した。中国側は昨年九月にすでに日本側にたいしこのような交換を提案したが、日本政府はこの提案の検討を拒否した。

中国新聞界は平等互恵の原則にもとづく特派員交換をつねに主張してきたし、一九五三年以来多数の日本特派員が中国を訪れ、長期間滞在して取材活動を行うのを援助してきた。中国新聞人はまた横田実氏を団長とする日本新聞・放送界代表団をも招待した。

しかしこの時期に各種代表団に随行して日本を訪問した中国記者はわずか数名にすぎず、彼らが滞在期限を延長して取材にあたることは認められなかった。このような事態は明らかに不当であり、平等互恵の原則に矛盾するものである。このような事態は続けらるべきではない。

日本政府は両国間の国交が回復していないことを口実にしているが上記の共同通信の論説も指摘しているとおり、日本は韓国と正式の外交関係をもっていないが韓国特派員は東京に常駐している。日本が特派員交換問題について米国と同じ措置をとる必要はないという共同の論説には全く同感だ。日本政府の態度は中日友好を害するものであり、それは日本政府の利益にもならないことなのである。常駐特派員交換問題の解決は日本政府の手によって引きのばされてきた。日本新聞界がこの問題の解決を要求しているのは正しい。日本政府がその妨害的な態度を改めれば、この問題の解決は可能となるであろう」

政府の反対が障害

中国側は話合いを強く希望

【解説】日中両国間の常駐特派員交換問題が公的な交渉の形をとってあらわれたのは、昨年九月中華人民共和国新華通訊社がわが外務省に対し、特派員二名の入国を申請、同時に中国新聞工作者協会を通じ日本新聞協会にそのあっせんを依頼してきたときに始まる新聞協会ではただちに外務省情報文化局と折衝、同時に中国に対しても「互恵的原則」にもとづくわが国特派員の待遇に関して問合せを行うなど、両者間に立って数次にわたりあっせん、交渉を続けてきたが、政府機関内には〝日中両国間に国交がいまだ開かれていない〟という理由で異論があるため結論が出ず、現在に至っている。

これに先立ち昭和二十九年夏、共同水峰、朝日和田両記者が正式にははじめての特派員として同国に入国して以来、すでに数十名の日本新聞人が入国を許されてきた。本年八月、たまたま東京開催の第三回原水爆禁止世界大会参加の中共代表団に、上述の新華社特派員二名（呉学文、丁拓両氏）が加わって日本に入国したさい、同大会終了後一ヵ月の滞日延期を許されるよう新聞協会にあっせんを依頼してきたので、協会事務局では早速外務省情報文化局長および法務省入国管理局長と折衝の結果、一ヵ月程度の臨時滞在はさしつかえないとの当局の意向を確かめ得た。ところがその後、外務省・法務省その他の治安関係当局事務官の連絡会議で前記両記者の滞在延期を認めぬことが決められたため、呉、丁両特派員はやむなく八月末離日した。

当時、北京にいた朝日、共同両社の特派員もちょうどこのころ滞在期限が切れるので、中国政府にその延長を申請したところ、同様、不許可となって帰日のやむなきに至った。これはわが国の措置に対する中国側の対応措置ともみられる。

十月末、中国新聞工作者協会会長鄧拓氏から横田新聞協会事務局長あての書簡にはこの間における中国側の意向がハッキリうかがわれる。同書簡は呉、丁両氏に対する日本新聞界の協力を謝すとともに、滞日延期不許可のため、日本新聞界と記者交換に関する問題の談合を進める十分な機会が得られなかったことを深く遺憾とし、要旨つぎのように述べている。

「われわれは終始一貫、平等互恵の原則に立って、合理的に中日両国記者交換の問題を解決することを主張してきました。この数年来、中国新聞界は両国の記者交換実現に努力し、積極的主動的態度で日本記者の中国訪問にも多大の援助を行ってきた。非常に遺憾なことに、われわれのこういう態度が日本側に相応の行動を喚起するに至らず、新華社の両記者が昨年九月から貴国外務省に正式申請して以来現在までに何らの肯定的回答を得ていない。貴国の共同、朝日、読売、産経の各社が中国外交部に対し記者の特派を申請していますが、われわれは、現在の段階はすでに中日双方が対等の原則に立ってこの問題の解決をはかる時期に至っていると思っております」云々。

これは今回の大公報の所説とも一致するもので、同論説では、正式国交を持たぬ国との常駐特派員交換の実例として日本と韓国の関係をあげているが、このほかにも協会報既報の共同山田記者があげたように、同様国交関係をもたぬ中仏間の記者交換の例などがある。

なお新華社では来る十二月四日（予定）の紅十字の李徳全女史来日に際し、ふたたび呉、丁両記者を随行させるが、そのあとあらためて約二ヵ月の滞在許可を得たいと希望している。（M）

李徳全女史ら昨夕来日

各地で中国人慰霊祭

26日まで全国を歴訪

中共紅十字会李徳全会長を団長とする訪日代表団の十三人はBOAC機の遅延と、香港における査証問題で予定より一日遅れ、六日午後五時二十分東京羽田の国際空港着のインド航空機で来日した。一行は二十六日まで滞日、北海道から九州まで各地を歴訪、戦時中、日本軍の捕虜となり死亡した中国人の慰霊祭を行うが、一行の来日により、今後の中共地区引揚問題など、両国の懸案が円滑に行われるものと期待されている。なお一行のうち李徳全会長、廖承志副団長（紅十字会顧問）倪斐君女史（同会副秘書長）は二度目、趙安博団員（紅十字会顧問）[illegible]団員（外交学会副秘書長）は三度目の来日である。

この日、空港には招待主の訪中代表団派遣委員会委員長大谷日赤参議院議員を始め引揚者協会長有田八郎氏、日中友好協会会長松本治一郎氏、日赤副社長葛西嘉資氏ら引揚関係者のほか、日中貿易関係の経済三団体、中共を訪問した伊藤齊明氏、かつての対中国貿易会社の名船長王行勇氏、留守家族、華僑など約八百人が出迎えた。

六時少し前、空港ロビーの記者会見場に姿を現わした李女史は「暑い」といって、オーバーを脱ぎ、「私の中国語で」汗をふきふき、大谷委員長の歓迎の辞を聞いたあと、引揚のメッセージを朗読、ふりそで姿のお嬢さんから五十に近い花束をうけとった。一行は別室で記者会見を行い、宿舎ホテル・テイトに向った。

李女史らが記者会見中、出迎人約八百人に対して右翼系の三国人排斥協会、台湾人胡国強ら四人が李女史来日反対のビラ約三百枚をまいたので、小ぜり合いの後警戒中の羽田署空港警備派出所長が胡ら四人を空港管理事務所通路で検挙、持っていたビラ約五百枚を押収、厳重説諭して釈放した。

◇メッセージ要旨 紅十字会の代表団が貴国を訪問してからもうまる三年。この間日中間は正常化しておりませんが、この間の交流はひんぱんとなり、その関係も密接の度を加えてきました。そのうえ経済、文化関係の交流も大きな発展をとげ、日中相互間の理解も深まったと思います。今度の訪問が両国の友好関係を一層深めるのに役立つことを期待しています。

天津に百人の日本人

廖副団長語る　遺骨二千三百柱も集める

李徳全女史ら一行は空港特別待合室で記者会見を行ったが、席上、紅十字会総顧問廖承志副団長は天津に百人の日本人が帰国の日を待っていること、二千三百柱の遺骨の収集を終ったことを明らかにし、さらに今後の中共地区からの引揚問題その他については引揚三団体との間で行われる懇談会で中共側の態度を述べるむね語り、注目をひいた。記者団と廖副団長との一問一答次のとおり。

問 現在天津で帰国船を待つ人を含め多数の日本人が帰国の日を待っているといわれるが、その数は――

廖副団長 八人の戦犯のほか日本に帰国を希望するもの、里帰りを希望するもの約百人が集まっている。百人のうち、帰国希望者の方が大半を占めており、これらの面倒は紅十字会でみている。

問 中共への帰国船配船問題で、日本政府と引揚三団体との間で意見がくいちがい、配船できない状況にあるが、この問題の解決についてどう思うか。

廖副団長 具体的問題については三団体との懇談会で話合うので今はさしひかえたい。

問 中共で死んだ日本人の遺骨を引きとりたいという意見が強く出て来たが中共の考えは――

廖副団長 多くの遺骨を探したが、現在私たちが調べあげたのは二千三百柱だ。具体的なことは引揚三団体と話合うが、この遺骨が一日も早く日本に送りかえされるよう準備している。

問 中共にまだ六千人ほどの日本人が残って……は待っ……

廖副団長 こ……に中共を訪問さ……共に話しあ……以後行方不明と……いて紅十字会で……当な結果をえた……れについても……い。

問 戦犯につ……戦犯と釈放の……

廖副団長 戦……い。今年っぱい……や老人、病弱者……後も政府から特……れば紅十字会と……このあと 日……

12日、三団体と会談

引揚三団体と来日代表団との会合は七日午後三時から東京の日赤本社で顔合せを行ったのち、北海道、東北方面旅行から一行が帰った十二日、正式に行われる予定である。

社団法人 日本新聞協会

協 32.12.16

“記者交換の実現を”
来日の中国両記者語る

新華通訊社の丁拓、呉学文両記者が六日、李徳全会長以下の中国紅十字訪日代表団の随員として再び来日した。

両記者は七日新聞協会を訪問、協会の横田事務局長、共同の寺西外信局長、朝日の鈴川外報部長、毎日の橋編集局次長、読売の白神編集局次長、産経の佐々木編集局次長と懇談した。席上両氏は日中間に常駐記者を相互におくことが急務であるとのべ、両国民の友好、相互理解のため、この問題を解決したいと提唱、記者交換を平等互恵の立場で実現したいとの希望を表明、日本側は特派員交換問題、両氏の滞在期限延長問題についてさらに当局と折衝することを約した。

同日夜、紅十字会代表団の廖承志副団長も記者交換問題について四社外報責任者と会談した。

十二日、両記者は法務省入国管理局に対し「日本にかんする報道を行い、中日両国間の特派員交換問題につき日本新聞協会はじめ各新聞通信社と協議懇談するため、さらに五週間東京に滞在したい」という趣旨の在留期間更新許可申請を提出した。

特派員交換問題のこれまでの経緯は協会報十二月二日号既報のとおりだが、両記者は「まず常駐特派員を交換することが先決問題で、これが解決すれば特派員の人数その他の付随的な諸問題はおのずから解決するだろう。現在はこの問題の解決にとって有利な情勢が存在しているので、日本新聞界のご協力をえて一歩一歩これを解決してゆきたい」と語っている。

丁拓（ティン・ト）氏は一九三八年法政大学を中退して帰国、延安で報道宣伝関係の仕事に従事した経歴をもち、現在は新華社国際部副部長。

呉学文（ウー・シュエウェン）氏 一九四二―三年に日本大学に学び、学業半ばで帰国、学生運動にたずさわり、解放前後には東北、北京などでジャーナリストとして活動、五三年に新華社記者となり、現在中華全国新聞工作者協会国際連絡部副部長を兼ねている。

【写真左＝丁、右＝呉の両記者】

社団法人日本新聞協会

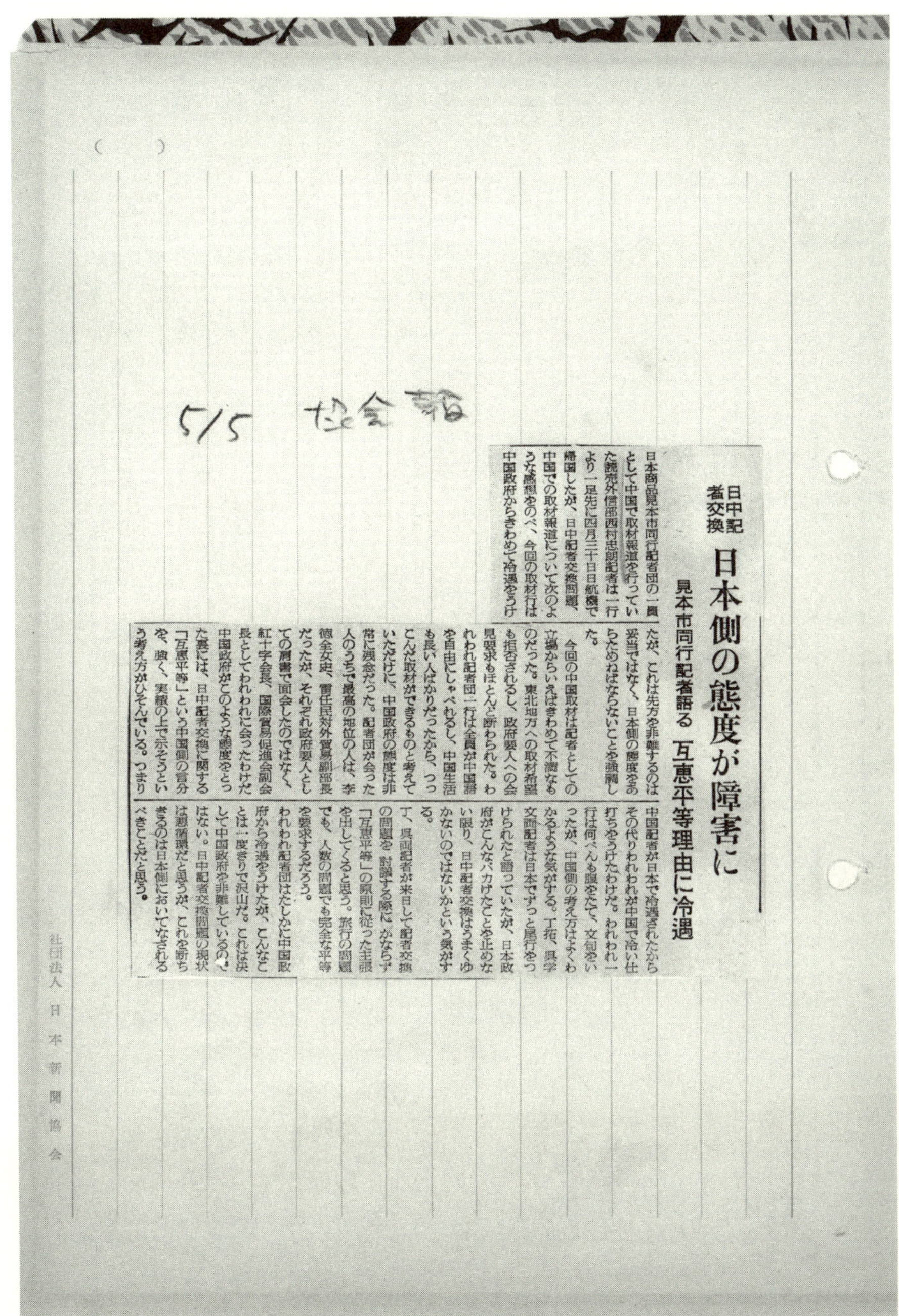

5/5

日中記者交換

日本側の態度が障害に

見本市同行記者語る　互恵平等理由に冷遇

日本商品見本市同行記者団の一員として中国で取材報道を行っていた読売外信部西村忠郎記者は一行より一足先に四月三十日日航機で帰国したが、日中記者交換問題、中国での取材報道について次のような感想をのべ、今回の取材行は中国政府からきわめて冷遇をうけたが、これは先方を非難するのは妥当ではなく、日本側の態度をあらためねばならないことを強調した。

今回の中国取材は記者としての立場からいえばきわめて不満なものだった。東北地方への取材希望も拒否されるし、政府要人への会見要求もほとんど断わられた。われわれ記者団一行は全員が中国語も自由にしゃべれるし、中国生活も長い人ばかりだったから、つっこんだ取材ができるものと考えていただけに、中国政府の態度は非常に残念だった。記者団が会った人のうちで最高の地位の人は、李徳全女史、雷任民対外貿易副部長だったが、それぞれ政府要人としての肩書で面会したのではなく、紅十字会長、国際貿易促進会副会長としてわれわれに会ったわけだ。中国政府がこのような態度をとった裏には、日中記者交換に関する「互恵平等」という中国側の言分を、強く、実績の上で示そうという考え方がひそんでいる。つまり中国記者が日本で冷遇されたからその代りわれわれが中国で冷い仕打ちをうけたわけだ。われわれ一行は何べんも腹をたて、文句をいったが、中国側の考え方はよくわかるような気がする。丁拓、呉学文両記者は日本でずっと尾行をつけられたと語っていたが、日本政府がこんなバカげたことを止めない限り、日中記者交換はうまくゆかないのではないかという気がする。

丁、呉両記者が来日して記者交換の問題を討議する際にかならず「互恵平等」の原則に従った主張を出してくると思う。旅行の問題でも、人数の問題でも完全な平等を要求するだろう。われわれ記者団はたしかに中国政府から冷遇をうけたが、こんなことは一度きりで沢山だ。これは決して中国政府を非難しているのではない。日中記者交換問題の現状は悪循環だと思うが、これを断ち切るのは日本側においてなされるべきことだと思う。

社団法人　日本新聞協会

〔(1)〕 昭和39年9月29日（火曜日） （毎週火曜日発行） 新 聞 協 会 報 （昭和18年7月5日第三種郵便物認可） 第1662号

新聞協會報

日本新聞協会
東京都千代田区日比谷
公園二番地市政会館内
電話(591)4401〜8
振替口座東京 195998番
©日本新聞協会 1964

日中記者交換いよいよ実現

九月末に相互入国 常駐期間一年単位

日本側 常駐九名、短期五名

かねて日中両国間で交渉中だった常駐特派員の相互交換について双方の意見が一致し、二十五日日本新聞協会で交換記者の氏名などを発表した。交換は相互平等の原則にもとづき、人数は新聞、通信、放送記者九名、常駐期間は一年単位である。日本側はこれに短期の臨時特派員五名（うち二名は香港特派員）を加え、一行は二十七日午後二時二十分羽田を出発、同日午後六時半香港に到着した。九月末までに北京入りし、これに対応して中国側常駐記者七名も香港経由で二十九日午後八時羽田着の日航機で来日の予定。

中国側からは七名が来日

交換記者の所属、氏名は次のとおり。

【北京常駐日本人記者】松野谷夫（朝日外報部員）、新井宝雄（毎日論説委員）、西村忠郎（読売外報部次長）、鮫島敬治（日経外報部員）、菅栄一（産経外信部次長兼論説委員）、山田礼三（共同外信部次長）、宮田弘司（西日本経済部次長）、小林一夫（NHK報道局外信部副部長）、大越幸夫（TBS報道局ニュース部副部長）。

【短期派遣記者】林茂保（北海道東京支社政経部次長）、浅井陸男（中日香港特派員）、武藤守（河北論説委員兼秋田支社長）、久保戸一（南日本編集局次長）、井上昌三（時事香港特派員）。

【中国側特派員】丁拓（新華社国際部副主任）、劉宗孟（大公報記者）、田家農（北京日報記者）李国仁（中国新聞記者）、劉徳有（光明日報記者）、劉延州（文滙報記者）。

結実した長年の努力

長期常駐の特派員交換

【記者交換交渉の経過】日本と中国との間の新聞記者の交流は、視察団や貿易使節団などに臨時に随行する短期特派員という形では、昭和二十九年ごろから行なわれてきた。しかし日中両国の新聞界では、情報の交流によって両国民の相互理解を深めるためには、長期常駐の特派員を交換する必要があるとして、かねがねその実現を願っていた。

三十一年には日本新聞協会と中国新聞工作者協会との間で常駐特派員交換の話し合いが始まり、三十三年には、とりあえず相互に二名の記者を滞在期間一年で交換することに話し合いが成立していたが、その後の国際情勢の変化で立ち消えになった。

その後も両国新聞界の間で非公式な折衝は行なわれてきたが、本年にはいって再び日中記者交換の要望が高まり、これに対し日本の新聞界としては、記者交換の目的が報道のための取材にある以上、両国新聞界の話し合いで交渉を進めることが最もふさわしいという立ち場から、少なくとも日本国内においては日本新聞協会が主体となって交渉の実現に努力するとの方針をとった。

その間、さる四月、自由民主党の松村謙三、竹山祐太郎、古井喜実各氏の一行が訪中するに当たって、日本新聞協会が側面的なあっせんを依頼し、松村氏は北京滞在中に中日友好協会会長廖承志氏との間に、貿易駐在員ならびに記者の交換に関する覚え書きを取りかわすことになった。両氏の間で合意に達したところは、交換する記者の数は八名、滞在期間は一年ということであった。

これによって交渉は急速に進展、松村氏の帰国後、新聞協会では編集委員会幹事が中心となって松村氏らとも再三懇談し、廖承志氏との折衝内容を慎重に検討、八月にはいって中国に常駐特派員を派遣する新聞、通信、放送九社を選考、日中両国間で相互平等の立ち場から九名の記者を交換する方針をたてた。さらに九月にはいって、常駐特派員九名の派遣と同時に日本から五社が短期の臨時特派員各一名を派遣することを決定した。中国側はこれら十四名の日本人記者の入国を認め、日本政府も七名の中国記者入国を認めたため長年の懸案であった日中記者交換問題は、ようやく実現の運びとなった。

なお、共産…
に英国、フラ…
が中国に特派…
り、西ドイツ…
ことになって…
駐特派員を送…
うちでは日本…

日本選手団"取材基準"きまる

日本代表選手団本部 新聞協会へ協力を申し入れ

東京オリンピックの日本代表選手団本部では、このほど、日本選手団の取材方法をこまかく決めた"基準"（別項）を作成、新聞協会に対し、取材陣がこの基準に従って活動してくれるよう協力方を申し入れた。

日本選手団の取材方法については、さる九日に開かれた東京オリンピック報道協議会報道・写真専門部会委員および報道協委員社社会部長と選手団側首脳陣との懇談会で、報道側は選手が最良のコンディションで競技にのぞめるよう取材活動の面で協力し、選手団側も取材陣にできるだけ協力することが相互に確認された。今回の基準はこの懇談会で出された双方の意見をもとに作成されたもので、時間的余裕がないため報道専門部会長山代表幹事（読売）、在京十一社社会部長会の修正意見を取り入れて確定された。

【日本選手団の取材について】（要旨）

一、選手団関係の取材については、組織委の定める関係規定、指示に従う。

二、九月三十日までの取材＝選手強化本部が従来とっている方針に沿って行なう。ただし、それまでに入村したチームの村内取材は以下の要旨でお願いする。

三、十月一日から十月二十五日までの取材＝①日本選手団入村の十月一日から競技開始の十日までは最も重要な調整時期なので、チームの計画に影響のないようとくに協力してほしい。

②村内取材＝（イ）選手団本部は毎日一回共同会見を行なう。この際報道側から要望のあった役員、選手はつごうのつく限り出席する。また新聞、ラジオ、雑誌の特性を考慮して便宜をはかる。

（ロ）その他の取材は、団長の許可をえる。とくに各チームの役員、選手の取材は、団長が連絡して監督が了解…
だし、早朝、…
時の取材は応…
（ハ）取材…
者ロビーとす…
（ニ）試合…
タビューは遠…
（ホ）電話…
じない。
（ヘ）試合…
はさしつかえ…
け配慮する。
③競技場、…
中の取材＝（…
可のあった…
定する場所で…
（ロ）競技…
は、会場管理…
（ハ）練習…
の性格、作戦…
ることがある…

報道目的の円滑な達成望む

日中記者交換に関する上田常隆日本新聞協会会長の談話＝各国の新聞界ならびに国連、ユネスコなどの国際機関は、各国間の情報の自由な交流をはかることが、国民相互の理解をすすめ、平和を維持するために欠…
件であるとし…
国際協定を通…
るため努力を…
政治組織、思…
成などの差を…
き理想である…
今回の日中…
た趣旨に基づ…
的のために行…

週刊

備的段階…
始されて…
るのに実…
いる。取…
の自由交…
響をおよ…
痛感させ…
かく記者…
われわれ…
いわれる…

第1661号

…日正午から事務局会議室で開かれ、十一月に開く予定の第四回全国紙面審査懇談会の議事、日程について話し合った。

全国紙面審査懇談会は新聞、放送の審査関係者をメンバーとし、…を開いて発足、ことし三月の第三回懇談会で年二回の開催を申し合わせている。

この日の話し合いでは、第四回全国紙面審査懇談会を十一月二十五日、二十六日の両日新聞協会で…

社の審査機構の名称、組織、構成、主要な業務の内容、紙面審査の結果がどのように紙面に反映されているか、などを具体的に記入することになっており、十月初め、各社に送付される。

大きい日中記者交換の意義

〇…懸案の日中記者交換が、ようやく実現のはこびになった。予定をめると、交換が開かれるまでこぎつけた十年の間日を要して[illegible]体制の相違が、報道[illegible]にもされほどの影[illegible]ぼすものか。改めて[illegible]れる。しかし、とも[illegible]交換の実現によって、は"竹のカーテン"と中国の首都北京にも、いく人かの"記者の目"を持つことができた。ことに中ソ関係がただならぬ状況を呈している現在、この"目"の意味は大きい。また日本にもいく人かの中国記者を迎えることによって、われわれの生活や考えかたの率直な現実を知ってもらうことができるだろう。議会や新聞を山のように積み上げても、じかめる相手の姿には限界がある。政治目的を持たない、純粋な取材特派員のことばと目を通じて、相互に積み重ねられる理解は、やがて政治や経済にも、大きな力となるであろうことを信じたい。北京に出発した各社特派員の今後のご健闘を祈る。

〇…新聞委員会が国際新聞の意図を体して、羽田空港の五輪選手団取材を禁止しようとした問題は、報道側の強い反対で別項のように解決した。かりに報道側に多少の行きすぎがあったとしても、日本の玄関で共同会見を全面的に禁止するというのはどうかしている。すでに新聞協会では、両者会の指定で、取材[illegible]自粛"の原則が明らかにされているところだし、この線にそう自主的な規制を期待するのが順序としても当然だろう。だが報道側も、組織委からこういう申し入れをせざるを得なかったこれまでの実情については、じゅうぶんに反省する必要がある。ようやく日本をおとずれてきた選手団に、取材陣やマスコミの"洗礼"をあびせかけ、余計なエネルギーを消耗させることは慎しみたいものだ。

証など配分きめる

五輪報道協議会

輸送関係専門部会

東京オリンピック報道協議会第四回輸送関係専門部会は二十六日午後一時から事務局会議室で開かれ、[illegible]アカー二百五十と報道車用オートバイ運転証など、ハイヤー百二十台の配分をきめた。同協議会ではさる四日、関係各社の東京メディアカー百十七台の配分をきめており、これでオリンピック時の取材関係の車両、オートバイの割り当て作業をすべて終了した。

期間中 支障ない見通し

国鉄 新聞輸送の増結案示す

東京オリンピック開催中の国鉄による新聞輸送については、さる五月国鉄に対し新聞輸送協議委員会から要望を行なったが、さきに開かれた国鉄本社との打ち合わせ会で、国鉄から次のような輸送増結案が示されたため、同期間中の新聞輸送はほぼ支障がないという見通しになった。

国鉄によるオリンピック新聞輸送計画によると、期刊については十月九日から二十五日組み込みまで、夕刊については十月十日から二十四日組み込みまでの期間、朝刊二十四ページ（現行十六ページ）以内、夕刊十二ページ（現行十ページ）以内の新聞輸送を行なうことになっており、これに伴い新聞専用荷物車を各支社ごとに関東九、中部四、関西七、西部六、計二十六両増結する。

なお、前記以外の手配を要するものは八九三Ｍ列車ほか十六列車となっている。

免税外紙輸入の要望書検討

用紙委員会

用紙小委員会は二十五日東京・日比谷会館会議室で開かれ、四十年度の新聞用紙輸入にあたっては関税を無税にしてほしいとの通産、大蔵両大臣あての要望書原案を検討した。

四十年度の新聞用紙需給はさきの用紙委員会で検討した結果、週止在庫（十五日分）を考慮すれば不足量は約三万五千トンとなり、最近増設を認められた十条製紙釧路工場の新マシン（四十年十月始動予定、日本取り、月間能力八千トン）の増産量を加えてもなお三万トン以上の外紙を輸入しない限り、四十年度こうかなりの用紙不足に見舞われることが予想されている。このため同委員会ではさきに調査もあって、外紙輸入にあたっては関税を無税にしてほしいとの意向をもっている。

用紙委の要望書は十月九日に開かれる理事会の了承をえて提出される。

新聞界から三氏推薦

都青少年健全育成審議会委員に

新聞協会は十八日、東京都知事あてに十月一日から施行される東京都青少年健全育成条例の「青少年健全育成審議会」委員に新聞界から朝日新聞東京本社記事審査部長吉村幸一、毎日新聞東京本社編集委員[illegible]、読売新聞新聞監査委員長小野昇の三氏を推薦した。

都条例の動き など情報交換

マスコミ倫理懇談会

第百九回東京地区マスコミ倫理懇談会は二十五日正午から誤放送会議室で開かれ、事務局報告のあと、各界の情報交換が行なわれた。東京都青少年健全育成条例のその後の動きについては、さきに都側から都健全育成審議会の委員として業界代表三名を推薦してほしいと各団体あてに要望があったが、各団体はこのほどそれぞれ出版関係＝布川角左衛門（出版倫理協議会議長）、映画関係＝[illegible]一（映倫管理委員会事務局長）、広告を含む興行関係＝加藤[illegible]（全国興行環境衛生同業組合連合会事務局長）の三氏を推薦した。この

ほか千葉（時事出）、福山、山形、福島、島根の各県で青少年保護育成条例の動きがみられると報告があった。

事務局からはＳマスコミ倫理研究会で検討した「マス・メディアの社会的責任」のまとめにあたっては各メディアの現状と問題点を記録するだけでなく、将来への"総括的"展望も加味した内容のものにしたい、Ｓ東北地区マスコミ倫理懇談会の常任幹事会が二十八日仙台で開かれる、などが報告された。

「調査における職業分類」の話きく

広告調査研究会

広告委員会の広告調査研究会は二十五日午前十一時から事務局会議室で開かれ、統計数理研究所の鈴木達三氏から「調査における職業分類」について話をきいたあと、広告調査研究会の「仕事の方向」について、小林三千夫氏（朝日・広告企画調査部員）の試案をもとに、意見を交換した。

次回は十月二十八日。

告知板

…東京支社長変更…

◇北海道新聞社

東タイ社長に小田氏

岡村氏 は会長

スポーツタイムスを別会社に

東京タイムズ社の臨時株主総会は二十五日午前、同社で開かれ、取締役十三氏を選任、引き続き開かれた取締役会で、岡村二一社長を代表取締役会長に、小田善一副社長を代表取締役社長にそれぞれ選任したほか、同社のスポーツタイムス発行部門を別会社とすることをきめ、これに伴い、東京取締役広告局長大村正計氏を新会社スポーツタイムス社の取締役社長とすることになった。

新役員、幹部級の人事は十月一日付けで発令されるが、そのおもなものは次のとおり。

（敬称略、カッコ内は前職）

▽東京タイムズ＝代表取締役会長岡村二一（同社長）、代表取締役社長小田善一（副社長）、専務取締役・東タイ印刷社長[illegible]慶治（東タイ印刷社長）、取締役編集主幹[illegible]（編集局長）、取締役企画局長岡村義一（販売局長）、取締役大村正計（業務取締役広告局長）、編集局長[illegible]（同局次長）、販売局長[illegible]（同局次長）、広告局長業務取締役小田善一。

▽スポーツタイムス＝取締役社長 大村正計、業務取締役編集局長 武田正明、取締役 岡村二一、同小田善一、同[illegible]、同[illegible]、監査役 田中[illegible]。

岡村会長の話＝東京オリンピックが終わった時点でさらに前進するため、役員、幹部級の若返りをはかるとともに、スポーツタイムス発行を別会社で行なって能率化をはかることになった。広告の関係などで一社で二紙発行するというのは問題が多く、日本でも読売と報知のようにほとんどが別会社になっている。それに最近は販売店からの要望も強く、新しい前進体制のための人事である。

ことを解釈し、結論を引き出すものであるが、そのよりどころとなる法律がなければならない。それがこんどの裁判では"のぞき見"の罪を規定した軽犯罪法一条一項二三号など…であった。これらの法律をそのまま適用するのではなく、これらの法律のなかにプライバシーの権利を認める趣旨が含まれて

プライバシーの権利と言論・表現の自由との関連について判決に対する見方はつぎのようにわかれている。毎日は「言論・表現の自由との関連をもつ文学作品の場合、生活権、人格権がそれに必ず優先するとなると問題…民主主義の立ち場から必ずしも軽々には同意できない…」といい、読売も「判決が言論・表現

の関連が改めて見直されることを望みたい…」、毎日「一審の判決によってこの問題ははじめて具体性をもった。今後さらに論議を重ねることは有意義だろう…」などとして、この論議を期待する声も多かった。

（審査室）

中国特派員一行が来日

報道関係者多数出迎え

日本特派員　北京から「第一報」

報道陣に囲まれた中国特派員の一行（エアターミナル・ホテルで）

九月二十七日羽田を出発した北京特派の日本人記者一行は、同日香港に到着、同地で中国からの東京特派員七氏と懇談したのち、二十八日九龍駅発の列車で中国にはいった。常駐特派員九名は、同時に入国した臨時特派員五名とともに、二十九日広州から空路北京にはいり、さっそく十月一日の国慶節のもよう、中国の印象などをいきいきと伝える電報を送り、一日夕刊から各紙をかざっている。

いっぽう中国からの東京特派員七名も、九月二十九日夜香港から羽田空港に到着した。

七名もの中国記者が日本に常駐するのは戦前、戦後を通じて初めてのことで、空港には新聞協会江尻事務局次長、報道関係各社代表、自民党代議士竹山祐太郎氏など多数が出迎えた。

一行は、新聞協会が用意した空港ビル内エアーターミナルホテル「鳳の間」で休けいしたが、歓迎陣、報道関係者を前に一行を代表して新華社国際部副主任丁拓記者はつぎのようなあいさつをした。

尊敬する竹山祐太郎先生ならびに日本新聞界のみなさん、このほど日中記者交換が実現し、本日中国の記者七名が日本にまいりました。あと二名も遠からず日本にきます。

日本にくる途中香港駐在の日本特派員の皆さんの心からの歓迎をうけ、楽しい一夜を過ごしました。本日はまた多数のお出迎えをいただき感謝にたえません。

日中記者交換の実現により、日中記者双方が、それぞれ相手の国を深く知るようになり、お互いに真実の報道をし合うことによって両国民の相互理解を深めることができると確信しています。

しかし、まだ私たちは到着したばかりで日本の実情をよく知りません。そういう点で今後とも日本の新聞界の友人諸氏のご援助をお願いします。

ついで一行は宿舎の東京千代田区ダイヤモンドホテルに向かったが、二日まで同ホテルに滞在、三日午後同区内の東京グランドホテルに移った。丁拓新華社特派員の話では「まだ落ち着いていないので本格的な取材活動はこれから」ということだが、在日中国人の国慶節を祝う集まりなどに出席し、早くも活発な報道を始めている。

"電波新聞"初の公開実験

毎日　静電記録装置に関心あつまる

声のニュースが同時に紙に記録されて出てくるという"電波新聞"の実験が東京有楽町の毎日東京本社と池袋の西武百貨店の間で二日から二十四日まで行なわれている。

これは毎日が三年ほど前から、松下通信工業、東方電機と協力して研究を進めてきたもので、声のニュースとこれを紙に記録する二つの信号を多重化してFM送信し、これを受信側で同時に二つに分けて受信できるものである。使用電波は松下の通信電波四六九・二MCで、毎日から送信、これを七・六キロ離れた西武の七階の実験会場で受信する。

ニュースの内容は、オリンピック関係その他の解説で、声のニュースはラジオと同じだから目新しくないが、東方電機がシカゴのA・B・ディック社の技術を導入して作った静電記録装置が関心を集めている。

静電記録というのは文字…気で書いてこれに有色粉末（トナー）を吸着させて現像し…ターで加熱して定着する…

週間アンテナ

五輪外国選手の「顔写真」集め

組み写真の選定が大仕事

あらゆる手づるで集めた数千枚

共同通信が五月から加盟社に配信してきたオリンピック参加外国選手の「顔」の写真通信が九月二十八日に一応終わった。三百枚一組み（A）と千枚一組み（B）の特別配信で申し込みは加盟各社から約半数ずつ、加盟社以外にも毎日新聞が一組み。

計画が立てられたのはことしになってから、「顔写真の配信など昔からできたためしがない」と二の足を踏んでいたAPなど海外の協力通信社を説得、同社のあらゆる機能を動員して写真集めに着手したのが今年四月のこと。

まだ出場選手がだれかもはっきりきまっていない段階なので、「六千人選手が来るならその倍は集めなければ」と、APはじめ通信を交換している通信社はいうに及ばず、在日外国公館、オリンピック・アタッシェ、共同の海外特派員を動員、交換通信社とは、「日本の選手やオリンピック施設の写真とこちらの選手を交換しよう」と持ちかけてかなりの成果があがった。外国公館は概して不成績。地域別には、共産圏の集まりがよく、中南米、アフリカがいちばんむずかしかった。

こうして写真は数千枚集まったが、ここから三百枚なり千枚を選び出すのが大仕事。選定の基準は、金メダル候補、有力選手、それに"絵"になる話題の選手にしぼったが、それでも、どこで線を引くかが至難のワザであることに変わりはない。それに、「大会間近になって"スイ星のごとく"大記録を出した新人、というのが最大のニガ手」（共同写真部内藤氏）だったという。しかし、一年前からの海外のあらゆる競技会のデータを一冊の台帳にまとめ、前もって目星をつけていただけに、まごつくことはそんなになかったそうだ。さらに、一人の選手を選んだ場合、いくつかの写真の図柄をみて、どの写真が良いか、顔写真にするか動きのある写真（「フォーム写真」と共同では呼んでいる）にするかを決断しなければならない。

こうした苦労をかさねて、金メダル確実組みと必ず話題になる選手の組み三百枚（顔二百、フォーム百）、有力選手を加えた組み千枚（顔七百、フォーム三百）が選ばれ、五月二十八日から一日十枚のペースで配信され始めた。競技種目の訂正が一件あったほかは、こうした場合にありがちな人違いなどのミスもなく、入念な事前調査がモノをいっているらしい。

顔写真集めには、多くの苦労と経費がかかったが、ちょっとした効用もある。外国選手が羽田に着いたとき、共同の記者は写真をあらかじめポケットに忍ばせて、本人を確認する材料にしているという。

来日選手がふえるにつれて、配信終了以後も毎日写真が集まっているが、「写真の入れかえをしてもキリがないし、それはそれで別にファイルして、いざという時にそなえている」（角田写真部次長）ということなので、予想外の番狂わせが出ても、各紙が"顔なしのメダリスト"に悩まされる心配は解消しているようだ。

王子製紙、十条製紙、東北パルプの三社は、このほど在京の取り引き新聞社に対して「来年四月以降、新聞用紙価格を…」と申し入れた。

新聞用紙は三十七年十一月以…

小型ファッ…

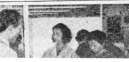

が、A・B・ディック社の方式は、静電潜像を描くのにエレクトリック・プリンティング・チューブ(EPT)という特殊ブラウン管を利用するのが特徴。これは、ブラウン管のけい光面に当たるところに多数の針状の電極を埋め込んだもので、この針に文字に応じて電荷がかかり、静電潜像を作る。テレビの画面を送信するのと同じようなものだから、周波数によっては超高速記録も可能になる〟今回の実験では、周波数が限定されているため、A4判の紙面を送るのに一分三十六秒かかること、EPT管が千ドルくらいするので技術の値段が高い、大きさが机を二つ並べたくらいで家庭にはちょっと置けない、定着温度がやや高過ぎるので、余白が多少黒ずんで見える、画線密度がミリ四本なので鮮明度が落ちる、A4判一枚の用紙代が約三円するなどの欠点があるが、電波新聞の公開実験としては初の試みであり、実用化の第一歩として大いに注目されている。

〝電波新聞〟の公開実演（西武百貨店の会場で）

混乱もなく円滑に

常陸宮正仁親王のご結婚取材

常陸宮正仁親王と華子妃の結婚式は九月三十日皇居であげられたが、その取材は、三十四年の皇太子ご結婚の場合とほぼ同様の要領で、トラブルもなく円滑に行なわれた。

宮中賢所での「結婚の儀」のもようは、宮内庁記者会所属の新聞、放送十五社から各一名がモーニング姿で参列、取材し、賢所付近ではやはりモーニング姿のNHKカメラマン、ライトマン（テレビ代表取材）が取材した。写真は賢所付近と結婚式のあとの「朝見の儀」に限り宮内庁嘱託の代表撮影で各社共通。常陸宮ご夫妻がそれぞれ、三十日朝に御殿、自邸を出られるときや、皇居から御殿に帰られる際は各社の自由取材が行なわれた。

皇太子ご結婚のときとちがってこんどは馬車によるパレードがないので、沿道取材は写真、録音インタビュー程度、また皇居から常陸宮御殿まで報道陣がご夫妻のお車に随行する点について、交通規制との関係で警視庁が難色を示していたが、これも報道陣の車を二列にして走らせることで折り合いがつき、取材には支障がなかった。

また新宿区下落合の津軽邸の前の道路が狭く、混雑が予想されていたが、これも大したことはなかった。宮内庁では「新聞、放送、雑誌とも各社の協力のおかげで非常にスムーズに進められた」と喜んでいる。

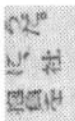

結婚式の記事、写真は、三十日夕刊から一日朝刊にかけて全国各紙で大きく報道されたが、放送の場合も、当日はいくつもの特別番組が組まれた。

テレビの代表取材に当たったNHKでは、午前九時三十分から一時間、VTRをまじえたナマ中継。ほかに三本の特別、特集番組が放送された。このため宮中にはいった中継用テレビカメラは賢所参集所前の広庭に二台、左脇舎（あくしゃ）と奏楽舎の間に一台、宮内庁正面に一台の計四台。別にNHK単独のカメラが坂下門付近に二台配置された。民放各社はNHKからの中継を軸に座談会、フィルム構成などで一時間から一時間二十分の特別番組み、NTV、TBS、フジなどは別に短い特別番組みを放送した。

ラジオはNHKとTBSが中継このほかNHKの特別、特集番組みが四本、TBSも沿道でのインタビュー、座談会などで約一時間二十分の特別番組みを作った。このほかニッポン放送が町の声を集めて十五分番組みを組んだ。

タイプ、電話など備え店開き

五輪プレス・ワークルーム

オリンピック・プレスセンター三階の〝プレス・ワークルーム〟はようやく内装、備品のとりつけを終わり、三日オープニング・セレモニーを行なった。

約六百平方㍍のこのへやには内外報道関係者用にタイプ百六十台、電話、テレビなどが備えつけられており、海外への送稿業務はルームわきに設けられる国際電電公社出張所で行なわれる。

また、ワークルームは組織委報道部と内外報道関係者とのインフォーメーションの場となり、競技日程その他お知らせなどすべてここで発表される。【写真はプレスセンターのワークルーム】

訪日五輪記者にサービス

特別体制とる外人記者クラブ

東京丸の内の外人記者クラブでは、オリンピック報道のため来日する外国特派員千余名のため、歓迎パーティーを催したり、サービスの拡充をはかるなど十月いっぱいは特別体制をとることになった。

同クラブでは、まず世界各国から集まってくる特派員のうちIDカードを持っているものを、十月末までゲスト・メンバーとして迎え会費一か月分（三千二百五十円）を支払えば、クラブの施設やサービスいっさいを利用できるようにした。また、図書室にIBMのテレタイプを備え、ダイニング・ルームにテレビ六台を置いて競技を中継する六局のどのチャンネルの番組みでも見られるよう便宜をはかるとともに、時差の関係で夜おそくまで働かなければならない特派員のために、食堂は夜十一時まで開き、それ以後はバーで午前三時まで軽食のサービスをするし、電報局のお使いさんも引き受けるという。

五日には午後七時からフロアー・ショーやダンスのあるプレ・オリンピック・パーティーが全会員のために開かれ、十一日には午後五時から正会員が主催する訪日特派員歓迎パーティーが開かれるが、この歓迎パーティーには特派員のほか組織委員会の役員も含めて千七百名に招待状がおくられている。

…クス設置認める

主競技場と水泳場記者席

…はオリン…場の記者…機の設置…員会に要望していたが、このほど高永報道部長から大富委員長あてに、設置を認めることになったと連絡があった。ただし、小型ファックスの設置にあたっては、①ひとりの割り当て席より小さいこと、②隣の記者に取材上じゃまにならないこと、③通路上に置かないこと、④競技終了後、保管には責任を持たない、⑤電送機の操作は席上の記者とし、その他のものには入場証を発行しない、などの条件がついている。

三宅氏に加古川名誉市民賞

加古川市はこのほど劇評家三宅周太郎氏（七三）＝毎日新聞社嘱託、京都市右京区嵯峨野東町＝を初の名誉市民に決めた。同氏には十一月三日に名誉市民賞、記念品が贈られる。

専用線

中日新聞

◇…中部日本新聞社では、昭和十七年戦時統合によって同社が誕生して以来二十二年間にわたって使ってきた「中部日本新聞」の題字を、来年一月一日から「中日新聞」と改めることになった。

◇…改題が本格的に研究されはじめたのは二年余り前からで社員、販売店、読者調査などの結果、「中日」、「中日新聞」と呼んでいる人が圧倒的に多いこと、また同社の関連事業にも「中日」の呼称を多く用いていること、「中部日本新聞」の六文字より四字のほうがPR効果の上でも適当である、などの理由から題字変更となったもの。

◇…新題字も現在のものと同様、筆者は石田泉城氏、バックの図柄には現在用いられている工場の煙突、蒸気機関車などにかわってテレビ塔、貨物船、超特急が描かれており、時代の移り変わりを示している。なお、社名は変更されない。【カットは新題字】

十月九日（金）午後一時　事務局大会議室
【議題】①FIEJ第三回技術会議への代表派遣　②新聞用紙輸入関税の無税措置一年延長に関する要望　③定款改正　④入会申し込み

五月二十六日開催の在京編集委員会は、日中記者交換問題について、〃松村、廖会談メモ〃に対する外務省、法務省の見解をもとに意見交換を行なつた結果、中国側に対する上田新聞協会長名の書簡を竹山祐太郎氏を通じて出すこと、今後の問題の検討のため、毎日、読売、日経、共同、NHKの五社からなる小委員会を設置することを決めた。

その結果、まず書簡の取り次ぎを依頼したところ、松村謙三、竹山祐太郎、古井喜美の三氏は、現在の段階で新聞協会が中国側に書簡を出すのは得策ではないとの理由で、書簡取り次ぎを拒んだ。そのため、六月十日開催の第一回小委員会は三氏に窓口の性格について再度ただすことを決め、六月十七日開催の第二回小委員会で、三氏を招いて懇談した。この結果、三氏側から国内問題については全面的に新聞協会に一任するが、中国側との折衝については、現段階では三氏側で行なうといつた趣旨の説明があり、さらに貿易事務所の設置と記者交換は関連した問題として考えられている、などの点が明らかにされたので、これを編集委員会に報告して今後の措置を考えることになつた。

以上

1964年6月19日
第219回理事会

日中記者交換については、前回理事会で報告したとおり、六月十七日の日中記者交換に関する編集委員会小委員会で松村、竹山、古井の三氏の見解を聞いたが、その後七月二日開催の在京編集委員会で右三氏の見解を中心に今後の方針を検討した。その結果、七月十日の自民党総裁選挙後、内閣改造が終了するまでは、担当大臣の交代なども考えられるので、事態の予測がむずかしいとの判断に立ち、内閣改造後改めて検討を進めることに意見一致し、翌日この結論を松村謙三氏に伝え、今後の尽力を要請した。
七月十四日開催の第一九三回編集委員会では、これまでの経緯を報告した結果、前記在京編集委員会で決定した方針を了承するとともに、この問題については新聞界が一致して行動するとの第一九一回編集委員会の決定を再確認した。

以上

1964年7月22日
第220回理事会

れば新聞界に許

一月末にドゴール大統領が中仏間の外交関係樹立を発表して以来、日本にも中国接近ムードが高まり、新聞界にもこの機会に懸案の日中記者交流問題を解決しようという動きが出てきた。たまたま二月に中国を訪問した自民党の田川、藤井両代議士が帰国して北京で記者交流問題を話し合つたことから、記者交流を早急に実現させようという動きが具体化し、国会でもこの問題をめぐる質疑が行なわれ、日本政府もその実現に積極的態度を示した。これに従い各社から協会に記者派遣の希望申し出があつた。

新聞協会では、こうした情勢を考慮し、横田事務局長が来日中の中日友好協会秘書長趙安博氏と懇談の結果、西村協会会長職務代行者名の呉冷西中国新聞工作者協会長あての文書（二月二十八日付け）を作成して、同氏に託し常駐特派員の交流に関する交渉の再開を呼びかけた。

この問題については昭和三十一年に、日本新聞協会と中国新聞工作者協会との間で交渉がはじめられたが、昭和三十三年の長崎国旗事件以来日中両国の関係が悪化し、交渉は中断されていたものである。

なお、政党筋、日中友好協会、その他新聞界以外にも記者交換の実現をめざすさまざまな動きが出てきたが、三月十一日に開かれた編集委員会では、交渉当事者は新聞界を代表する日本新聞協会に窓口を一本化して混乱を防ぐよう申し合わせ、外務当局もこの方針によるほか、早期解決は不可能であるとしている。

以上

1964年3月25
第216回 理事会

第3回国際委員会

昭和32年8月8日

（ロ）中共記者の日本滞在に関する件

原水爆禁止世界大会に出席する中国代表団に加わって来日した新華社特派員呉学文，丁拓両氏を同大会終了後も引続き日本に滞在しうるよう事務局が努力しているむねを横田事務局長から報告があったのに対して，後藤委員（協会常任理事）から，北京に特派されている日本記者のことも考慮し，ニュースの自由交流という立場から，新聞協会として当局の善処を要望することを9月の次回理事会に提出してはどうか，との意見が述べられ一同同意した。

第13回　国　際　委　員　会

日時　昭和35年5月18日　午後1時30分
場所　日本新聞協会　役員室

2. 日中記者交流計画に関する件

本年3月に編集委員会で北朝鮮・韓国との記者交流問題が論議された機会に中国との記者交流問題もふたたび取りあげられ，その実現の第一段階としてまず中国記者団を日本に招待してはどうかという意見が多く，同委員会では政府に対しこの計画実現に障害をともなわないよう確約をとりつけることになった。これにたいし政府はさる5月7日椎名官房長官が外務・法務両省の責任者をまじえて協議した結果，新聞協会が自主的に民間ベースで交渉するならば異存はない旨，同9日付けで協会あて回答を寄せた。これに基づき同委員会は①12～13名を②3週間③日本到着後離日までの全経費を日本側で負担するという同委員会在京幹事会の招待計画原案を検討することとなった。

以上のような経過に基づき招待計画案について意見の交換を行なった結果，中共記者招待はさる昭和30年7月中共に招かれた14社（15名）の返礼の形で行ない，中共側の招待に見合って，招待人数は15名期間は約1か月とし経費は羽田到着から離日までのいっさいを新聞協会および前回招待を受けた13社（日本ジャーナリスト会議を除く）で分担することが望ましいということに意見が一致，これを理事会に上申することとなった。

第16回国際委員会

日時　昭和36年5月16日　午後2時
場所　日本新聞協会　小会議室
【議事経過】

1. 日中記者交換問題

さきごろ通商代表として中国を訪問した山本熊一氏が北京で周恩来氏と会見したさい，日中記者交換問題が話題にのぼり，山本氏は帰国後当協会に，日本側から具体案をもって交渉をもちかければ，実現の可能性があると思われるから，新聞協会で研究してみてほしいと申しいれてきた。日中記者交換問題は新聞協会としてもかねてからの懸案であるが，日本政府側は常駐記者を交換する場合，その人数をできるだけ少数にしぼりたい意向のようであり，それでは日本の新聞社側の希望する派遣記者数を満たし得ないおそれがあるので，新聞協会としてはとりあえず会員各社に北京に常駐特派員を派遣する希望の有無を問い合わせ，その結果として得られた人数にもとづいて，政府と折衝のうえ一応の見とおしを得てから文書をもって中国新聞工作者協会と連絡をとることに方針を決定した。

第17回　国　際　委　員　会

日時　昭和36年11月17日　正午
場所　日本新聞協会　役員室

〔報告事項〕

（イ）日中記者交換問題

前回の国際委員会の決定に基づき会員各社に中国に常駐特派員を派遣する希望の有無を問い合わせたところ，13社からその希望がある旨の回答を得たが，その後まだ具体的な動きをとるに至っていない旨を報告した。

第20回 国際委員会

昭和39年7月20日

2. 報告事項

(2) 日中記者交換問題の経過について報告。

第21回 国際委員会

昭和39年9月9日

5. 報告事項

日中記者交換の経過について報告した。

五月十二日開催の第一九一回編集委員会は、日中記者交換問題につき意見交換の結果さきの松村謙三氏と中国側との間の折衝結果（別紙）にもとづき交換を実現する方向で今後具体的検討を行なう、との方針に意見の一致をみた。

さらに、この方針により、記者交換実現への具体的方策を協議の結果、

1. あくまで新聞協会が主体となつて、記者交換問題に対処する。
2. したがつて新聞協会一本の姿で、具体的検討を行なう。
3. 派遣社については、新聞協会にたいする自発的申し出社を対象として選考する。

との意見に一致した。

日中記者交換問題については、これよりさき、四月二十八日には、在京編集委員会幹事と古井喜美氏（松村氏と同行、ひと足さきに帰国）との懇談を行ない、同氏から大要の説明を受けたが、その後帰国した松村氏からも上田会長（代理）にたいし、折衝結果についての事情説明と経過報告が行なわれた。これらの経緯を経て、前記の編集委員会方針となつたものであるが、五月十五日には在京編集委員会を開き、松村氏ならびに竹山祐太郎氏（松村氏と同行）からいろいろ説明を聞いたあと、今後とるべき具体的措置について意見を交換した。その結果、今後、問題を検討するためには、事前に解決すべき事項もあり、同時に政府当局の意向も確かめる必要があるので、必要な情報を集めたうえで、改めて協議、さらに編集委員会としての態度を固めることになつた。

以上

1967年5月23日
第218回理事会

日中両国間に常駐特派員を交換することによって、報道の交流を促進し、相互の理解を深めるため、当協会では本年二月末、中国新聞工作者協会あてに文書で記者交換の呼びかけを行なつた。

これに対する返信は、まだ届いていないが、当協会では三月三十一日に上田新会長名で返信をうながす書信電報を発信した。

四月一日に南漢宸氏ら訪日中国経済友好代表団一行に加わつて来日する予定であつた新華社の呉学文記者の入国が日本政府によつて拒否され、同代表団一行の来日、東京での中国見本市の開催、松村謙三氏ら一行の訪中も困難となるのではないかとあやぶむ向きもあつたが、結果においてはその懸念もなくなり、四月九日には松村謙三氏ら一行に七社の記者が同行して訪中した。松村氏らも、記者交換問題は両国新聞協会の間で話し合いを進めるべきだとしており、今回の訪中にあたつては側面的に援助すると述べている。

以上

39.4.16
217

1964年4月16日
第217回理事会

日中記者交換の経緯

日本と中国との間の新聞記者の交流は、視察団や貿易使節団などに臨時に随行する短期特派員という形では、昭和二十九年ごろから随時行なわれてきた。しかし日中両国の新聞界では、情報の交流により、両国民相互の理解を深めるためには、長期常駐の特派員を交換する必要があると、かねがねその実現を願つていた。

昭和三十一年には、日本新聞協会と中国新聞工作者協会との間で、常駐特派員の交換に関する話し合いがはじまり、三十三年にはとりあえず相互に二名の記者を、滞在期間一年で交換することに話し合いが成立していたが、その後の国際情勢の変化で、せつかくの話も立ち消えになつた。

その後も両国新聞界の間で、非公式な折衝は行なわれてきたが、たまたま本年にはいつて再び日中記者交換の要望が高まつてきた。これに対し日本新聞界としては、記者交換の目的が報道のための取材にあるから、両国新聞界の話し合いで交渉を進めることが最もふさわしいという立ち場から、少なくとも日本国内においては日本新聞協会が主体となつて交換の実現に努力するとの方針をとつた。

その間、去る四月、自由民主党の松村謙三、竹山祐太郎、古井喜美各氏の一行が訪中するにあたつて、日本新聞協会は中国側との交渉の側面的なあつせんを依頼したところ、松村氏は北京滞在中に中日友好協会会長廖承志氏との間に、貿易駐在員ならびに記者の交換に関する覚え書きを取りかわすことになつた。両氏の間で合意に達したところは、交換する記者の数は八名、滞在期間は一年ということであつた。

1964年10月9日

第222回理事会

松村氏の帰国後、日本新聞協会では編集委員会幹事が中心となつて、松村氏とも再三懇談し、廖承志氏との折衝内容を慎重に検討したうえ、八月にはいつてから中国に常駐特派員を派遣する新聞、通信、放送九社（朝日、毎日、読売、サンケイ、日本経済、西日本、共同通信、ＮＨＫ、東京放送）を選考、日中両国間で相互平等の立ち場から九名の記者を交換する方針をたてた。さらに九月にはいつて、これら九名の常駐特派員派遣と同時に、日本から五社（中部日本、北海道、河北、南日本、時事通信）が短期の臨時特派員各一名を派遣することを決定した。かくて中国側がこれら十四名の日本人記者の入国を認め、日本政府も別記七名の中国記者の入国を認めたため、長年の懸案であつた日中記者交換問題は、ようやく実現の運びになつたものである。

共産圏以外の国では、すでに英国、フランス、カナダの三国が中国に特派員を常駐させており、西ドイツも近く特派員を送ることになつているが、九名もの常駐特派員を送るのは、自由諸国のうちでは日本がはじめてである。

1964年10月9日
第222回理事会

中国側特派員名簿

新華社国際部副主任　丁（ティン）拓（トー）

人民日報記者　李（リー）紅（ホン）

大公報記者　劉（リユウ）宗（ツオン）孟（モン）

北京日報記者　田（テン）家（チア）農（ノン）

中国新聞社記者　李（リー）国（クオ）仁（レン）

光明日報記者　劉（リユウ）徳（トウ）有（ユウ）

文滙報記者　劉（リユウ）延（イエン）州（チヨウ）

1964年　10月9日
第222回理事会

中国短期派遣日本人記者名簿

社名	役職	氏名
北海道新聞社	東京支社 政経部次長	林茂保（ハヤシシゲヤス）
中部日本新聞社	香港特派員	浅井陸男（アサイムツオ）
河北新報社	論説委員 兼秋田支社長	武藤守（ムトウマモル）
南日本新聞社	編集局次長	久保戸一（クボトイチ）
時事通信社	香港特派員	井上昌三（イノウエショウゾウ）

1964年 10月9日
第222回 理事会

北京常駐日本人記者名簿

社名	職名	氏名
朝日新聞社	外報部員	松野谷夫（マツノタニオ）
毎日新聞社	論説委員	新井宝雄（アライタケオ）
読売新聞社	外報部次長	西村忠郎（ニシムラチユウロウ）
日本経済新聞社	外報部員	鮫島敬治（サメジマケイジ）
サンケイ新聞社	外信部次長・兼論説委員	菅栄一（スガエイイチ）
共同通信社	外信部次長（部長待遇）	山田礼三（ヤマダレイゾウ）
西日本新聞社	経済部次長	宮田弘司（ミヤタヒロシ）
日本放送協会	報道局外信部副部長	小林一夫（コバヤシカズオ）
東京放送	報道局ニュース部副部長	大越幸夫（オオコシユキオ）

1964年10月9日
第222回理事会

1. 日中記者交換に関する報告

日中記者交換については、内閣改造、担当大臣の交代などがあつたため、しばらく事態を静観していたが、八月四日の在京編集委員会で交換記者八名のワクをさらにひろげる交渉を行なうことに決定、交渉の結果、これを九名に増員することとなつた。

八月十四日在京幹事会で協議した結果にもとづき、八月二十日に特派員派遣希望二十一社の第一回会合を開き、岩佐代表幹事に九社（九名）の人選を一任、同二十四日の第二回会合で岩佐代表幹事の提示した決定案どおり、つぎの九社を中国特派員派遣社に決定した。

朝日、毎日、読売、サンケイ、日経、ブロック三社の中から一社（のち西日本に決定）、共同、NHK、民放七社の中から一社（のちTBSに決定）

選にもれた社については、新たに交渉の結果、五名のワク内で一か月程度の短期特派が認められたため、九月四日の中国常駐特派員派遣九社からなる編集委員会拡大幹事会で、北海道、中日、河北、南日本、時事の五社を短期特派員派遣社に決定、九月八日常駐・短期特派員十四名の第一回渡航準備会を開いた。

なお、常駐特派員九名のワクについてはできるだけ早く、増員を実現するよう努力することになつている。

また、特派員派遣に関するいつさいの発表は、適当な時期に新聞協会がまとめて行なう。

以　上

1964年9月17日
第221回理事会

日中記者交換に関する報告

日中記者交換については、内閣改造、担当大臣の交代などがあつたため、しばらく事態を静観していたが、八月四日の在京編集委員会で交換記者八名のワクをさらにひろげる交渉を行なうことに決定、交渉の結果、これを九名に増員することとなつた。

八月十四日在京幹事会で協議した結果にもとづき、八月二十日に特派員派遣希望二十一社の第一回会合を開き、岩佐代表幹事に九社（九名）の人選を一任、同二十四日の第二回会合で岩佐代表幹事の提示した決定案どおり、つぎの九社を中国特派員派遣社に決定した。

朝日、毎日、読売、サンケイ、日経、ブロック三社の中から一社（のち西日本に決定）、共同、NHK、民放七社の中から一社（のちTBSに決定）

選にもれた社については、新たに交渉の結果、五名のワク内で一か月程度の短期特派が認められたため、九月四日の中国常駐特派員派遣九社からなる編集委員会拡大幹事会で、北海道、中日、河北、南日本、時事の五社を短期特派員派遣社に決定、九月八日常駐・短期特派員十四名の第一回渡航準備会を開いた。

なお、常駐特派員九名のワクについてはできるだけ早く、増員を実現するよう努力することになつている。

また、特派員派遣に関するいつさいの発表は、適当な時期に新聞協会がまとめて行なう。

以上

R0017

39年5月23日(土)
218理事会

2.

日中記者交換問題に関する報告

五月十二日開催の第一九一回編集委員会は、日中記者交換問題につき意見交換の結果さきの松村謙三氏と中国側との間の折衝結果（別紙）にもとづき交換を実現する方向で今後具体的検討を行なう、との方針に意見の一致をみた。
さらに、この方針により、記者交換実現への具体的方策を協議の結果、
1. あくまで新聞協会が主体となつて、記者交換問題に対処する。
2. したがつて新聞協会一本の姿で、具体的検討を行なう。
3. 派遣社については、新聞協会にたいする自発的申し出社を対象として選考する•との意見に一致した。
日中記者交換問題については、これよりさき、四月二十八日には、在京編集委員会幹事と古井喜美氏（松村氏と同行、ひと足さきに帰国）との懇談を行ない、同氏から大要の説明を受けたが、その後帰国した松村氏からも上田会長（代理）にたいし、折衝結果についての事情説明と経過報告が行なわれた。これらの経緯を経て、前記の編集委員会方針となつたものであるが、五月十五日には在京編集委員会を開き、松村氏ならびに竹山祐太郎氏（松村氏と同行）からいろいろ説明を聞いたあと、今後とるべき具体的措置について意見を交換した。その結果、今後、問題を検討するためには、事前に解決すべき事項もあり、同時に政府当局の意向も確かめる必要があるので、必要な情報を集めたうえで、改めて協議、さらに編集委員会としての態度を固めることになつた。

以　　上

日中双方の新聞記者交換に関する高碕事務所と廖承志事務所の会談メモ

一九六四年四月十四日より十八日まで、高碕事務所と廖承志事務所は、日中双方の新聞記者交換問題について会談をおこなつた。会談には、日本側から竹山祐太郎、岡崎嘉平太、古井喜美と大久保任晴の諸先生が参加し、中国側から孫平化、王暁雲の諸先生が参加した。

双方はつぎのとりきめを行なつた。

一、松村謙三先生と廖承志先生の会談の結果にもとづき、日中双方は新聞記者を交換することを決定した。

二、新聞記者交換に関する具体的な事務（注一）は、高碕事務所と廖承志事務所を窓口として連絡し処理する。

三、交換する新聞記者の人数はそれぞれ八名以内とし、新聞社（または通信社、放送局テレビ局）につき一名の記者を派遣することを原則とする。（注二）

四、第一回の新聞記者の派遣は一九六四年六月中に実現することをメドとする。

五、双方は同時に新聞記者を交換する。

六、双方の新聞記者の相手国における一回の滞在期間は一年以内とする。

七、双方は相手側新聞記者の安全を保護するものとする。

八、双方は相手側新聞記者の取材活動に便宜をあたえるものとする。

九、双方の記者は、駐在国の外国新聞記者に対する管理規定を遵守するとともに、駐在国が外国新聞記者にあたえるのと同じ待遇を受けるものとする。

十、双方は相手側新聞記者の通信の自由を保障する。

十一、双方が本とりきめを実行するなかで問題にであつた場合、高碕事務所と廖承志事務所が話し合いによつて解決する。

十一、本会談メモは日本文と中国文によって作成され、両国文は同等の効力をもつものとする。高碕事務所と廖承志事務所はそれぞれ日本文と中国文の本会談メモを一部ずつ保有する。

（注一）入国手続きをふくむ。

（注二）必要な場合、双方は各自の情況にもとづき八名のわくのなかで適当な調整をくわえることができる。

一九六四年四月十九日　北京にて

（附属）

〔松村・廖会談における基本精神〕

かねて周恩来総理と松村謙三との間に意見の一致を見ておる日中友好親善に関する基本原則、即ち両国は政治の体制を異にするけれども、互に相手の立場を尊重して相侵さないという原則を、松村・廖会談において再確認し、この原則の下に記者交換を行なうものである。

中華人民共和国新華通訊社は昭和三十一年九月に特派員二名の日本入国をわが国外務省に申請するとともに、当協会にも中国新聞工作者協会を通じてそのあつせんを依頼してきた。そこで当協会事務局は国際間の報道の自由交流を促進する意味で中共特派員の入国が可能となるよう外務省情報文化局と折衝してきたが、日中両国間に国交が開かれていないため政府機関内には正規の常駐特派員を交換することに異論があり、結論の出ないまま最近にいたつた。

なおわが国からは昭和二十九年以降すでに数十名の新聞人が中共に入国することを許されており、ごく最近までは朝日新聞社および共同通信社の特派員が北京に駐在していた。たまたま八月東京で開かれた第三回原水爆禁止世界大会に際し、新華社特派員二名が同大会に参加する中共代表団のうちに加わつて八月五日に入国し、当協会事務局を訪問して、大会終了後一カ月間滞在期間を延長したいから日本政府が許可するようあつせんしてほしい、と申入れてきた。当協会では早速外務省情報文化局長および法務省入国管理局長と連絡をとつたところ、両局長とも一カ月間程度の臨時滞在ならさしつかえないとの意向をもらしたので、両特派員の滞在期間延長の希望はいれられるものと考えていた。ところがその後に開かれた外務省・法務省その他治安関係当局の事務官からなる連絡会議で、延長を認めないことにきまり、両特派員はやむなくさる八月二十三日に羽田発帰国したのである。

これと時を同じくして北京にいた朝日新聞社および共同通信社の特派員もちようど滞在許可の期限が切れる時機にあたつていたので、中国政府に延長の申請をしたが許されなかつた。これは日本政府が新華社特派員の滞在を許さなかつたことに対する報復手段とも考えられる。ダレス米国務長官が試験的に米国特派員の中共入国を承認したのに対して、中共側は自国の記者も米国に入ることが認められないかぎり米国特派員には入国査証を与えな

32,9.3

いと主張しているように、特派員問題について中共側は互恵の原則を固守しているようである。

なお新華社特派員両氏は帰国する直前に当協会事務局に立寄り、両氏のために当協会事務局があつせんの労をとつたことに対して感謝するとともに、自分たちは中国新聞工作者協会から日中両国間の特派員交換問題について日本新聞協会と話しあいをする権限を与えられてきた。一ヵ月の滞在期間延長が許されたなら、その間にゆつくり話しあいたいと考えていたが、それができなくなつて残念である。新華社とフランス通信社との間には中仏両国間にはいまだ国交が開かれていないにもかかわらず、すでに今年の春から特派員二名を交換する協定が成立し、現在それが実行されている。隣国同志の日中間にそれができないのは誠に残念である、と述べていた。

以上のような経緯で日本新聞界は現在のところ中共に一名の特派員ももつていない。自国の記者による直接の取材ができなくなることは新聞界のみならずわが国全体にとつても大きな損失と思われる。

8, 日中記者交換問題に関する報告

五月二十六日開催の在京編集委員会は、日中記者交換問題について、〃松村、廖会談メモ〃に対する外務省、法務省の見解をもとに意見交換を行なつた結果、中国側に対する上田新聞協会長名の書簡を竹山祐太郎氏を通じて出すこと、今後の問題の検討のため、毎日、読売、日経、共同、NHKの五社からなる小委員会を設置することを決めた。

その結果、まず書簡の取り次ぎを依頼したところ、松村謙三、竹山祐太郎、古井喜美の三氏は、現在の段階で新聞協会が中国側に書簡を出すのは得策ではないとの理由で、書簡取り次ぎを拒んだ。そのため、六月十日開催の第一回小委員会は三氏に窓口の性格について再度ただすことを決め、六月十七日開催の第二回小委員会で、三氏を招いて懇談した。この結果、三氏側から国内問題については全面的に新聞協会に一任するが、中国側との折衝については、現段階では三氏側で行なうといつた趣旨の説明があり、さらに貿易事務所の設置と記者交換は関連した問題として考えられている、などの点が明らかにされたので、これを編集委員会に報告して今後の措置を考えることになつた。

以　　上

在京編集委員会

日時　昭和三十九年五月十五日　午後三時三十分
場所　日本新聞協会　役員室

〔議事要旨〕

このほど中国から帰国した松村謙三氏および竹山祐太郎氏を招き、日中記者交換問題に関する北京での折衝結果（別紙〃会談メモ〃参照）につき話を聞いた。

まず松村氏から大要つぎのような説明があつた。

「訪中前に上田新聞協会長と会い、『自分が責任者として交渉するようなことはない。ただむこうの事情をただし、それを報告して、事態の進行を助けるだけである』という話をして出かけたが、現地に行つてみると事情がだいぶ違つていて、なるべく早くこの問題を実現したほうがよいと思われた。

その理由の一つは、この問題のこれまでの成り行き以外にも、なにかとじやまが入つているようにみえる。そこで、これをこのままほうつておくのは良くないと感じたことである。

第二の理由としてはつぎのようなことがある。まず、中国の情勢が非常に急速に変化している。たとえば今度行つてみると、野菜は豊富になつており、卵も豚も安く、衣類と主要食料が統制されているほか大部分の物品は自由販売になつている。また地方の小都会のデパートなどでも新しいマージヤンを売つている。さらに人民銀行に貯蓄部があつてみなが預金に行く。こういう情勢をみると、中国の社会制度がいつたい後退しているのか、それとも前進しているのか、われわれがわずかの期間滞在したくらいではまつたくわからない。

そのうえに、両国の間に幾つもの誤解がある。たとえば以前毛沢東が『日本はアメリカ帝国主義の前衛をつとめている。日本がそういう態度をやめて中立の立ち場に立たぬ限り、中国は日本と交際できない』と言つたという話を聞いていたので、今度それを周恩来、廖承志にただしたところ、両人とも即座にそれを否定した。またインドネシアから帰国したばかりの陳毅外相も毛首席がそんなことを言うはずはないと否定した。いつぽう中国側からは『池田首相が三月二十九日の国会答弁で、台湾と中国は二つの国だと明言している。これはどういうわけか』という質問があり、これを否定してもなかなかなつとくしない。このようにすでにいろいろの誤解があるうえ、今後ともさらに幾つもの誤解が出てくるように思われる。

そこでこういう時に記者交換を行なえば、中国の実情もよくわかるようになるし、また相互の誤解もとけて、両国で安定した話し合いができるのではないかと考えたわけである。

以上のようなわけで勝手に記者交換の取り決めをしてきたわけだが、これは交渉が軌道にのるまでの取り次ぎにすぎず、また高碕事務所というものも単なる窓口であつて、交換実現への主体が新聞協会であることは中国側も了承している。

私としては交渉にはいるにしても野放図にやつていくと、いろんな問題がでてくることも考えられたので、経済協定のとき確認し合つた『政体は違つているが、相互にこれを尊重し合い、相侵さぬ』という原則を再認識しようと了承しあい、これを交渉の大前提とすることにしたが、これは、共産党の宣伝に使われてはたまらないし、また来る記者をいちいち詮議していたら大変でもあるので、この原則があれば、どんな問題が起こつても、それを理由に解決できるとも考えたからだ。取りきめの内容はわれわれに同行し 三た記者団の持参したメモをもとにした。頼まれもせぬことをやったようだが、よろしく了承してほしい。

協会会長から呉冷西にあてた文書の返事については、わたくしからも文書による回答を要求したが、たまたまその前に池田首相が中国は二つだと言ったという話が出て、帰国後これに対し書面で回答せよという中国側の要求をことわったところだったので、強く要求はできず、最後には口頭で返事を伝えることで承知するほかなかった。

なお、今回の記者交換が実現した場合も、呉学文記者は派遣しないと中国側は言っている。」

つづいて竹山祐太郎氏からつぎのような補足説明があった。

「今回の記者交換問題で高碕事務所を窓口とする問題につき三日間も議論したが、われわれは事務所を窓口とすることは誤解をうけやすいし、使いたくなかった。しかし貿易面で一定の方式があるように、中国側としてその過去の実績を忘れて簡単に事務所以外の窓口に飛びつけないのであろうことが、はっきりとはいわないが口裏から察せられたので、やむをえず事務所を窓口とすることになった。会談メモに新聞協会の名を入れなかったのは、他意はなく、日本では協会が運用するという考えのもとに、あえて入れなかったにすぎない。われわれが大筋を話し合ったあと、日中双方の新聞記者同志でこまかいことを話し合ってもらった。その際日本経済新聞の新井政治部長（記者団幹事）が『日本では、どこの記者に対してもいっさい平等というふうには扱っていない。相手国が日本人記者の行動を制限すれば日本駐在の相手国記者の行動も同様に制限している』と述べたところ、中国側から特に異議も出ず、了解したものと思われる。」

このあと質議応答が行なわれたが、その中でつぎの諸点があきらかになった。

①この問題については出発前にも総理にある程度の了承を得ておいたし、帰国後も交渉

三

の経過を総理および外相に報告したが、なんの異議も出ておらず、この話を進めることは了承していると解釈される。

②交換記者数八名というのは、どちらかといえば日本側から言い出したことで、もつと多くしても中国側には異存はないだろう。しかし、日本側がもつと多くといえば、中国側も対等を要求するだろうし、そうなると日本の治安当局が難色を示すだろう。したがつて、問題はむしろ日本側にあるようだ。また、この八名という数は絶対に動かせないとはいえないが、これをいじるとまた問題がこじれるおそれもあるので、いちおうこの線を了承してほしい。

なお、中国側が派遣する記者数とは関係なく、日本側が八名までを派遣できることは間違ない。また中国側は一社で二名の記者を派遣するようなことはないと言つている。

③同じく高碕事務所の岡崎嘉平太氏が行なつている日中貿易交渉は、この記者交換問題とは責任者も違い、相互に関係はないので、一方の交渉が決裂すれば他方もそれに伴つてだめになるというものではない。しかしなにしろ一つの事務所が取り扱つていることなので、はつきり割り切れない面もあるかもしれないが、まず別個の問題と考えてよい。

④記者の身分保証の問題は、新聞協会の要請があれば改めて連絡する。

松村、竹山両氏が退席したあと、今後とるべき具体的措置について意見を交換した。その結果、今後、問題を検討するためには事前に解決すべき事項もあり、同時に政府当局の意向も確かめる必要があるので、必要な情報を集めたうえで、五月二十六日に在京編集委員会を開き、改めて協議することに意見が一致した。

四

日中双方の新聞記者交換に関する高碕事務所と廖承志事務所の会談メモ

一九六四年四月十九日北京にて

一九六四年四月十四日より十八日まで、高碕事務所と廖承志事務所は、日中双方の新聞記者交換問題について会談をおこなった。会談には、日本側から竹山祐太郎、岡崎嘉平太、古井喜実と大久保任晴の諸先生が参加し、中国側から孫平化、王暁雲の諸先生が参加した。

双方はつぎのとりきめをおこなった。

一、松村謙三先生と廖承志先生の会談の結果にもとづき、日中双方は新聞記者を交換することを決定した。

二、新聞記者交換に関する具体的な事務（注一）は、高碕事務所と廖承志事務所を窓口として連絡し処理する。

三、交換する新聞記者の人数はそれぞれ八名以内とし、新聞社（または通信社、放送局、テレビ局）につき一名の記者を派遣することを原則とする。（注二）

四、第一回の新聞記者の派遣は一九六四年六月中に実現することをメドとする。

五、双方は同時に新聞記者を交換する。

六、双方の新聞記者の相手国における一回の滞在期間は一年以内とする。

七、双方は相手側新聞記者の安全を保護するものとする。

八、双方は相手側新聞記者の取材活動に便宜をあたえるものとする。

九、双方の記者は、駐在国の外国新聞記者に対する管理規定を遵守するとともに、駐在国が外国新聞記者にあたえるのと同じ待遇を受けるものとする。

十、双方は相手側新聞記者の通信の自由を保障する。

十一、双方が本とりきめを実行するなかで問題にであつた場合、高碕事務所と廖承志事務所が話し合いによつて解決する。

十二、本会談メモは日本文と中国文によつて作成され、両国文は同等の効力をもつものとする。高碕事務所と廖承志事務所はそれぞれ日本文と中国文の本会談メモを一部づつ保有する。

（注一）入国手続きをふくむ。

（注二）必要な場合、双方は各自の情況にもとづき八名のわくのなかで適当な調整をくわえることができる。

（附属）

〔松村・廖会談における基本精神〕

かねて周恩来総理と松村謙三との間に意見の一致を見ておる日中友好親善に関する基本原則、即ち両国は政治の体制を異にするけれども、互いに相手の立ち場を尊重して相侵さないという原則を、松村・廖会談において再確認し、この原則の下に記者交換を行なうものである。

六

〔出席者〕（○印 代理）

狩野（毎日）、○沢山（朝日）、○渡辺（読売）、佃（日経）、星野（東京）、千葉（東タイ）、岩佐（サンケイ）、岩立（共同）、安達（時事）、○山川（北海道）、織田（中日）、○工藤（西日本）、○道津（ＮＨＫ）、○島津（東京放送）、福井（日本テレビ）

事務局＝横田事務局長、前田編集部長、伊藤編集課長、笠置国際課長

以上

七

〔松村・廖会談における基本精神〕

かねて周恩来総理と松村謙三との間に意見の一致を見ておる日中友好親善に関する基本原則、即ち両国は政治の体制を異にするけれども、互に相手の立ち場を尊重して相侵さないという原則を、松村、廖会談において再確認し、この原則の下に記者交換を行なうものである。

日中双方の新聞記者交換に関する高碕事務所と廖承志事務所の会談メモ

一九六四年四月十四日より十八日まで、高碕事務所と廖承志事務所は、日中双方の新聞記者交換問題について会談をおこなつた。会談には、日本側から竹山祐太郎、岡崎嘉平太、古井喜実と大久保任晴の諸先生が参加し、中国側から孫平化、王暁雲の諸先生が参加した。

双方はつぎのとりきめをおこなつた。

一、松村謙三先生と廖承志先生の会談の結果にもとづき、日中双方は新聞記者を交換することを決定した。

二、新聞記者交換に関する具体的な事務（注一）は、高碕事務所と廖承志事務所を窓口として連絡し処理する。

三、交換する新聞記者の人数はそれぞれ八名以内とし、新聞社（または通信社、放送局、テレビ局）につき一名の記者を派遣することを原則とする。（注二）

四、第一回の新聞記者の派遣は一九六四年六月中に実現することをメドとする。

五、双方は同時に新聞記者を交換する。

六、双方の新聞記者の相手国における一回の滞在期間は一年以内とする。

七、双方は相手側新聞記者の安全を保護するものとする。

八、双方は相手側新聞記者の取材活動に便宜をあたえるものとする。

九、双方の記者は、駐在国の外国新聞記者に対する管理規定を遵守するとともに、駐在国が外国新聞記者にあたえるのと同じ待遇を受けるものとする。

十、双方は相手側新聞記者の通信の自由を保障する。

十一、双方が本とりきめを実行するなかで問題にであつた場合、高碕事務所と廖承志事務所が話し合いによつて解決する。

十二、本会談メモは日本文と中国文によつて作成され、両国文は同等の効力をもつものとする。高碕事務所と廖承志事務所はそれぞれ日本文と中国文の本会談メモを一部づつ保有する。

（注一）入国手続きをふくむ。

（注二）必要な場合、双方は各自の情況にもとづき八名のわくのなかで適当な調整をくわえることができる。

一九六四年四月十九日　北京にて

第百七十二回理事会議事録

一、日時　昭和三十五年五月二十日　午後一時

一、場所　東京都千代田区日比谷公園二
　　日本新聞協会大会議室

第二議題　中国記者交流に関する件

まず横田事務局長から次の報告が行われた。

日中記者交流については昭和三十三年末以来

（　　　）

その実現のための努力が続けられてきたが、了解がつかずいまは中絶状態にあった。しかし在日朝鮮人の北鮮（朝）帰還を機に行なわれた日本人記者の北朝鮮入国、さらには韓国への入国実現などに伴い、日朝、日韓記者交換と平行して日中記者交換が編集委員会で再びとりあげられ、できるだけ早い時

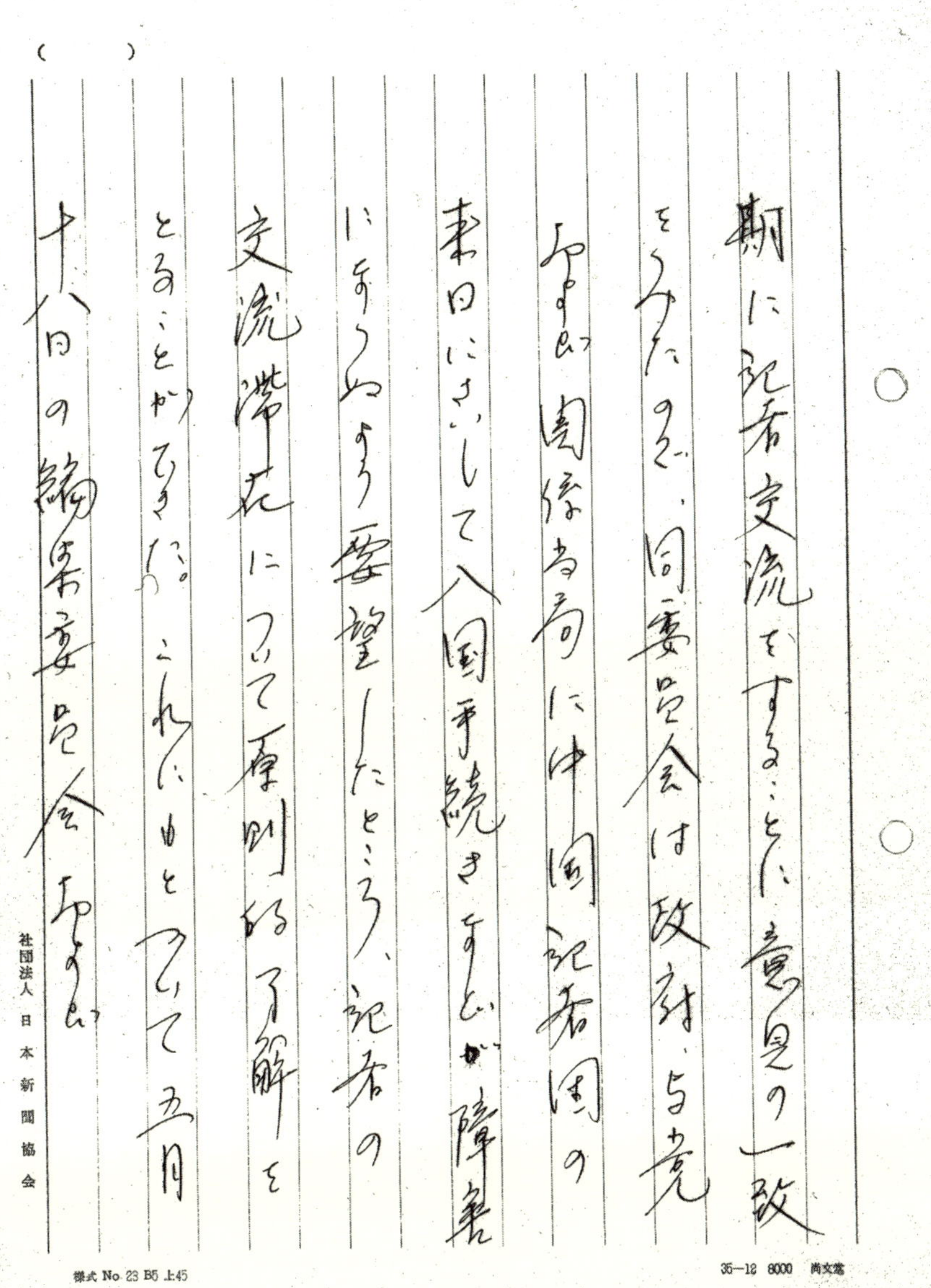

（　　）

期に記者交流をすることに意見の一致をみたので、同委員会は政府、与党など関係当局に中国記者団の来日にさいして入国手続きなどが障害にならぬよう要望したところ、記者の交流滞在について原則的了解をとることができた。これにもとづいて五月十八日の編集委員会など

社団法人　日本新聞協会

様式 No. 23 B5 上45　　　　35－12 8000 尚文堂

（　　）

国際委員会は具体的に協議を重ねたが、この方針について昨十九日の第六十六回常任理事会では、記者交流実現のため、中国側と折衝を始めることに意見が一致した。

以上の報告のあと、田中議長からはかった結果、全員異議なく第六十六回

R0013

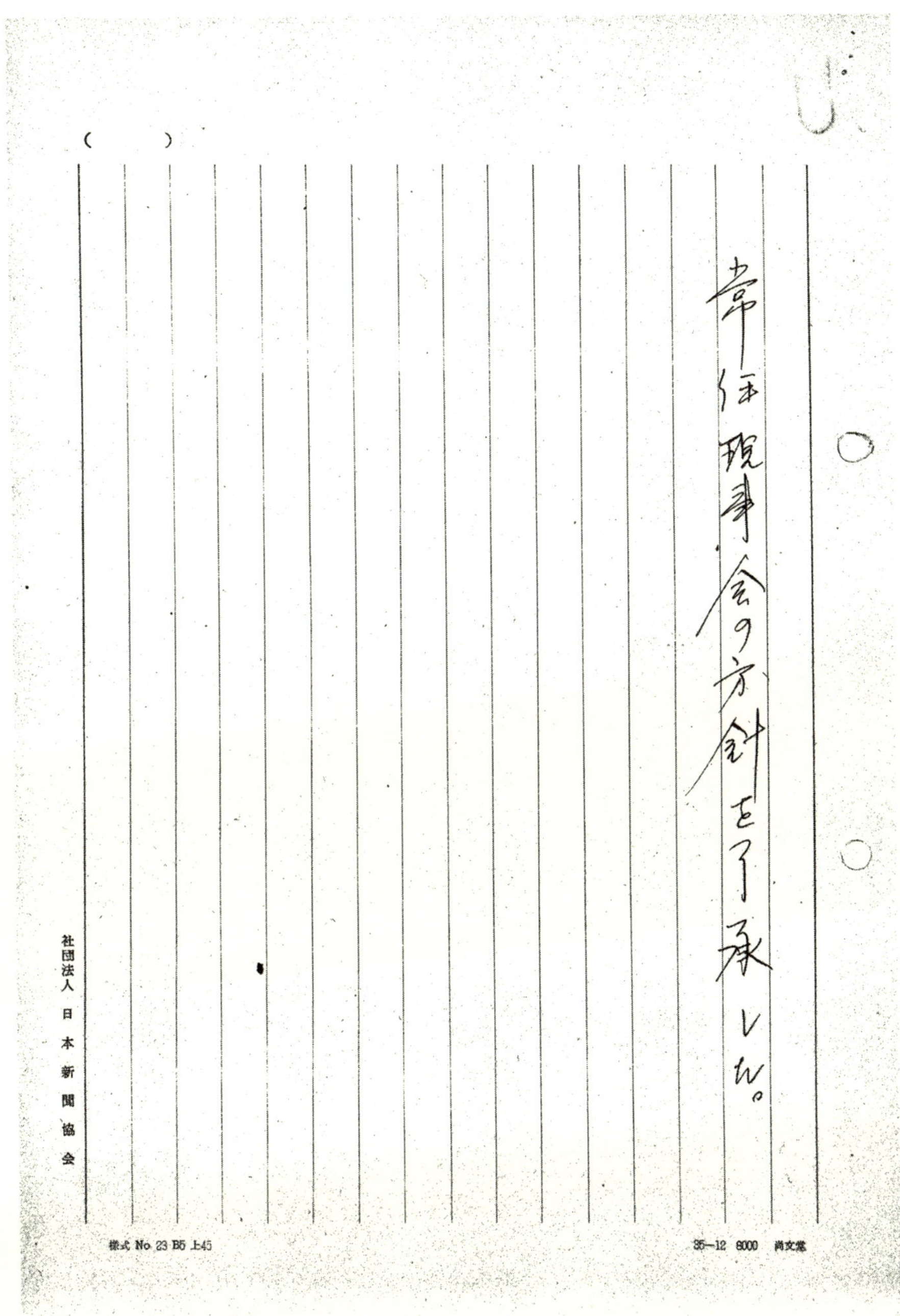

常任理事会の方針を了承した。

社団法人 日本新聞協会

様式 No. 23 B5 上45

35―12 8000 尚文堂

4. 日中記者交換問題に関する報告

去る三月十六日付で鄧拓中国新聞工作者協会長から本田日本新聞協会長宛に「新華社記者二名を東京に常駐特派員として派遣するとともに日中記者交換問題につき日本新聞界と交渉させたい」との来電があり、これに対し同月二十日付で「新華社記者二名の日本入国については努力するが、記者交換は相互の信頼に基いて入国を許しあえばよいのであつて当協会としては本年一月に新華社記者二名と東京で懇談した内容以上に改めて交渉することはない」と返電した。

中国新聞工作者協会ではさらに四月九日付でつぎのような電報をよこしてきた。

本田日本新聞協会会長宛

鄧拓中国新聞工作者協会会長からの電文（四月九日受信）

貴会二十日の電報受取りました。新華社記者丁拓、呉学文両氏は五月中旬日本に赴くように準備しておりますので、期日通り彼等の入国手続を処理して下さるようお願い致します。

本年一月丁、呉両氏が東京で貴会と話し合つた際、記者交換問題については協議が成立しましたが、交換する人数の問題はまだ解決しておりません。ですからわれわれは丁、呉氏を新華社の常駐記者として日本に派遣し、彼等に中華全国新聞工作者協会の代表として貴会と話し合いを継続する権利を与えました。

どうか相互信頼の精神によりまして双方が更に多くの記者を入国させられる方法を見つけ出して下さるよう希望致します。丁、呉両氏の入国と同時にわれわれは二名の日本記者が中国に常駐することに協力致します。

御返事お待ち申しております。

中華全国新聞工作者協会会長

鄧　拓

四月九日

R0010

第百四十四回理事会（三三・三・二六）

2. 日中特派員交換に関する報告

日中記者交換については、昨年末に中国紅十字会会長李徳全女史ら一行の随員として新華社記者丁拓・呉学文の二名が来日し、日本政府からひきつづき五週間の滞在延期を許可されて本年一月末まで滞京した際に、横田新聞協会事務局長と右両名との間に大要つぎのような懇談が行われた。

一、丁、呉両氏はそのままさらに日本に滞在することを希望したが、横田事務局長は、滞在期間が二カ月以上に及ぶと指紋問題もひっかかってくるから、このたびは一応一月末までで帰国し、再入国を申請するよう勧告、両氏も了承した。

一、丁、呉両氏は特派員として再度入国しうる時期の見通しを知りたがっていたが、国会で外国人登録法が改正されれば指紋問題とは無関係に一年間は滞在できるようになるので同法の改正後入国申請をしたらよかろう、ただし国交のない国の特派員を入国させるよう新聞協会が政府にはたらきかける際、中国側が先に日本人記者を入国させておれば折衝しやすくなる、と横田事務局長は日本の記者を中国に先に入れるよう希望した。それに対して丁、呉両氏は、中国側もかつてはそのつもりで日本の記者を相当数入国させてきたが、今日では入国の時機と滞在期間については互恵平等の原則を遵守する方針である。しかし人数の点では日本新聞界の特殊性を考慮して、ゆとりのある考え方をもっている。われわれとしても五、六名の日本人記者が入国できるよう努力しようと述べた。

一、また横田事務局長が二月から中国で開かれる日本商品展に日本からぜひ多数の特派員を送りたいと希望したのに対して、中国側としては接待の都合があるので多数の記者を迎えることは困難だが、四名から六名くらいまでは展覧会の全会期を通じて中国に滞在できるよう早速本国に連絡をとる旨、丁・呉両氏は約した。

以上のような懇談のすえ、日本商品展取材のため日本から朝日、毎日、読売、産経、共同、NHKの六社から六名の特派員が中国に入国できるようになり、この六名は四月末に商品展が終るまで中国滞在を許されることになつている。

一方、日本国内では外国人登録法改正法が二月に国会を通過し、同月二十六日に公布されたが、同法の施行は公布の日から三カ月以内に政令で定めることとなつており、法務省事務当局では施行日は五月中旬となる見込みであるといつている。

たまたま去る三月十六日に中国新聞協会長は当協会会長宛に別紙㈠のような電報をよこしたので、当協会は二十日別紙㈡のような返電を打つた。

別紙(一)

日中記者交換に関する
中華全国新聞工作者協会会長鄧拓氏から
日本新聞協会会長本田親男氏宛電文

昭和三十三年三月十六日付

日中両国記者の交換早期実現を促進するため、われわれは平等互恵の原則に基き、即時東京でこの問題の解決をはかるべく交渉を開始するよう両国新聞界に提議します。

われわれはまず新華社の丁拓、呉学文両記者を東京に派遣し、新華社記者として日本常駐の準備にあたらせるとともに、中華全国新聞工作者協会の代表として日本新聞界と記者交換問題につき交渉する権限を与えることに決定しました。同時にまたわれわれは、すでに外交部の関係当局から日本外務省が新華社記者に入国査証を発給すれば中国側もただちに日本記者二名の入国を許可するとの同意をえています。これは丁、呉両記者が東京で日本代表と両国の記者交換につき正式に交渉するための第一歩であります。

新華社記者の丁、呉両氏はすぐにでも日本に行けるよう待機していますが、貴協会におかれて右両氏の入国査証事務を処理くださるようお願いいたします。

御返電をお待ちします。

別紙㈡

中華全国新聞工作者協会会長鄧拓氏宛
日本新聞協会からの返電
三月二十日発信

新華社記者入国の件は外国人登録法改正法の実施期日が五月中旬となる見込みなので、それ以前に入国すれば旧法律が適用され、改正法による一年間の滞在は不可能となります。したがつて入国は改正法の実施後にするのが適当と思います。

日本新聞協会としては記者交換問題は両国の相互信頼に基いて入国を許可しあえば解決するのであつて、本年一月に丁拓・呉学文両氏と懇談した内容以上に改めて交渉することはないと考えます。とりあえず当協会は改正法施行後一日も早く新華社記者二名の入国が実現されるよう関係方面と折衝いたしますから、貴協会におかれても当協会との懇談内容にしたがつてできるだけ多くの日本記者が貴国に駐在できるよう御努力あらんことを要請いたします。

昭和三十二年十二月十三日理事会報告

8　中共との特派員交換に関する報告

李徳全女史一行の随員として十二月六日夜入京した新華社記者丁拓、呉学文の両氏は、翌七日午後四時半新聞協会を訪問して、日中両国間の特派員交換に関する視察を行い、つぎのような見解を述べた。

中日両国は相互に密接な関係にありながら、いまだに新聞記者交換の問題が解決されていないのは残念である。相互に直接記者を派遣しあうことができず、第三者の報道にたよらざるを得ない現状は、友好関係を深めるうえに大きな障害となっているので、中国新聞界としても早急に問題を解決したいと願っている。

ここ数年来中日両国間には記者の相互往来があり、日本から新聞代表団をはじめ相当数の記者が中国へきたが、中国から日本へきた記者の数はこれに比して少い。このような状況はいまや改善されなければならない。

中国側は昨年九月に常駐特派員二名の日本入国を申請したが、その申出は一年半たった今日まで未解決のままでおかれている。また本年八月に原水爆禁止世界大会に参加のためわれわれ二名が来日した際には、滞在期間を一カ月延長して記者交換問題につき協議したいと思ったが、それもできなかった。真に客観的報道を希望するならば、相互に常駐特派員を長期にわたって交換しあうべきである。したがってわれわれは特派員の長期駐在が可能となることを願っている。

特派員の交換は国際慣例に従い互恵平等の線でいきたい。中国側でも、新華社をはじめ人民日報、大公報、光明日報など多くの新聞が日本に特派員を派遣することを希望している。

記者交換問題はいまや新聞界のみの問題ではなくなった。本日招かれて訪中議員団の方たちと国会で会ったが、その席上で竹中勝男氏は記者交換の実現を強調し、国会でこの問題をとりあげるべきだと述べていた。

なおわれわれの希望はあくまで常駐特派員の交換にあるが、日本新聞協会横田事務局長との連絡で、はじめから長期にわたる記者交換は無理であることを聞かされたし、また日本の友人たちから、とりあえず訪日代表団の一員に加わつて来日し、引続き滞在期間の短期延長を試みてはといわれたので、その程度でも実現しさえすれば常駐長期という最終目的へ向つての一歩前進であると思い、今回も一行の日程終了後、滞在期間を延長したいと願つている。

以　上

昭和卅一年十二月六日

日本新聞協会

横田實

中国新聞工作者聯誼会

会長　鄧拓先生

中国新聞工作者聯誼会への返電

十二月一日付の貴電について外務省と交渉した。外務省としては貴国に入国する日本記者に対する貴方の待遇と互恵的に取扱う方針であるが、これに関し十分の資料がないので、態度を決定しかねている。ついては外務省との折衝の都合上、日本よりの特派員に対し貴国政府が次の諸点について如何なる方針をとられるかにつき御返事乞う。

㈠入国を認める人数　㈡滞在を許可する期間　㈢電報及びメールによる記事の送信、国内の旅行、居住などについて形式的、実質的にいかなる制限があるか

以上

日本新聞協会事務局長

横田　実　様

新華社は九月十七日貴国外務省にあて、丁拓、呉学文両氏を日本に派遣し、探訪(取材)活動をすすめることを許していただきたいと電報で申請したが未だに貴国外務省からの返電を見ていない。

両国人民相互の理解と友誼を増進するために吾々は両国が互いに常駐記者を実現させることが必要であることを認めている。

さしあたりもし別の一方式を採り得ることを認められるならば、たとえば期限を延長出来る臨時の査証を得ることが出来るならば吾々もそれを受けたいと思う。

このために新華社は貴国外務大臣に対し再び申請しました。入国等の問題についてはどうか御協力御援助いただきたい。

一九五六年十二月一日

中国新聞工作者聯誼会

会長　鄧　拓

日本新聞協会会長

村山長擧先生

多方面にわたつて貴国の状況を紹介して、中日両国人民の理解と友誼を深めるために、新華通訊社は記者二名（丁拓・呉学文）を派遣して日本を採訪（取材）させることに決定し貴国外務省に電報で申請いたしました。

各方面の御援助をお願い致します。

一九五六年九月十八日

中国新聞工作者聯誼会

会長　鄧拓

R0001

日本新聞協会事務局長

横　田　実　先　生

新華通訊社は記者丁拓、呉学文両名を派遣して、日本探訪(取材)させることを決定し、貴国外務省に電報を打ち、入国方を申請いたしました。

どうか御援助をお願いし、あわせて御健康をお祈り致します。

一九五六年九月十八日

張　紀　明

日本新聞協会事務局長

横田　實　様

六日付貴電拝受しました。

われわれは中日両国の新聞界の記者交換についてなされたあなたの努力に感謝するとともに、貴国外務省の提出した「互恵の方法により処理する方針」に基いて貴国との記者交換を行うことを歓迎します。

お問合せの件については、次のように回答します。

一、人数については、われわれはできるだけすみやかに二名の記者を交換することを希望します。

この基礎の上に将来具体的情況に基き、双方の記者の数を増やす問題を適当に研究すればよいと思う。

われわれの側についていえば、われわれは「互恵」の原則の下により多くの日本人記者が中国に駐在することを歓迎します。

二、滞在期限は約一年間

三、通信、居住、旅行などについては国際慣例を守つて処理する。

われわれは記者のすみやかな交換は新聞報道の交流と両国人民の相互理解および友好を深める上でひじように重要だと考えます。

あなたの大きな援助の下に記者の交換問題が早急に実現するものと信じます。ご健斗を祈る。

十二月十七日

中国新聞工作者聯誼会

会長　鄧拓

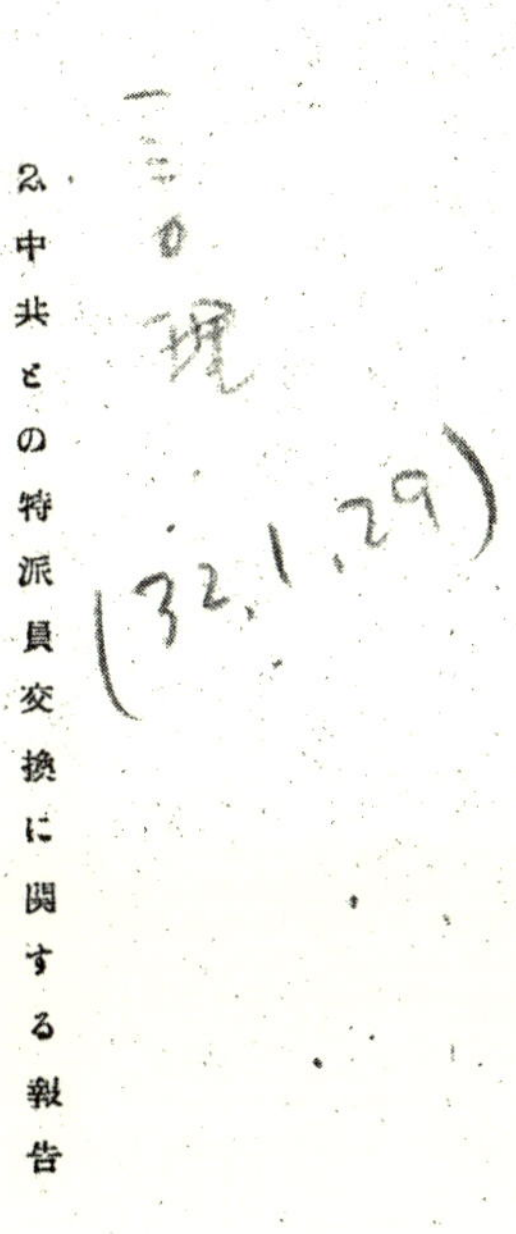

2. 中共との特派員交換に関する報告

中国の新華社は昭和三十一年九月十七日、日本の外務省に同社の丁拓、呉学文両記者を日本に特派員として入国させたい旨申請してきたが、外務省からの回答が得られなかつたため、十二月一日再度申請を行うと同時に、前回と同様、中国新聞工作者聯誼会会長鄧拓氏から当協会事務局長宛十二月一日付電報で協力を要請してきた。

この電報に基いて、協会では江尻局次長が田中外務省情報文化局長と懇談したのち、十二月六日つぎのような照会電を発した。

中国新聞工作者聯誼会会長宛　協会事務局長発信

十二月一日付の貴電につき外務省と交渉した。

外務省としては貴国に入国する日本人記者に対する貴方の待遇と互恵的に取扱う方針だが、これに関し十分な資料がないので態度を決しかねている。

ついては外務省との折衝の都合上、日本からの特派員に対し貴国政府が次の諸点につき如何なる方針をとられるかにつき御返事乞う。

「入国を認める人数　二、滞在を許可する期間　三、電報およびメールによる記事の送信

国内の旅行、居住などについて形式的、実質的にいかなる制限があるか

これに対して十二月十七日に返電があり

「人数については、できるだけすみやかに二名の記者を交換したい。将来増員する場合は、そのときの情況に基き研究する。互恵の原則の下により多くの日本人記者がくることを歓迎する。

二、滞在期限は約一年間　、

三、通信、居住、旅行などについては国際慣例を守つて処理する。」

と回答してきた。これに基いて協会では再度外務省と交渉したが、外務省では回答の第三点の「国際慣例を守つて処理する」とは具体的にいかなることを意味するか不明として、依然態度を決しかねている様子なので、協会では重ねて十二月二十日付電報で中国聯誼会にその点に関する詳細な説明を求めると同時に、会員社の中国への特派員派遣希望数を調査したところ、八名ぐらいは派遣したい希望がでるものと推定されたので、その場合中国側でこれを認める用意があるか否かも問合せた。

これに対して本年一月四日付で別紙のような回答を寄せてきたが、外務省では前回と同様、日本人記者に対する中国側の待遇方法に関する具体的な内容は依然として不明であるとして、いまだ何らの態度も表明していない。

当協会では最近中国に入国した各社特派員その他から中国における記者の待遇に関する情報を集めて外務省に通報するほか、外務省ができるだけすみやかにこの問題を解決するようひきつづき要望している。

日本新聞協会
横田實先生

お尋ねの交換記者の人数の問題に関して、電報いたします。

中国新聞工作者聯誼会は日本の多くの新聞社が自社の記者を中国に派遣したいという希望を持ち、同時に日本から中国に派遣される記者の人数は、互恵の原則により少くとも中国が日本に派遣する記者の人数と同数が保証されることを希望していることを理解した。日本の特派員のほうが多くなった場合の問題については敝会は、外交部と交渉して処理する。もし外交部が同意すれば、敝会も日本と同数の記者を日本に派遣する権利を保留することができる。

居住、旅行、電報の問題に関しては中国側では従来の慣例に照らして処理することができる。何故なら貴国記者を含めた多くの外国記者が中国内で取材活動するときにはすでに各方面の便利を得ているからです。

人民日報と新華社はすでに記者を貴国に派遣して取材させる準備をしているが、いつ入国できるか明らかでない。どうか早く知らせてほしい。

新年をことほぎます。

一月四日

中国新聞工作者聯誼会
鄧拓

百三十九回理事会（三二、一〇、一七）

1. 中共との特派員交換に関する報告

中共との特派員交換問題については、前回の理事会（九月十二日、第百三十八回）で報告したように、本年八月には原水爆禁止大会に参加のため新華社特派員二名がはじめて日本に入国してきた。二名は引続き日本に滞在することを希望したが、日本側当局が滞在期間の延長を認めなかつたため大会終了後帰国した。同じころ中国では北京にいた朝日、共同の両特派員の滞在許可期限が切れたが、中国政府からその後の滞在延長を認められなかつたため帰国せざるを得なくなつた。その結果日本新聞界は中国に一名の特派員ももたないという状態にたちいたつたわけである。

九月には第四次日中貿易交渉報道のため七名の日本特派員が中国入国を希望したが、中国側では人数を制限して二名にかぎり入国を許可するといつてきた。七名のうちから二名を選ぶことは困難であるため、とりあえず共同記者一名が渡航し目下北京にいるが、同記者が伝えてきた中国側の空気はつぎのとおりである。

一、中国新聞司は特派員の交換は互恵平等の立場にたつ相互主義に基くべきで、従来中国は日本に対して特別の優遇をあたえてきたが、このような好遇をこれ以上つづけることはできない、との見解を公式に表明している。

一、また中国側は特派員交換の可能性はもつぱら日本政府の態度いかんにかかつており、日本政府が中国特派員の入国を許さないかぎり解決の方法はない、との強硬態度をとつている。

一、中国新聞司は、朝日、共同の北京特派員が中国側から滞在期間延長を認められず八月に帰国したのは、新華社特派員の日本滞在が認められなかつたこととは関係がない、といつているが、実は関連があるものとみられる。前記新華社特派員二名に対して日本当局が原水爆禁止大会関係の取材だけしか許さなかつたのと同様、今回貿易使節団に同行した共同特派員に対しても中国側は貿易交渉関係の取材のみに活動を制限しようとしているのをみても、それがわかる。

以上のように日本の特派員を中国に派遣して直接の取材を行うことは、日本政府が中国特派員の入国を認めないかぎり極めて困難な状態となつた。

以上

日中記者交換資料について

安良城　竜太

日中記者交換資料について

安良城　竜太

一、資料入手の経緯

この資料は、社団法人日本新聞協会国際部主管だった笠置正明氏のファイルを中心に筆者、安良城が新聞博物館担当および新聞協会国際部主管時代に入手した資料を組み合わせたものとなっている。

本資料の多くを構成する笠置ファイルを入手したのは、三〇年ほど前の一九九五年前後だと記憶している。笠置氏が一九八六年八月に死去した後、奥様から新聞協会阪田秀国際担当主管（当時）に対し、笠置氏の遺品中に、新聞協会国際関係の資料があり、安良城に整理を手伝ってほしいとの依頼があった。勝どき橋近くの笠置氏のマンションを訪問した際に、多くの書籍・資料の中にこのファイルがあった。奥様からは廃棄作業を依頼されるとともに、欲しいものがあれば持ち帰ってほしいとの申し出をいただいた。洋書とともに新聞関係資料を頂戴し、国際関係の個人ファイル数冊は、後日、新聞協会に持参した。阪田氏に相談したところ、とりあえず国際担当のキャビネットに保存するのがいいのではないかと言われ、そのようにした記憶がある。

安良城が国際担当を離れたあと、一九九五年ごろに新聞協会事務局改修のため、大会議室に、廃棄予定資料が積み上げられていた。その中に、見覚えのある笠置氏のファイルがあった。廃棄されるのであれば、笠置氏の奥様から頂戴し持ち帰った資料なので、再度、個人で引き取ろうと考え、事務局備え付けの自分のロッカーに保管した。その後、新聞協会個人ロッカーが廃止となった時に、他の私物とともに、このファイルを自宅に持ち帰ったと記憶している。

安良城は二〇〇四年から二〇〇八年にかけて、新聞協会の米国駐在となりワシントンＤＣ近郊に居を移した。その際、埼玉の自宅にあった新聞関係資料を段ボール箱に詰めて、船便で米国に送った。

安良城は新聞協会事務局を離れて一〇年以上たつが、メディア関係の国際会議資料やその他新聞協会関係の議事録を含め多くの資料を段ボール箱に詰めて自宅の納戸にしまったままにしていた。コロナ禍において、それら資料を整理・廃棄するため見直した際に、段ボール箱の中に、一群の資料として日中記者交換関係資料があることを再認識した。一見したところ相当に重要な資料であると思われた。もしそうであれば、研究者等への公開を前提とした然るべき機関に寄贈したいと考えるに至った。

これに関連する資料を探し、ゆまに書房から『愛知大学国際問題研究所所蔵　ＬＴ・ＭＴ貿易関係資料』が刊行されており、その第七巻に記者交換関係資料が含まれていることを知った。このため、国立国会図書館で閲覧したところ、同資料は一九六四年の日中間の常駐記者交換の開始から三年が経過した後の文書で構成されていることが判明した。

一方、安良城の自宅にあった笠置資料を中心とする日中記者交換資料は、一九五五年から一九六四年までの文書を中心に構成されており、研究資料として、空白部分を埋めるものだと認識した。二〇二三年に一カ月ほどかけて、仮のリストを作成し、資料の文字起こし作業を行い、内容を詳しく把握した。

二〇二四年は日中間の常駐記者交換六〇周年に当たることもあり、早急に資料を然るべき機関に寄贈し研究者に委ねたいと考えた。このため、井上正也慶應義塾大学教授、有山輝雄東京経済大学名誉教授などの方々のご教示をいただき資料の寄贈先を探したところ、国立国会図書館憲政資料室が受け入れてくれることになり、同年七月に引渡した。

二、日中記者交換資料の価値について

安良城は一九八三年から五年間、日本新聞協会国際部国際担当職員として勤務し、日本新聞博物館創設の業務などを経て、二〇〇二年から一年半ほど同協会の国際担当主管を務めた。日本新聞協会国際委員会は、中国の中華全国新聞工作者協会をカウンターパートとして、長期間に渡り日中記者交換関係の業務を担っていた。安良城の自宅にあった日中記者交換関係の資料中には、新聞協会の横田実事務局長、江尻進編集部長、笠置正明国際担当主管（役職はいずれも当時）の手による資料が相当量含まれていた。

当時の関係者や事情を知る者のほとんどは、すでに鬼籍に入っている。安良城は、横田氏とは直接の面識はないものの、江尻、笠置の両氏については、その人となりを知っている。また、日本新聞協会の組織とその国際関係事業の内容に加え、中華全国新聞工作者協会については直接やり取りをした経験もある。

こうした経験から言えば、日中間の常駐記者交換を所管している新聞協会事務局編集担当には、より詳しい記者交換関係の資料が残されている可能性が高い。横田氏、笠置氏が、新聞協会事務局内で日中記者交換関係において重要な役割を果たしていたとともに、同計画の実現に向けた意欲を持っていたのは、当時の新聞界の事情に加え、横田氏は同盟通信記者として、笠置氏は南京日本大使館情報部員として、ともに戦前から戦中にかけて中国で勤務していた経験を持ち、中国に対して強い思い入れがあったためだと思われる。

横田氏、笠置氏は、こうした背景から直接各方面に接触し、情報収集を行っているが、笠置資料にあるメモなどの写しは、この問題を所管する新聞協会編集担当に提供され、同担当でもファイルされたはずだ。資料を読み込むと、そのうちの必要な情報は、編集委員会在京幹事会などを通じて適宜、新聞各社に提供されていたことが分かる。

笠置氏が死去時に自宅に保管していたファイルは、自らが作成したメモ、および関連メモとして当時は業務用に作成し、部署・役職の異動とともに、関係者外に秘さなければならないメモもあったなどの理由で、自らが保存していたものと推察される。

三、他資料との関係

この資料に関しては、内容と価値を知るため、一カ月ほどかけて資料の文字起こし作業を行った。その結果、新聞史だけでなく、日中をめぐる国際関係史においても貴重な資料ではないか、との考えが強まった。

文字起こしをする過程で時代背景の基礎知識が必要なため、以下の資料等を参照しながら作業を行った。

主な関係資料（順不同）

① 外務省編・発行『わが外交の近況』第九号（一九六五年）、特に「七　情報文化活動の大要」中の「報道機関との協力」

② 孫平化『中国と日本に橋を架けた男　私の履歴書』（日本経済新聞社、一九九八年）

③ 古井喜実『日中十八年　一政治家の軌跡と展望』（牧野出版、一九七八年）

④　田川誠一『日中交渉秘録　田川日記―14年の証言』（毎日新聞社、一九七三年）
⑤　竹山祐太郎『自立　竹山祐太郎自伝』（竹山祐太郎自伝刊行会、一九七六年）

主にこれら五点の資料と突き合わせながら、文字起こしを行ったが、原資料と、それぞれの政治家の回想等の資料との間には、事実関係や解釈について相当程度の相違がみられる。笠置資料を中心とする一群の日中関係資料は、新聞協会だけの動きをまとめたもので、朝日新聞、共同通信など個別の新聞社、通信社の動きはほとんど見えてこない。史実をより正確にとらえるためには、併せて各社の個別の中国取材と特派員常駐に関する働きかけの動きを各社所蔵の資料でとらえる必要があると思われる。

四、時代背景と国際関係

今後、さらに日中記者交換を理解する上での時代背景として、次のような要因を分析する必要があると感じた。

○国内政治の動き

まず、日本国総理大臣の交代は、日中関係に大きな影響を与えたことが挙げられる。一九五五年以後、一九七〇年代初頭に到る間、石橋、岸、池田、佐藤と政権が交代した。この間に日中関係をめぐる日本の中国、台湾、米国への外交方針は揺れた。戦犯の処分、中国からの日本人の引き揚げや、墓参のための日本人の中国への渡航、長崎国旗事件、吉田書簡等、日中間で懸案となった歴史的事件がいくつも起きた。

日中間の常駐記者交換協定は日本新聞協会が主体となり、古井喜実ら政治家が中国側と交渉することで成立したが、新聞協会、新聞・通信社とは別に、吉野源三郎を議長とする日本ジャーナリスト会議及び日中国交回復を望む「文化人」が、直接、間接に中国側と独自に連絡を取り、記者の常駐を求める活動を行っていた。同会議の果たした役割も、今後検討されるべきだろう。

日中間に国交がなかった時代においても、経済関係の交流は存在した。日中貿易団体と、これを後押しした国会議員らは、新聞界の動きを知らず、あるいはこれを無視して、中国側と交渉を行っていた面もあると資料は示唆している。

○国際関係の動き

日本と中国との関係は、台湾、米国、ソ連との相互作用によって変動していた。先に見た石橋から岸、池田、佐藤へと政権が交代した時期においては、日米安保条約の改定、一時的な米ソの接近、フランスの中国承認、中ソの対立激化、東京オリンピック開催等、特筆されるべき大きな情勢の変化、出来事があった。そうした中で、中国の指導者、特に周恩来は対日政策において、なぜ強く、常駐の日中記者交換を望んだのだろうか。

日本新聞協会も日中間の常駐記者交換を無条件に望む声一色だったわけではない。一九五八年二月、横田実を団長とする新聞記者団は、国民政府の招待を受ける形で台湾を訪問した。中国側はこれを問題視し、日本新聞協会と中華全国新聞工作者協会との交流は、一時ストップした。この資料集で横田氏の訪台の経緯は明らかではないが、米国の影響を受けた可能性は否定できない。

一方で中国は米国と、新聞記者の交流について、交渉していた。一九五七年八月、中国は米国人記者二〇人を招待すると発表した。この間の米中間の交渉、及び日本側の対応が、その後の日中間の常駐記者交換に影響を与えた可能性がある。

以上、資料の文字起こしを通じて考えた日本国内外の状況と新聞記者交換に関する問題を大まかに述べた。関心を持つ研究者やジャーナリストに、本資料を利用して探究を続けてもらえれば、笠置氏はじめ日中常駐記者交換に尽力された方々の遺志に報いることになると考える次第である。

（社団法人日本新聞協会元米国駐在代表）

日中記者交換関係資料　解題

井上　正也

日中記者交換関係資料　解題

井上　正也

はじめに

『ＬＴ・ＭＴ貿易関係資料』の続巻にあたる本書は、日本新聞協会国際課長であった笠置正明氏のメモ（以下、「笠置メモ」）を中心に、一九五六年から一九六四年までの日中記者交換の成立過程に関する史料を収録している。

日中記者交換は、一九六四年四月一九日、松村謙三と廖承志の会談で合意された「日中双方の新聞記者交換に関するメモ」（以下、日中記者交換協定）によって成立した。それはＬＴ貿易を扱っていた高碕達之助事務所と廖承志事務所を窓口として事務処理を行い、それぞれ八人以内（後に九人に増員）の記者を相手国に派遣するという内容であった。それまでも日本と中華人民共和国との間では、視察団や貿易代表団などに随行して記者の往来が行われていたが、この協定の締結によって、戦後初めて日中両国の記者が東京と北京に常駐することになった。

日中記者交換については特派員による回想はよく知られているが[1]、記者交換の成立過程について分析したものは少ない。元共同通信記者・山田礼三の「試練に立つ日中記者交換」は、一九五〇年代から一九六九年までの日中記者交換の経緯を詳述している。だが、記者交換協定をめぐって関係者の間でどのような議論が交わされていたかまでは踏み込んでいない。[2]

日中記者交換協定の成立過程を描いた最も詳細なルポタージュは、毎日新聞編集顧問・三好修の「調査報告 新聞はこうして北京に屈服した」である。三好は、日中記者交換協定がLT貿易の枠内で成立した結果、日本の中国報道がイデオロギー的に偏向するようになったと批判的に考察した。日中国交正常化の気運が高まっていた一九七二年三月に刊行された同報告は、国会でも取り上げられて大きな反響を呼んだ。[3] なお、三好は「この報告は各時期における関係当事者のメモや相当量の未公開文書に依拠したが、その取材源は特に許可をえたもののほかは明記しなかった」と記している。興味深いことに、同論文で引用されている文書は「笠置メモ」と同一のものが多く含まれている。三好が「笠置メモ」を素材の一部に用いて報告を執筆したことは間違いないといえよう。

本書に所収されている文書は、笠置氏自身が経緯をまとめたメモ、新聞協会と中国側との来往書簡や電報、各社記者からもたらされた情報、外務省や法務省との懇談記録、松村謙三らLT貿易関係者との会談記録、新聞協会の理事会・委員会記録など多彩である。日中記者交換協定の締結に至るまでの、日本新聞協会の様々な活動やLT貿易関係者との対立を赤裸々に記録した「笠置メモ」は、ジャーナリズム史や日中関係史の空白を埋める重要な史料であるといえよう。以下、本稿では収録文書に加えて、外務省外交史料館に所蔵されている戦後外交記録「日・中共特派員交換」も参照しながら、一九五六年から一九六四年の日中記者交換協定の成立過程について概観したい。なお、本史料集に所収されている文書を参照した箇所は文中に整理番号を記し、それ以外の出典は注釈に記した。

一、日本新聞協会と日中記者交換

中華人民共和国の成立後、日本人記者が本格的に特派員として北京に入るようになったのは一九五四年からである。この頃、中国政府は日本の各界との民間交流を積極的に推進しており、日本から中国に訪問する各界代表団が増えるにつれて、同行する記者も増加した。外務省の統計によれば、一九五三年に中国本土に渡航したのは、香港に駐在する共同通信の記者一名だけであったが、一九五四年には一三名、一九五五年には二五名、一九五六年には二九名と増え続けた[4]。中国側は、最初は短期間の入国しか認めていなかったが、次第に滞在期間の延長も認めるようになり、日本から派遣された特派員が交代で北京に駐在するようになった。

日中記者交換の制度化に向けた最初のアプローチは中国側からであった。一九五六年九月、中国の国営通信社である新華通訊社（以下、新華社）は、丁拓と呉学文という二人の記者を常駐特派員として入国させることを日本政府に要請した。さらに同年一二月に中国新聞工作聯誼会から日本新聞協会に常駐特派員の交換を求める電報が送られてきた。日本ではこの年一〇月一九日に鳩山一郎首相によって日ソ共同宣言が調印され、ソ連との国交樹立が決定していた。そのため、革新勢力を中心にソ連に続いて中国との国交樹立を目指す声が高まりつつあった。

ここで記者交換の日本側の窓口となった新聞・報道の業界団体である日本新聞協会について説明しておきたい。日本の敗戦後、連合国軍総司令部（GHQ）は、民主化改革を進めるなかで、新聞の倫理水準を高め、それを監視するための団体を設立するように日本側に求めた。これを受けて、一九四六年に共同通信社理事長の伊藤正徳を初代理事長として新たに設立されたのが日本新聞協会（以下、新聞協会）であった[5]。この協会で中国との交渉責任者となったのは事務局長の横田實である。横田は大学中退後に中国大陸へ渡って大連の遼東新報社に入社し、その後は日本電報通信社（電通）の北京支局長、同盟通信社の東亜部長、南支総局長などを歴任した中国通の記者であった。戦後は世界日報社の社長などを経て、一九五一年に産業経済新聞社の副社長に就任し、一九五五年八月には日本新聞・放送関係中国訪問代表団の団長として訪中して周恩来首相と会見していた。[6]

中国側から要請を受けた新聞協会は、外務省情報文化局と調整した上で、中国側と電報によって連絡をとった。しかし、日本から派遣する特派員に対する中国政府の受け入れ方針に不明点が多かったために、外務省は中国への回答を保留し、記者交換は具体化しなかった。

その後も中国側のアプローチは続いた。翌一九五七年八月、第三回原水爆禁止世界大会に参加する訪日団に随行して丁拓と呉学文が入国し、大会終了後に日本を視察したいとして在留期間の延長を申請した。彼らはまた新聞協会の横田事務局長を訪れて、その斡旋を依頼している（K0020）。依頼を受けた横田は、外務大臣と法務大臣に書簡を送り、政治的考慮から彼らの在留期間の延長を認めるように要請した（K0016）。しかし、日本政府の姿勢は頑なであった。外務・法務両省による治安関係連絡協議の結果、「治安上の見地」並びに「入国目的終了後の居座り的延期は好ましくない」という理由から、彼らの申請を却下したのである。[7]

ところが、その後に中国側が報復措置をとったことで状況は一変する。中国政府は、北京に在留していた共同通信と朝日新聞の記者からの滞在延期申請を認めず、八月末に帰国させる措置をとったのである。さらに続いて翌九月に北京で予定されていた第四次日中民間貿易協定交渉においても、随行する日本人記者に様々な取材制約を課した。すなわち、日本側では七社が同行取材を希望していたが、中国側は「互恵平等」原則の下で入国できる記者数を二名に絞り、彼らの北京での取材も厳しく制限したのである。この事態を受けた新聞協会は、中国での取材を滞りなく行うためにも、記者交換問題に本格的に取り組む必要が出てきた。

二、記者交換に関する「紳士協定」

一九五七年一二月、中国紅十字会会長の李徳全を団長とする訪日団の随員として、丁拓と呉学文が再び入国し、在留期間の延長を申し出てきた。前回の経験を踏まえて新聞協会は早い段階から政府機関への働きかけを開始していた。その結果、外務省情報文化局と法務省入国管理局との間で局長級協議が行われ、彼らの一月末までの滞在延長が認められたのである。

横田ら新聞協会の関係者は、訪日した丁拓と呉学文との間で、記者交換に関する話し合いを行っている。彼らはさらなる滞在期間の延長を望んでいたが、横田は将来的な特派員交換の道をひらくために、今回は延長が認められた一月末までに帰国し、日本の国会で審議中であった外国人登録法の改正後に正規の特派員として再度申請することを勧めた。当時の外国人登録法では二ヶ月以上の滞在には指紋捺印を必要としていた。だが、中国側はこれに強く反発していたのである。

さらに横田は、国交を持たない中国の特派員が入国できるよう運動するためには、中国側が日本人記者を先に入国させるべきだと説いている。具体的には、横田は二月に広州で開かれる日本商品展に日本の特派員を多数派遣することへの許可を求めた。こうして、横田と丁拓・呉学文との間で、中国側が日本人記者の入国を先に認める代わりに、新聞協会が中国人記者の日本滞在を政府に働きかけるという「紳士協定」が成立したのである（K0039）。

ところで、外務省の記録からは、新聞協会が動いていたのと同時期に、外務省もまた中国側に同様の示唆を与えていたことがうかがえる。一九五七年一二月二一日、外務省の岡田晃アジア局第二課長は、李徳全一行の副団長として訪日していた廖承志と非公式に面会して、広州、武漢の日本商品展の取材に際して、日本人特派員の入国を認めれば、呉・丁の滞在延期について「好意的取計いあるやも知れぬ」旨を伝えていた。[8] 革命家・廖仲愷の子として東京で生まれ、流暢な日本語を操る廖承志は、一九五二年以降、中国政府の対日政策に関わる様々な実務部門を束ねて統括する立場にあった。毛沢東や周恩来ら最高指導部の信頼も篤く、とりわけ、周恩来首相は、対日政策の具体的な実施方法について、廖承志からの報告を受けて、その場で決定することも多かったという。[9] 外務省が実力者の廖承志に働きかけたことも影響したのであろう。中国側の動きはこれまでになく早かった。李徳全一行が北京に戻った後、中国側は直ちに新聞協会に対して、広州、武漢の日本商品展に派遣する日本記者については六名を許可すると連絡してきた。その結果、朝日、毎日、読売、産経、共同、NHKの六社から一名ずつを派遣することになり（後に中日が追加されて七社）、彼らに三ヶ月の在留許可が認められたのである。

日本人記者の在留許可を認めた中国側は、今度は日本側に「紳士協定」の履行を求めてきた。一九五八年三月一六日、中華全国新聞工作者協会から日本新聞協会に宛てて、日中記者交換の早期実現を促進するために、東京での交渉を開始したいとする電報が送られてきた。中国側は、丁拓と呉学文の二名を東京に派遣し、新華社記者として日本常駐の準備にあたらせること、さらに両名に中華全国新聞工作者協会の代表として、記者交換問題を日本側と交渉する権限を与えたとして、両名の入国を取り計らうように要請してきたのである（K0058）。

横田事務局長は、外務省情報文化局長と面会して意見を調整した上で、①両国の記者の入国は外国人登録改正法案施行後にすること、②特に協定交渉は行う必要は無く、両国政府が互いに入国査証を付与すればよい、という二点を中国側に連絡することになった。外務省は、同年三月五日に締結された第四次日中民間貿易協定で、民間貿易代表部の国旗掲揚権が認められたことへの台湾の中華民国政府の反発を懸念していた。そのため、通商代表部問題が解決してから、記者交換を進めたいと考えていたのである。[10] 新聞協会から連絡を受けた中国側は、四月九日付の電文で、五月中旬に丁拓・呉学文の両名を入国させたいとの意向を示してきた（K0069)。

ところが、五月二日、長崎市内の百貨店で開かれていた「中国切手・切り紙展覧会」で、右翼団体の構成員が中国国旗を引きずりおろすという長崎国旗事件が起った。中国政府はこの事件に対する日本政府の対応を不満として、全ての民間交流の断絶を決定した。これによって、新聞協会と中国側との連絡も途絶することになり、記者交換は一旦白紙に戻されたのである。

三、交渉再開に向けた模索

日中記者交換は、一九五六年から五八年までは、中国人記者の日本常駐を目指す中国側からの積極的なアプローチによって状況が動いていた。この基底にあったのは、民間交流を通じて相手国に影響を及ぼそうとする中国政府の「人民外交」である。一九五〇年代の中国政府は、民間交流の拡大を通じて、日本の世論をとりこみ、世論の圧力によって日本政府の政策転換を促す「以民促官」戦略をとっていた[11]。

ところが、中国政府は民間交流の進展が、日本の外交政策転換に結びつかない状況に徐々に不満を強めていた。長崎国旗事件を機に民間交流を全面断絶した中国政府は「人民外交」の原点に回帰した。すなわち、中国側が一九五八年に示した政治三原則（①中国敵視政策をやめること、②二つの中国をつくる陰謀に加わらないこと、③日中両国の国交正常化を妨げないこと）を受け入れた革新政党や友好団体などに交流対象を絞り、これらの団体が展開する国内闘争を積極的に支援する方針に切り替えたのである[12]。

中国側の方針は記者交換をめぐる対応にも現れた。一九五八年以降、中国側は新聞協会との接触を絶って、日本ジャーナリスト会議（ＪＣＪ）などの左派系の団体と連携を強めていた。ＪＣＪは、一九五五年に岩波書店の吉野源三郎を初代議長として設立されたジャーナリスト団体である。浅沼稲次郎、北村徳太郎、風見章らを発起人として一九五八年三月に設立された「日中記者交換促進懇談会」の事務局を務めるなど、ＪＣＪは記者交換協定の促進に向けて精力的に活動していた（K0065: K0074）。一九六〇年七月、劉寧一を団長とする中国代表団が訪日した際、新聞協会は随行していた呉学文に懇談を申し入れた。しかし、呉は日程が詰まっていることを理由に応じなかった。一方でこのとき呉は、ＪＣＪを中国に招待している（K0081）。その後、ＪＣＪの関係者は、同年一〇月にオーストリア・バーデンで開催された第二回世界ジャーナリスト大会に参加した帰路に中国を訪問している。[13]

ところが、一九六〇年代に入ると、日本の民間団体の方から日中関係の改善の一環として、日中記者交換を模索するようになった。一九六一年には日本国際貿易促進協会の山本熊一会長が訪中し、周恩来首相との会談の中で記者交換が話題にのぼった。帰国した山本は新聞協会に「日本側から具体案をもって交渉をもちかければ、実現の可能性はあるから新聞協会で研究してみてほしい」と申入れている（K0082）。

さらに一九六二年九月、自民党の長老政治家であった松村謙三が、新たな貿易制度の地ならしのために訪中した。松村は早稲田大学を卒業後、報知新聞の記者を務めた経験があった。北京での周恩来との会談で、松村は日本の政治情勢を批判する周に反論して、「貴方は共産系の片寄った情報で判断しているようで、日本についての正確な情報源がないように思う。ついては新華社、人民日報等から日本について十分な知識を持つ相当な特派員を日本に駐在させたらどうか。日本からも同様に派遣する。相互交換的に国情を正しく把握し合う必要がある」と説いていた。[14]しかし、この松村の提案に周恩来は明確な返答をしなかった。中国政府は民間記者交換協定を結ぶことに以前ほど強い関心を示さなくなっていたのである。

とはいえ、この頃から中国は再び日本を必要とするようになっていた。一九六二年一一月、松村に続いて実業家の高碕達之助が訪中し、廖承志との間で新たな民間貿易協定を締結した。この貿易は廖と高碕の名を冠してLT貿易と呼ばれるようになった。LT貿易の大きな特徴は、表向きは民間貿易であったが、松村と高碕は池田勇人首相の支持を得て動いており、通産省が実質的に関与する「準政府間貿易」であった。中ソ対立や大躍進政策の失敗によって深刻な経済苦境にあった中国政府は、日本から延べ払いによるプラント輸入を実現したいと考えていた。そのため、中国政府は対日政策における原則論的な立場を緩和して、新たな貿易方式を受け入れたのである。[15]

四、LT貿易と記者交換

日中記者交換の実現に向けた機運が再び高まるのは、一九六四年一月にフランスが中国との国交樹立を発表してからである。日本国内でも日中接近ムードが高まりを見せるなか、新聞界でも懸案の日中記者交換を実現しようという動きが出はじめた。

具体的な動きがあったのは、一九六四年二月、自民党の藤井勝志と田川誠一が訪中したときである。藤井と田川は、一九六二年に松村謙三と共に訪中した「松村グループ」の政治家である。北京で廖承志との間で行われた会談で、二人は日中貿易の拡大、航空機の相互乗り入れ、貿易推進のための事務員常駐問題と共に記者交換についても議論を交わした。二月一六日に帰国した藤井は、「記者交換については、中国側は人民日報など八社の記者の日本常駐を希望し、日本側も大体同人数の北京滞在を許可する意向を示し」たと語っている（K0090）。

この時、記者交換の提案を持ちかけたのは日本側であった。田川は「新聞記者交換は、日本を出発する時、各新聞、通信社から依頼を受けていたし、私も年来の意見なので、積極的に提案した。しかし、数社の交換となると早急な実現は困難と思われるので、とりあえず二社ずつ交換したらどうかと述べた。ところが廖氏の方は『二社といわず、もっと多くよこして結構です』と、幅のある態度だった」と回顧録に記している。[16] 通訳として同行した大久保任晴も、外務省職員に「本件は、日本側から進んで提案したもので、極めて少人数（最高三名程度）の相互交換によって、双方の実情を雑音を交えずに紹介し会うことがねらいである[17]」と語っており、田川の証言を裏付けている。

日本政府もまた記者交換に前向きな態度を示した。二月一八日午前、参議院外務委員会で大平正芳外相は、元同盟通信記者であった自民党の長谷川仁参議院議員の質問に答えて、「公正、客観的な報道が行なわれるということは、相互理解の上から申しまして、非常に大切な前提条件」であり、「報道界のほうで向こうとうまくレシプロカル［相互的］にいくようなぐあいに考えていただければ、問題は前進するのじゃないか」と答えている。[18]

しかし、記者交換が「松村グループ」の政治家によって突然持ち出されたことは、新聞協会との間で軋轢を生むこととなった。そもそも、新聞協会は田川らに記者交換の斡旋を依頼したわけではなかった。帰国した田川は、横田事務局長に議員会館で会いたいと電話してきた。だが、新聞協会は田川の方から協会に来るべきだと返信している（K0090）。この頃、田川に随行した各社の特派員から「自民党内に松村派と田川（河野［一郎］派）その他、記者交換問題についての手柄争いの動きがある」という情報がもたらされていた。そのため、新聞協会は記者交換問題が政治的に利用されることを懸念していたのである（K0086）。

こうした事情から新聞協会は、「協会として、田川にことを頼んだわけでもないので、田川の方から協会に報告に来るか、来なければ協会独自の立ち場で（代議士など介せずに）中国側と直接連絡をとる方針」を決定した。二月二八日、横田は訪日中であった中日友好協会秘書長の趙安博と会見して、「記者交換問題は、われわれが前まえから手がけてきた問題であり、ここで改めて交渉のための代表を派遣するというようなことはしなくても、以前のように中国新聞工作者協会あてに電報なり航空便なりで連絡することによって、用は足りるのではないかと考えている」と述べた。そして、中華全国新聞工作者協会会長の呉冷西に宛てた書簡を帰国する趙に託したのである（K0086〜K0088）。

これに対して「松村グループ」の政治家たちは、彼らをバイパスして中国側と直接折衝を試みる新聞協会にあからさまな不満を示している。三月一一日に朝日新聞の記者が新聞協会にもたらした情報によると、竹山祐太郎代議士は「新聞協会は交渉を再開したいというような手紙を先方に出したそうだが、そんな手紙に対しては絶体［対］に返事はこないよ」と言っており、古井喜實代議士は露骨に「新聞協会などにまかせておいてはだめだ（オレたちがやらなければ）といっていた」という。もともと「代議士連中の間には、横田氏が会いに来ないということに対する感情的な不満」もあり、そのことが後々まで「松村グループ」と新聞協会との関係にしこりを残すことになったのである（K0093）。

五、呉学文入国問題と松村訪中

新聞協会は中国側との間で直接交渉を模索することになったが、ここで障害となったのが、呉学文の日本入国問題であった。前述したように、呉学文は新華社の特派員として、一九五四年以来九回にわたって日本に入国しており、新聞協会との「紳士協定」を結んだ当事者でもあった。しかし、呉学文は一九六一年に原水爆禁止世界大会に参加するために来日した際、記者の資格で入国していながら、日本政府を批判する言動などの「政治活動」を行ったとして、法務省は一九六三年八月、彼が再び入国しようとした際に、ペルソナ・ノン・グラータ（好ましからざる人物）として入国査証の発給を拒否していた[19]。その呉学文が、今度は中国見本市開催のため来日する一行に加わって、一九六四年三月一七日に北京を出発したことから、日本政府は再び入国を拒否する方針を固めていたのである。

新聞協会にとって厄介であったのは、新聞協会から中華全国新聞工作者協会に送付した書簡の返書を呉学文が持参し、彼が入国後に記者会談の具体的交渉を行うことになっているという情報が入ってきた点である（K0095）。新聞協会内では、呉学文の入国が難しくなれば、記者交換の交渉そのものが難しくなるので、呉の入国を日本政府に働きかけるべきだという意見もあった。しかし、最終的に「呉が記者交換問題に不可欠な重要人物であるかどうか、慎重に検討する必要がある。ことに中国側が呉学文の入国問題を記者交換問題や見本市とひっかけて政治的に利用しようとしているやに見受けられる際だけに、新聞協会としては軽々に動くわけにはいかない」ということになり、新聞協会としては暫く様子を見ることとなったのである（K0098）。

ところが、新聞協会が呉学文訪日への対応を静観している間に、「松村グループ」は急速に動いていた。松村謙三、竹山祐太郎、古井喜實と財界人である岡崎嘉平太の四名が、周恩来首相の招きで訪中することが決まったのである。松村らは、北京で記者交換問題を話し合うために、各新聞社の部長級や新聞協会代表にも同行を求めた。しかし、新聞協会は記者の人選にまで口を出そうとする「松村グループ」に強く反発した（K0099）。三月三一日午後、上田常隆新聞協会会長（毎日新聞社長）ら協会幹部は松村と会談したが、その席で上田会長は、両国の新聞協会間で既に正式交渉を開始していることを理由に、「側面的な協力は是非お願いしたいが、あなたが直接この問題の交渉に当られることは避けていただきたい」と明言している（K0101）。

とはいえ、呉学文入国問題もあって中国側と接触ルートを開けない新聞協会は、記者交換問題における主導権を失いつつあった。この頃、中国特派員の経験を持つ記者で結成された「中国記者会」などの組織が、それぞれ記者交換に向けた運動を始めていた。新聞協会と懇談を重ねていた外務省の曾野明情報文化局長は、このまま状況を放置すれば、記者交換が中国側の政治工作に利用される危険性があると考えていた。そのため、中国との交渉窓口を一本化する必要があるとして、「松村議員訪中の機会に、次の諸点につき中共側と話合われ、本件協定は同議員を仲介として、日本新聞協会、中華新聞工作者協会の間でつくり上げることと致したい」という方針を示したのである。[20] この外務省方針の下、大平正芳外相は、松村に同行する古井喜實と面会して、北京で記者交換が議題になった場合は、外務省案の三点（①新聞協会を通じて交渉する。②政治活動は許さない。③とりあえず人数は八名ではじめる）を守って欲しいと伝えた（K0106）。かくして、四月九日、松村一行は門司港を出港する日本汽船の玄界丸に乗船して中国へ渡ったのである。

六、日中記者協交換協定の成立

新聞協会が、記者交換に関して松村に期待したのはあくまで「側面的な支援」であった。松村が地ならしをした上で、日中両国の新聞協会による正式交渉に入る考えだったのであろう。ところが、北京で廖承志らと交渉に入った松村訪中団は、四月一九日に「日中双方の新聞記者交換に関する高碕事務所と廖承志事務所の会談メモ」（日中記者交換協定）を締結し、LT貿易を扱っていた高碕達之助事務所と廖承志事務所を記者交換の「窓口」とすることを決定したのである。

当初、松村らは日中記者交換協定の締結まで進むつもりはなく、中国側に提起したのは米中記者交換であった。この案は池田勇人首相が、松村に対して「アメリカ人に中国を見せるように」中国側に提案して欲しいと依頼したものであった。松村は、松本重治に事前に作成してもらったアメリカの文化人や新聞記者リストを持参して訪中した。しかし、米中関係が緊張しているなかで、米中記者交換は中国側が受けいれるところにはならなかった。ところが、その際にかねて日本側の望んでいた日中記者交換の話が急速に浮上してきたのだという。[21]

中国側は日中記者交換協定についても最初は前向きではなかった。通訳の大久保任晴によれば、もともと中国側が重視していたのは、記者交換よりも貿易連絡事務所の相互設置であった。そのために中国側はこの二つの論点を絡めてきたのだという。[22]ところが、中国側は新聞協会との交渉を避けようとした。すなわち、記者交換協定は本来は「政府間協定」でなければならないという建前から、民間団体の新聞協会ではなく、松村謙三と廖承志によるＬＴ貿易が記者協定も担当すべきだと主張したのである（K0115）。

中国側はなぜ新聞協会との交渉を忌避したのか。この背景には二つの理由が考えられる。第一に、これまで連携してきたＪＣＪへの配慮であった。松村に随行した記者によれば、「中国側では記者交換問題についてはこれまでジャーナリスト会議と連絡した関係もあり新聞協会だけを相手にすることは出来ない。それでこれから交渉の窓口をＬＴ事務所にしたい」という意向を示していたという（K0109）。さらに第二に、新聞協会事務局長であった横田への不信感もあったと考えられる。前述したように横田は中国側の交渉窓口になっていたが、一九五八年二月に中華民国訪問の新聞使節団の団長として台湾を訪れたことに対して中国側は反発していた。[23]

中国側の意向を受けた松村は、「なるべく早くこの問題を実現したほうがよい」と判断した。そして、同行した記者団が持参したメモを参考にして、「勝手に記者交換の取り決めをしてきた」という。松村と廖承志の間で締結された記者交換協定は、人数は最低八人、滞在期間は一年であり、大平外相が古井を通じて伝えた政府方針から大きくかけ離れていたわけではなかった。また双方とも外国記者と同様の便宜を与えることと、検閲は行わず、身柄の保護もできるだけ互いに保証することが確認されている。さらに松村は廖承志との会談で、前回の訪中時にも確認した「政体は違っているが、相互にこれを尊重し合い、相冒さぬ」ことを再認識することを口頭で了解し、このことを記者交換協定の大前提にしたという（R0016）。[24]

しかし、問題は記者交換協定を運用する日本側の主体であった。松村らは、高碕事務所と廖事務所が記者交換協定の「窓口」となり、実際の運用では新聞協会が中心になることは中国側も了承していると説明していた（R0016）。これに対して、外務省の曾野明情報文化局長は、記者交換協定には新聞協会について一言も触れられておらず、高碕・廖事務所が貿易以外の記者交換業務まで担当することになれば、日中関係における「政経分離」原則を崩すことになりかねないと懸念を示していた。[25]

実際、曖昧さの残る「窓口」の解釈をめぐって、新聞協会と「松村グループ」はまもなく衝突する。それは竹山祐太郎議員が新聞協会からの廖承志宛書簡の送達を拒否した事件である。「松村グループ」のメンバーで新聞協会との折衝を担当したのは、松村訪中時に中国側と記者交換協定の細目を交渉した竹山であった。[26]新聞協会は、記者交換問題について「今後さらに検討のうえ、実現のための努力をかさねていきたい」とする書簡を廖承志に用意し、それを竹山に託して転送を依頼した（K0120; K0121-2）。

ところが、竹山は新聞協会が作成した書簡にあった「相互平等の原則を確認したうえ」という一文をとりあげて、そのような表現では、記者交換協定の内容に不満であるように先方に解釈される恐れがあると指摘した。そして、松村・古井らと相談した上で書簡の取り次ぎを拒んだのである。さらに日本に入国する中国人新聞記者の身元保証についても、竹山は、記者交換協定が高碕・廖事務所を窓口にするとはっきり示している以上は、この窓口を通さないと全く別の話になるとして、高碕事務所が担当することになると述べたのである（K0122）。

竹山の書簡伝達拒否を受けて、六月一七日、新聞協会は松村、古井、竹山の三者を招いて、「窓口」の性格を改めて確認した。その結果、国内問題は新聞協会に一任するが、中国側との折衝は現段階では松村、古井、竹山の三名が行うことが確認された。しかし、外務省文書によれば、委員会は「相当もめた模様」だったという。松村らが退出した後、引き続き窓口問題が協議されたが、出席した毎日新聞や産経新聞の代表は、中国に対して筋を通すべきだという強硬論を主張したという。一方、大手新聞社の中には速やかな記者交換の実現を主張する社もあった。朝日新聞の桑田弘一郎政治部次長は「朝日として新聞協会を脱退してでも単独に本件実現に踏み切りたい意向」を外務省関係者に洩らしており、新聞協会内でも必ずしも一枚岩とはいえない状況であった。[27]

このように新聞協会内では、LT貿易事務所を「窓口」として記者交換を進めることに依然として異論があった。しかし、七月一〇日の自民党総裁選で池田勇人が勝利を収めると、中国への記者派遣を求める各社の要望もあって、新聞協会も記者交換協定を既成事実として受け入れる方向でまとまった。[28]新聞協会の編集委員会代表幹事であった産経新聞の岩佐直喜は、松村訪中の時には反発して自社の記者を同行させなかった。だが、「この機会を逃したら、二、三年遅れる」と考え、新聞協会会長であった上田常隆社長以下、最も反対していた毎日新聞幹部を説得して承諾させたと回顧している。[29]

新聞協会の最も困難な仕事は、特派員を派遣する新聞・報道各社を、協定で決められた八社にまで絞り込むことであった。中国への特派員派遣を希望する新聞・報道各社は二一社に上っており、調整に手間取っていたのである。そのため、八月四日の新聞協会の編集委員会で、交換記者数を増員する交渉を行うことが決定された。この段階で大きかったのは松村―廖承志ラインの影響力であり、八月一四日には九社（朝日、毎日、読売、産経、日本経済、西日本、共同通信、NHK、東京放送）九名に増やすことが合意された。さらに九月一五日には、常駐記者に加えて日本から五社（中部日本、北海道、河北、南日本、時事通信）が、短期の臨時特派員を各一名派遣することも合意された。[30]かくして、日本記者団一四名が、羽田を出発して香港経由で九月二九日に中国に入国したのである。

一方、日本に常駐する中国人記者の滞在保証人は、国内の協定実施責任者である新聞協会が引き受けることになった。外務省は高碕事務所が保証人を引き受けることに強く反対していた。高碕事務所に貿易以外の「領事事務的」な性格を認めることになり、前述したように「政経分離」の建前が崩れる恐れがあったためである。[31] 九月二四日、新聞協会は法務大臣に対して、帰国・滞在費用、執務場所、国内旅行の事前届出などを定めた「保証書」と、中国人記者の日本国内における活動の制限及び政治活動の禁止を約束した「誓約書」を提出した。これを受けて、中国人記者七名も九月二九日に日本に入国して取材活動を開始したのである。[32]

おわりに

本稿では「笠置メモ」を中心に、一九五六年から一九六四年までの日中記者協定の成立過程を明らかにした。記者交換については一九五〇年代と六〇年代では異なる経路で交渉が進められた。五〇年代は、「人民外交」の一環として記者交流を目指す中国側のアプローチによるものであった。新聞協会が中国側との交渉を進めて「紳士協定」を結んだが、長崎国旗事件を機にその関係は断絶した。これに対して六〇年代は、日中関係を進展させようとする日本のLT貿易関係者が主導することで記者交換協定は締結された。この背景で大きな影響力があったのは、池田勇人首相と密接な関係にあった松村謙三と、中国の対日政策を統括する廖承志のラインであった。しかし、LT貿易の一部として記者交換が進められたことは、新聞協会にとって複雑であった。新聞協会内では、記者交換が一部の政治家の功名心によって動かされることへの忌避感があった。だが、新聞・報道各社による中国への特派員派遣を求める声が高まる中で、最終的にLT貿易を「窓口」にして記者交換を行うことに合意したのである。

本史料集に所収されている文書は、一九六四年九月の日中記者交換の開始までであるが、その後の記者交換体制の展開についても見ておきたい。日中記者交換が始まった時点で、北京には外国人記者二八名が常駐していた。最も多かったのはソ連からの六名であった。しかし、日本から一挙に一四名の記者が到着したことで勢力バランスは大きく変わった。外国人記者はそれまで中国政府の高官と接触する機会はなかったが、記者交換の中国側責任者である廖承志は、日本人記者団と毎月一回の朝食会を開いて、中国政府の見解をブリーフした[33]。LT貿易の枠組みの中で記者交換が行われ、廖承志に直接接触できたことによって、日本人記者は、他の外国人記者に比べて中国報道において優位に立てたのである。

しかしながら、表向きは「民間」とはいえ、記者交換は政治性を帯びたLT貿易の一部として運営されていた。LT貿易を取り巻く政治環境が変動すれば、それが記者交換に影響することは明らかであった。六〇年代後半はベトナム戦争によって米中関係の緊張が頂点に達し、日本でも沖縄返還を見据えた佐藤栄作首相が中華民国（台湾）を訪問するなど、LT貿易は大きな逆風にさらされるようになった。また文化大革命が激化した一九六七年一月頃から、中国は外国人特派員に対して厳しい報道統制をとるようになった。同年九月には佐藤政権に協力して「反中国報道」を行ったなどの理由から、毎日新聞、産経新聞、西日本新聞の記者が国外退去を命じられ、一〇月には読売新聞記者の駐在資格も取り消された。中国側は特派員の取材内容に止まらず、彼らが所属する新聞社の政治姿勢まで問題視するようになったのである。

さらに一九六八年三月にはLT貿易が覚書貿易（MT貿易）に変更される際に、記者交換協定も交換人数を削減する修正取決が交わされた。そして、政治三原則などの政治条項を遵守せねばならないとする内容が修正取決に盛り込まれた[34]。松村・廖承志による記者交換協定の前提にあったのは、政治体制の異なる国であっても、相互に相手の立場を尊重して相侵さないという考え方であった。しかし、こうした理想には程遠い状況で、「報道の自由」を大幅に制約された交換特派員たちは、日中国交正常化まで苦難の時期を耐えねばならなかったのである。

注

1 代表的なものとして、秋岡家栄『北京特派員』(朝日新聞社、一九七三年)、『追想　鮫島敬治』編纂委員会編『追想　鮫島敬治』(日経事業出版センター、二〇〇五年)。

2 山田礼三「試練に立つ日中記者交換」『中国』八六号(一九七〇年)。

3 三好修「調査報告 新聞はこうして北京に屈服した」『経済往来』二四巻四号(一九七二年)。同論文は以下の書籍に収められている。三好修、衛藤瀋吉『中国報道の偏向を衝く』(日新報道、一九七二年)。

4 アジア局第二課「中共へ渡航せる日本人記者年度別統計」一九五八年一月一四日、戦後外交記録「日・中共特派員交換」(2014-6162)外務省外交史料館、東京。

5 日本新聞協会編『日本新聞協会十年史』(日本新聞協会、一九五六年)一〇一—一一八頁。

6 横田の経歴は以下を参照、『日本人名大事典』現代(平凡社、一九七九年)、外務省アジア局第二課編訳『中共対日重要言論集』第二集(外務省アジア局第二課、一九五六年)二二一—二二六頁。

7 情報文化局「中共との特派員交換に関する経緯」一九五七年一一月二九日、前掲「日・中共特派員交換」。

8 「中共よりの記者交換問題」[日付不明]、前掲「日・中共特派員交換」。

9 王雪萍「廖承志と廖班の対日業務担当者」(王雪萍編『戦後日中関係と廖承志』慶應義塾大学出版会、二〇一三年)二二一—二二三頁、呉学文『風雨陰晴』(北京：世界知識出版社、二〇〇二年)五五—五六頁。

10 アジア局第二課「日中常駐記者交換に関する件」一九五八年三月一九日、前掲「日・中共特派員交換」。

11　中国政府の「人民外交」については以下を参照。劉建平『戦後中日関係：「不正常」歴史的過程与結構』（北京：社会科学文献出版社、二〇一〇年）三章。

12　この時期の中国の対日政策については以下を参照。大澤武司「戦後初期日中関係における『断絶』の再検討（一九五八―一九六二）」（添谷芳秀編著『現代中国外交の六十年』慶應義塾大学出版会、二〇一一年）。

13　日本新聞協会編『日本新聞協会二十年史』（日本新聞協会、一九六六年）四八五頁。

14　中国課長「松村謙三氏の訪中報告（政治関係分）」一九六二年九月二七日、情報公開法に基づき開示された外務省文書（2004-00617-11）。

15　LT貿易の概略については以下を参照。井上正也「日中民間貿易と国交正常化」（筒井清忠編『昭和史講義【戦後篇】』下、筑摩書房、二〇二〇年）一三三―一四八頁。

16　田川誠一『日中交渉秘録』（毎日新聞社、一九七三年）五六―五七頁。

17　経済局東西通商課「藤井代議士言明の日中関係促進策に関する件」一九六四年二月一九日、JACAR（アジア歴史資料センター）Ref.B24010248500、「本邦対中共貿易関係　民間貿易協定関係　高碕・廖覚書交換（一九六二年）高碕・廖事務所関係」（外務省外交史料館）。

18　「第四六回国会参議院外務委員会第三号」一九六四年二月一八日、「国会会議録検索システム」（https://kokkai.ndl.go.jp :二〇二五年三月二二日アクセス）。

19　中国課「呉学文の来日経歴」一九六四年四月三日、前掲「日・中共特派員交換」、『朝日新聞』一九六四年四月二日。

20　情文局長「日中新聞記者交換に関する件」一九六四年三月三〇日、前掲「日・中共特派員交換」。

21　竹山祐太郎『自立 竹山祐太郎自伝』（竹山祐太郎自伝刊行会、一九七六年）三〇二―三〇三頁、古井喜實『日中十八年』（牧野出版、一九七八年）七九―八一頁。

22　経通「大久保高碕LT事務所長の訪中帰国談」一九六四年五月一二日、JACAR（アジア歴史資料センター）Ref.B24010248300、「本邦対中共貿易関係　民間貿易協定関係　高碕・廖覚書交換（一九六二年）高碕・廖事務所関係」（外務省外交史料館)。

23 江尻進「激動の欧州から戦後新聞界へ」『別冊新聞研究』二六号(一九八九年)一二八―一二九頁。

24 「日中双方の新聞記者交換に関する高碕事務所と廖承志事務所の会談メモ」の原本には、この「口頭了解」は記載されていない。ただし同じファイルに「口頭了解」が末尾に記載された会談メモが挟み込まれている。嶋倉民生・井上正也編『愛知大学国際問題研究所所蔵 LT・MT貿易関係資料』第一巻(ゆまに書房、二〇一八年)。

25 情文局長「日中新聞記者交換に関する高碕事務所と廖事務所の会談メモに対する見解」一九六四年四月二九日、前掲「日・中共特派員交換」。

26 田川誠一『松村謙三と中国』(読売新聞社、一九七二年)一二五頁。農林官僚出身の竹山は改進党時代から松村の片腕として活躍しており、松村からは日中関係における後継者と目されていた。後に竹山が衆議院議員を辞職して静岡県知事に転じたことは松村を大きく落胆させた。

27 情文局長「入国中共記者の保証人に関する件」一九六四年六月一七日、前掲「日・中共特派員交換」。

28 前掲『中国報道の偏向を衝く』一一三頁。

29 岩佐直喜「戦前、戦後を生きた名整理記者」『別冊新聞研究』二二号(一九八七年)四三―四四頁。

30 [日本新聞協会]「日中記者交換に関する日本新聞協会発表」[一九六四年九月]前掲「日・中共特派員交換」、中国課「日中記者交換問題」一九六六年一月一四日、前掲「日・中共特派員交換」。

31 情文局長「日中新聞記者交換に関する高碕事務所と廖事務所の会談メモに対する見解」一九六四年四月二九日、前掲「日・中共特派員交換」。

32 前掲「試練に立つ日中記者交換」二四―二五頁。

33 同上、二五―二六頁。

34 前掲『日中交渉秘録』一〇一―一〇六頁。

(慶應義塾大学法学部教授)

井上正也（いのうえ・まさや）

1979年生まれ。

慶應義塾大学法学部教授。

神戸大学法学部卒、同大学院法学研究科博士後期課程修了、博士（政治学）。同大学院法学研究科専任講師、香川大学法学部准教授、成蹊大学法学部教授を経て現職。

著書『日中国交正常化の政治史』（名古屋大学出版会、2010年）、『戦後日本のアジア外交』（共著、ミネルヴァ書房、2015年）、『大平正芳の中国・東アジア外交』（共著、PHPエディターズ・グループ、2024年）他。


愛知大学国際問題研究所所蔵 LT・MT貿易関係資料 補巻2

日中記者交換関係資料 第2巻

2025年 4 月15日　印刷
2025年 4 月30日　発行

監修・解題　井上正也
発 行 者　鈴木一行
発 行 所　株式会社ゆまに書房
〒101-0047　東京都千代田区内神田2-7-6
電話 03-5296-0491（代表）

印　刷　株式会社平河工業社
製　本　東和製本株式会社
組　版　有限会社ぷりんてぃあ第二

第 2 巻定価：本体20,000円＋税　ISBN978-4-8433-6976-0 C3321
◆落丁・乱丁本はお取替致します。